M&Aの
契約実務

第2版

長島・大野・常松法律事務所 弁護士
藤原総一郎【編著】

大久保圭／大久保涼／宿利有紀子／笠原康弘／粟谷翔【著】

中央経済社

第2版の刊行にあたって

　本書の初版が発売されてから8年が経過した。その間，日本におけるM&A取引において用いられる契約書の基本的な構成には大きな変化はなく，その契約実務も成熟してきたように見受けられる。

　一方で，取引実務そのものは進化し，新たな論点も生まれている。特に，日本国内の企業が国外の企業を買収するいわゆるアウトバウンド取引の増加に伴い，買収対象となる企業の所在地における外国法に関連する新たな論点が生じている。また，海外における取引実務の影響を受け，一度は「日本化」されて成熟したM&A取引における契約実務が，新しい概念を輸入することによって進化する動きが見られる。

　長年の議論と検討を経て2017年に成立した改正民法によるいわゆる債権法改正の影響も無視することはできない。M&Aの契約実務に対して直接的に影響を与える改正内容はそれほど多くないが，特に瑕疵担保責任を契約不適合責任として再整理している点などは，表明保証を含む色々な論点に影響を与えうる改正であろう。

　第2版では，これらのアウトバウンド取引に特有の外国法や海外における取引実務の影響と債権法改正の影響を中心に新たな記述を追加すると共に，その後の実務の進化を反映させるべく初版の記述をアップデートする改訂を行った。

　本書の初版は，執筆者らの予想をはるかに上回る多くの読者を得ることができ，改訂版は出さないのかという声も早い時期から多く聞いていたが，第2版の刊行がこのような時期になったのは，ひとえに多忙を言い訳とする執筆者らの怠慢である。初版に引き続き本書の刊行をサポートして頂いた中央経済社の

末永芳奈氏の叱咤激励がなければ，第2版を世に出すことはできなかったであろう。執筆者一同，深く感謝の意を表したい。

2018年8月

執筆者を代表して
長島・大野・常松法律事務所
弁護士　藤原　総一郎

はしがき

「表明保証（レップ）」，「誓約（コベナンツ）」，「補償（インデムニティ）」。いずれも，日本におけるM&A取引の現場で日常的に使われる言葉であり，M&A取引に関与することが多い専門家その他の関係者は何の疑問もなくこれらの言葉を使っているように見える。しかしながら，これらの条項が含まれる契約について実際に紛争が生じた場合に，日本の裁判所においてどのような判断がなされるのかというところまで十分に考えた上でこれらの言葉が使われているかといえば，そうでもない場合も多いであろう。また，契約交渉の当事者の間でかかる契約条項の法的な意味合いについての共通理解が常に見られるかというと，そうではない場合が多いといわざるをえないであろう。もちろん，日本においてもいくつかの裁判例はあり，日本法の観点からこれらの条項の法的性質について議論する文献もいくつかはあるが，M&A取引の現場においてこれほどまでに日常的に使われているにもかかわらず，その議論の深さと広がりは，驚くほど浅く小さいというのが個人的感想であり，この点については同感と思われる読者も多いのではなかろうか。

「だったら自分達で考えてみよう」というのが，執筆者らが本書を執筆しようと思うにいたった動機の一つである。もちろん，執筆者らの力量不足もあり，本書に至らぬところ，不十分なところがあることは明らかである。民法をはじめとする私法上の困難な論点が多く関連する以上，実務家がこれを検討することの限界もあろう。しかしながら，現代の日本のM&A取引で締結される典型的な契約の各条項について，その法的性質に立ち返りながら検討するという目的は，少なくともかかる条項について日本法の観点から問題提起を行うことができたと思われる点で，一定程度は達成できたものと考えている。今後さらに議論が広がり，深まっていくきっかけになることができたとすれば，本書が世に出た意味もあったということになるのであろう。

さらに，初めてM&A取引に関与する方々が，関連する契約の内容と構造を理解する一助になれればというのも，本書が目的としている点の一つである。そもそも，執筆者らも，初めてM&A取引に関与したときには，出てきた契約書のドラフトを見てその構造を理解するのに大変苦労したという記憶が残っており，「あのときこのような本があればよかったのに」という本を書きたいと考えた次第である。かかる目的から，本書においては，M&A取引における典型的な契約条項の法的性質の検討を試みるだけではなく，M&A取引契約の全体像や主要な条項の意図・趣旨，また，主要な条項の相互の関係など基礎的な部分も広くカバーすることを心掛けている。

　本書は，大きく二つの部分から構成されている。前半（第1編）は，M&A取引に関連して締結される契約にはどのようなものがあり，その内容はどのようなものかという概要について，締結されるタイミングや取引類型に応じて検討している。後半（第2編）では，第1編で検討した各種の契約のうち，おそらくもっとも基本的かつ重要と思われる閉鎖会社の株式譲渡契約を題材として，個別の条項の内容と留意点について検討している。検討にあたっては，上記の二つの目的の観点から，単に各条項の法的性質を分析するにとどまらず，個別の条項が契約全体の中で占める役割や，交渉等に関連する実務上の留意点についても可能な範囲で解説するよう努めた。また，理論的に検討を要する点をはじめとする派生論点については，コラムの形でとりあげている。

　M&A取引というのはどれ一つとして「同じ」案件はなく，締結される契約も一件一件異なることは言うまでもない。したがって，いくら典型的な条項を取り上げたとしても，特定の条項が全ての案件において適切なものであるとは限らないし，実務上の留意点に関する検討や説明についても，案件によってはそもそも当てはまらないことは避けられない。それでもなお，典型的な条項をベースに行われた議論が，何らかの形で個別の案件に生かされたとすれば，執筆者としては望外の喜びである。

もとより，本書中の意見にわたる部分は各執筆者の現時点における個人的見解であり，執筆者らの所属する長島・大野・常松法律事務所の見解ではないが，執筆にあたり当事務所の多くの同僚弁護士から多くの貴重なアドバイスをいただいたことをここに記し，感謝の意を表する。また，本書の刊行にご尽力いただいた中央経済社の末永芳奈氏に対し，心からお礼を申し上げたい。

2010年7月

執筆者を代表して
長島・大野・常松法律事務所
弁護士　藤原　総一郎

目 次

第1編　M&A取引契約の概要

第1章　M&A取引の特殊性と留意点 …… 3

第2章　取引交渉段階における契約 …… 8

- 1　M&A取引の交渉プロセス ……………………………………… 8
- 2　秘密保持契約 …………………………………………………… 9
  - (1) 概　要　9
  - (2) 当事者および形式　10
  - (3) 対象となる秘密情報の範囲　11
    - コラム　情報のコンタミネーション　12
    - コラム　秘密情報の開示と独占禁止法上の問題　14
  - (4) 義務の内容　14
  - (5) 有効期間と秘密情報の返還・破棄　16
  - (6) その他の条項等　17
- 3　基本合意書 ……………………………………………………… 19
  - (1) 概　要　19
  - (2) 当事者　20
  - (3) 取引内容および日程　20

(4) 独占交渉権　21
　　　　　コラム　様々な取引保護条項　23
　　　(5) デューデリジェンスへの協力　25
　　　(6) 開示義務と法的拘束力　26
　　　(7) その他の留意点　27

第3章
株式の取得に関する契約　28

1　相対取引による取得に関する契約　28
　　(1) 取引の特徴　28
　　(2) 株式譲渡契約の概要　29
　　(3) 独占禁止法に基づく規制　29
　　(4) 外為法に基づく規制　30
　　(5) 対象会社が上場会社である場合の留意点　30

2　公開買付けによる取得に関する契約　31
　　(1) 取引の特徴　31
　　(2) 公開買付けが必要となる場合　32
　　(3) 買付者と対象会社との間の契約　33
　　　① 契約の構成および賛同義務　33
　　　② 公開買付け終了後の協力義務　33
　　　③ 表明保証条項　34
　　　④ Fiduciary Out 条項および Break-up Fee 条項　35
　　　⑤ 開示義務　37
　　(4) 買付者と大株主との間の応募契約　37
　　　① 契約の構成および応募義務　37
　　　　　コラム　応募撤回義務の有効性　39
　　　② 表明保証条項　39
　　　③ Fiduciary Out 条項および Break-up Fee 条項　40

④　議決権行使に関する合意　40
　　　⑤　開示義務　41
　　(5)　インサイダー取引規制　41
　　(6)　その他の留意点（独占禁止法・外為法等）　41

　3　第三者割当による募集株式の発行等の引受けに関する契約……　42
　　(1)　取引の特徴　42
　　(2)　第三者割当と会社法上の手続　43
　　(3)　第三者割当と公開買付規制　43
　　(4)　株式引受契約の概要　44
　　(5)　第三者割当と金商法上の取引規制　44
　　(6)　インサイダー取引規制　46
　　(7)　第三者割当に関する取引所のルールおよび開示規制　46
　　(8)　その他の留意点（独占禁止法・外為法等）　48

第4章
事業の取得に関する契約　49

　1　取引の特徴……………………………………………………………　49
　2　事業譲渡契約…………………………………………………………　50
　3　その他の留意点（金商法・独占禁止法等）………………………　52

第5章
組織再編に関する契約　54

　1　総　論…………………………………………………………………　54
　2　吸収合併に関する契約………………………………………………　55
　　(1)　取引の特徴　55
　　(2)　合併契約　56
　　(3)　合併契約以外の契約　59

- (4) 金商法に基づく開示義務等　60
- (5) 米国証券法に関する手続　61
- (6) 独占禁止法に基づく規制　62
- (7) 振替株式に関する手続　63

3 株式交換に関する契約……………………………………………63
- (1) 取引の特徴　63
- (2) 株式交換契約　64
- (3) その他の留意点（金商法・米国証券法・独占禁止法等）　65

4 共同株式移転に関する契約………………………………………66
- (1) 取引の特徴　66
- (2) 株式移転契約　67
- (3) その他の留意点（金商法・米国証券法・独占禁止法等）　68

5 吸収分割に関する契約……………………………………………69
- (1) 取引の特徴　69
- (2) 会社分割契約　70
- (3) 会社分割に伴う労働契約の承継等に関する法律（承継法）等　72
- (4) その他の留意点（金商法・独占禁止法等）　74

第2編　M&A取引契約の具体的内容　～株式譲渡契約の場合～

第1章　当事者・構成

1 概　要…………………………………………………………………77
2 契約の当事者…………………………………………………………78
- (1) 当事者の類型　78

　　　　コラム　行為能力と準拠法　80
　　　　コラム　Certificate of Good Standing　82
　　(2)　SPCの利用　83
　　(3)　親会社等による保証　84
　　(4)　売主または買主が複数存在する場合　86
　3　契約の構成（フレームワーク）……………………………90
　　(1)　概　要　90
　　(2)　前文等　92
　　(3)　定　義　93
　　(4)　解釈の通則　94
　　(5)　別紙等　95
　　　　コラム　英文契約におけるAttachments（ExhibitsとSchedulesの相違）　96
　　(6)　サインページ　97
　　(7)　印紙税　98

第2章
譲渡の合意・譲渡価格
　1　概　要……………………………………………………………100
　2　譲渡の合意……………………………………………………101
　3　譲渡価格………………………………………………………103
　　(1)　譲渡価格の合意　103
　　(2)　価格調整条項　104
　　　　コラム　ロックド・ボックス（Locked-Box）方式　111
　　(3)　アーン・アウト（Earn-out）条項　112
　　(4)　譲渡価格の一部後払い（支払いの一部留保）　114
　　(5)　エスクロー（escrow）　116

第3章
取引の実行（クロージング） ……………………………………… 118

- 1 概　要 …………………………………………………………………… 118
- 2 クロージングの日時と場所 …………………………………………… 119
  - (1) クロージングの日時　119
    - **コラム** クロージング日とクロージング時の違い　121
  - (2) クロージングの場所（クロージング会場）　122
    - **コラム** 株券の輸送・移動に関するリスク　122
- 3 クロージングの手続 …………………………………………………… 123
  - (1) 株式の譲渡に要する手続　123
  - (2) 同時履行の確保　125
- 4 プレ・クロージング …………………………………………………… 126
  - **コラム** クロージングチェックリスト・クロージングメモ・クロージングバインダーの作成　127
- 5 クロージングと同時に行われるその他の行為 ……………………… 127
  - (1) リファイナンスのための手続　127
  - (2) 担保権の解除・設定　128
  - (3) 株主名簿の書換および役員の選任等　129

第4章
取引実行条件 ………………………………………………………… 132

- 1 概　要 …………………………………………………………………… 132
  - **コラム** 取引実行条件の法的性質　133
- 2 具体的規定および売主の条件と買主の条件の関係 ………………… 134
- 3 個別の条件 ……………………………………………………………… 137
  - (1) 表明保証の正確性　137
  - (2) 義務の遵守　139

(3)　株式譲渡の承認（譲渡制限会社の場合）　140
　　(4)　許認可の取得・競争法上の届出等　140
　　　　　コラム　CFIUSによる米国外資規制とM&A契約　141
　　(5)　重大な悪影響を及ぼす変化　142
　　　　　コラム　クロスボーダーM&A契約における前提条件　144
　　(6)　各種書類の提出　145
　　(7)　その他　146
　　　　① 関連契約の締結　147
　　　　② ファイナンス・リファイナンス（買収資金の調達）　147
　　　　③ チェンジ・オブ・コントロールへの対応　148
　　　　④ デューデリジェンスで発見された問題点の改善　149
　　　　⑤ 差止訴訟などの不存在　150

第5章
表明保証　151

1　総　論……………………………………………………………151
2　機　能……………………………………………………………152
　　　コラム　表明保証保険　156
3　法的性質…………………………………………………………157
　　　コラム　表明保証と錯誤　162
4　契約当事者の主観的態様とその影響…………………………164
5　表明保証を行う当事者…………………………………………167
6　基準時（時点の特定）…………………………………………168
　　　コラム　表明保証の存続　170
7　範囲の限定………………………………………………………171
　　(1)　別紙（Disclosure Schedule）による除外　171
　　(2)　重要性・重大性による限定　173
　　(3)　当事者等の認識による限定　174

| コラム | 「おそれ」とは？　176

8　表明保証の対象となる個別事項……………………………………177
(1)　総　論　177
(2)　契約当事者に関する事項　179
　①　契約の締結および履行権限　179
　②　契約の有効性・執行可能性　180
　③　倒産手続の不存在　182
　| コラム | 譲渡価格の相当性確保のための実務対応　185
　④　法令，判決，契約等にかかる違反に関する事項　186
　| コラム | 海外ファイリング　190
　⑤　株式の帰属　190
(3)　設立・存続・株式に関する事項　192
　①　設立および法的に有効な存続等　193
　②　株　式　194
　③　取引実行に関する表明保証（法令，判決等にかかる違反）　195
(4)　会計・税務に関する事項　197
　①　財務諸表・計算書類　197
　②　潜在債務等　200
　③　後発事象　201
　④　租　税　201
(5)　人事に関する事項　202
　①　潜在債務　203
　| コラム | 未払賃金の発生原因　205
　②　労働組合との関係　206
　③　労使間の紛争　206
　④　コンプライアンス　207
　⑤　年金・社会保険　209

(6) 保有資産の権利関係に関する事項　210
　　① 保有資産　210
　　② 不動産　212
　　③ 知的財産権　213
　　④ 保　険　216
　　⑤ 子会社等　217
　　⑥ その他（売掛金債権・在庫）　217
(7) 契約に関する事項　219
　　① 重要契約の有効な存続　220
　　② 取引実行の障害となり得る契約　221
　　③ 取引実行後の対象会社の事業遂行の障害となり得る契約　222
　　④ 契約に関連する潜在債務　223
(8) 許認可・コンプライアンス・紛争に関する事項　223
　　① 許認可　223
　　② 政府機関からの命令違反など　224
　　③ 法令の遵守　224
　　　コラム　FCPAとM&A契約　225
　　④ 反社会的勢力との関係　228
　　⑤ 環境問題　228
　　⑥ 紛　争　230
(9) その他の事項　230
　　① 情報開示に関する表明保証　230
　　② 売主グループに関する表明保証　232
　　③ 手数料（Finder's Fee）　234

第6章 誓　約　235

1　概　要 …………………………………………………………… 235

(1) 法的性質　235
　　(2) 種類と目的　238

② **クロージング前の誓約**……………………………………240
　　(1) 総　論　240
　　(2) 取引を実行するために必要な手続に関する誓約　241
　　　① 株式譲渡の承認　241
　　　② チェンジ・オブ・コントロールへの対応　242
　　　　コラム　努力義務の意義について　244
　　　③ 許認可の取得や届出　245
　　　④ 対象会社の役員の交代　249
　　　　コラム　事業運営に関する当事者間の合意（株主間契約）　250
　　　⑤ 取引実行の前提条件充足のための努力　251
　　(3) 取引の実行前に改善すべき問題点に対応するための誓約　251
　　(4) 契約締結後・取引実行前の過渡的な状況に対応するための誓約　252
　　　① 対象会社の運営　252
　　　　コラム　株式譲渡契約締結からクロージングまでの対象会社の変化　255
　　　② グループ間取引の解消　255
　　　③ クロージングまでの買主による対象会社の情報へのアクセス　257
　　　④ 表明保証違反の通知　258

③ **クロージング後の誓約**……………………………………259
　　(1) 総　論　259
　　(2) 競業避止・勧誘禁止　260
　　(3) 売主によるサービスの提供　261
　　(4) クロージング後の追加的行為（Further Assurances）　262
　　(5) クロージング後の対象会社の従業員の雇用に関する誓約　263
　　(6) その他　264

第7章 補償

1. 総論 ………………………………………………………… 266
2. 補償の要件 ………………………………………………… 268
   - (1) 違反当事者の帰責性の要否　268
   - (2) 補償請求者の主観的態様　269
   - (3) 因果関係　269
   - (4) 損害の範囲　270
3. 補償の限定 ………………………………………………… 271
   - (1) 総論　271
   - (2) 金額的制限　272
     - **コラム** 補償と旧役員の責任の関係　275
   - (3) 時的制限　276
     - **コラム** 補償請求権の消滅時効　277
4. 第三者によるクレーム（Third Party Claim）………… 278
5. 特別補償 …………………………………………………… 279
   - **コラム** 補償の税務上の性質　280

第8章 解除

1. 概要 ………………………………………………………… 281
2. 解除可能期間 ……………………………………………… 282
3. 終了・解除事由 …………………………………………… 283
   - **コラム** 解除についての民法改正の影響　285
4. ブレークアップ・フィー（Break-up Fee）…………… 285
5. 他の救済方法 ……………………………………………… 286
6. 存続条項 …………………………………………………… 286

第9章
一般条項 ……287

- 1 概　要……………………………………………………287
- 2 秘密保持義務……………………………………………288
  - (1) 当初の秘密保持契約との関係　289
  - (2) 株式譲渡契約における秘密保持義務条項　289
- 3 公　表……………………………………………………291
- 4 救済方法の限定…………………………………………292
  - (1) 趣　旨　292
  - (2) 有効性　293
- 5 費用負担…………………………………………………294
  - (1) 趣　旨　295
  - (2) 折半の定め　295
- 6 準拠法……………………………………………………296
  - (1) 趣　旨　296
  - (2) 有効性および対象　296
  - (3) 分割指定条項　297
  - (4) 交差的準拠法条項　298
  - (5) 「抵触法を除き」　298
  - (6) ウィーン売買条約　299
- 7 紛争解決方法……………………………………………299
  - (1) 裁判と仲裁の比較　300
  - (2) 複数の紛争解決方法の併用　302
    - ① 並列的なハイブリッド条項　302
    - ② 直列的なハイブリッド条項（多段的紛争処理条項）　302
  - (3) 裁　判　303
  - (4) 仲　裁　304

- ⑧ 言　語……………………………………………………………307
- ⑨ 正　本……………………………………………………………308
- ⑩ 分離可能性………………………………………………………310
  - ⑴ 趣　旨　310
  - ⑵ 有効性　311
- ⑪ 完全合意…………………………………………………………312
  - ⑴ 趣　旨　312
  - ⑵ 有効性　312
  - ⑶ その他の留意点　314
- ⑫ 通　知……………………………………………………………314
  - ⑴ 趣　旨　315
  - ⑵ 通知の方法　315
  - ⑶ 通知先　316
  - ⑷ 通知の時点　317
  - ⑸ 通知の言語　317
- ⑬ 修正および放棄…………………………………………………318
  - ⑴ 趣　旨　318
  - ⑵ 有効性　318
  - ⑶ 放　棄　319
- ⑭ 譲渡禁止…………………………………………………………319
  - ⑴ 趣　旨　319
  - ⑵ 除外事項　320
- ⑮ 見出し……………………………………………………………321
- ⑯ 誠実協議…………………………………………………………322
  - ■コラム■　不可抗力（Force Majeure）323

索　引…………………………………………………………………325

略語一覧

略　語	内　容
外為法	外国為替及び外国貿易法
金商法	金融商品取引法
財務諸表等規則	財務諸表等の用語，様式及び作成方法に関する規則
承継法	会社分割に伴う労働契約の承継等に関する法律
連結財務諸表規則	連結財務諸表の用語，様式及び作成方法に関する規則
通則法	法の適用に関する通則法
独占禁止法	私的独占の禁止及び公正取引の確保に関する法律
振替法	社債，株式等の振替に関する法律

第1編

M&A 取引契約の概要

第1章

M&A取引の特殊性と留意点

　「M&A取引」と一言で言ってもその取引の類型・内容は多岐にわたるが，一般的にみられる取引の類型としては，株式譲渡，第三者割当によって募集株式を取得する取引，事業譲渡に加えて，合併，会社分割，株式交換や共同株式移転などの会社法上の組織再編取引がある。また，買収対象会社が上場会社であれば株式譲渡にあたって株式公開買付けの方法が用いられることが通常であるほか，たとえば，会社分割によって事業を新しい子会社に切り出したうえで，当該新子会社の株式を譲渡する方法など，これらの取引のうち複数のものを組み合わせて実行される場合もある。

　このようなM&A取引において締結される契約の内容や構成は，当然ながら各取引の類型・内容に応じて異なることになる（典型例については図表1-1-1参照）が，M&A取引における契約全般についてみると，会社が通常の事業活動において締結する商業上の取引契約（たとえば，商品仕入契約，販売代理店契約，賃貸借契約，ライセンス契約など）とは異なる特殊性を有していると考えられる。

　第一に，M&A取引は，通常の事業活動における商業上の取引と比較すると，取引の当事者の事業，資産，財務状況などに与える影響が大きいことから，契約内容が詳細かつ複雑になりやすいという傾向がある。一般には，M&A取引は金額面においても大規模な企業間取引であることが多く，M&A取引の直接の当事者のみならず，たとえば買収対象会社やその従業員，株主，取引先その

図表1-1-1　M&A取引の主要な類型および必要な契約の典型例

大分類	取引の類型	必要な契約の典型例
株式取得	株式譲渡（相対取引）	株式譲渡契約
	株式譲渡（公開買付け）	応募契約・賛同契約
	第三者割当	株式引受契約
事業譲渡	事業譲渡	事業譲渡契約
組織再編	合併	合併契約
	株式交換・株式移転	株式交換契約・（共同株式移転契約）[1]
	会社分割	吸収分割契約
上記の組み合わせ（例）	会社分割＋株式譲渡	（吸収分割契約）[2]・株式譲渡契約
	公開買付け＋株式交換	応募契約・賛同契約・株式交換契約

他の関係者など，広い範囲の関係者に影響を及ぼすことが想定される。そのため，通常の事業上の取引と比較しても，取引契約における具体的な条件については当事者間で特に慎重に検討・交渉がなされたうえで，最終的に詳細な条件を定めた契約書が作成・締結されることが多い[3]。

　第二に，M&A取引における契約は，欧米（特にアメリカ）の契約実務の影響を大きく受けてきた経緯があり，そのため純粋に国内の取引で作成・締結される一般的な商業上の取引契約とは違った概念が含まれているという特徴がある。歴史的に，日本国内における国内企業同士のM&A取引においては，簡潔な契約が作成・締結され，重要な事項については将来の当事者間の協議に委ねるというアプローチがとられていた時代もあったが，アメリカを中心とする外

1　共同株式移転については，共同株式移転計画を各社が作成することにより契約なしに実行することも可能であるが，経営統合目的で行われる共同株式移転においては，共同株式移転契約などの契約が別途締結されることも多い。

2　分割の手法として吸収分割が用いられる場合には吸収分割契約が作成されるが，新設分割が用いられる場合には吸収分割契約は不要であり，そのかわりに新設分割計画が作成される。

3　ただし，M&A取引が会社法上の組織再編によって実施される場合には，法令上，法定の記載事項を含む契約の作成が求められるが，上場会社が当事者となる組織再編については比較的簡潔な内容の契約が作成・締結されることが多い。もっとも，その場合であっても，組織再編にかかる契約と同時に主要株主その他の関係者間で詳細な契約が併せて締結されることも珍しくない。

資系の企業による日本企業の買収が数多く行われた結果，外資系企業や外資系のファンドが日本のM＆A市場における主要なプレイヤーとなったことに伴い，M＆A取引はアメリカを中心とする英米法系の契約実務の影響を直接的に受けてきたと言うことができる。その結果，現在では国内企業同士のM＆A取引であっても，英米法系の契約実務に見られるような詳細な契約条項が規定されることが一般的であり，たとえば，第2編以下で説明するとおり，日本国内の取引において締結される株式譲渡契約で一般的に規定される「表明保証（representations and warranties）」や「誓約（covenants）」などは，アメリカを中心とする英米法系の契約実務から導入されている概念である。

　第三に，M＆A取引は当事者間の継続的関係を必ずしも前提としていないという特徴がある。通常の事業活動で締結される契約については，一度締結されればその後は当該契約に基づく取引が契約当事者間において継続的に行われることが想定されていることが多く，契約の締結は当事者間の将来の取引関係のスタート地点になることが多い。これに対して，M＆A取引においては，M＆A取引の完了によって取引の目的自体が達成されてしまい，特殊な場合を除いて，その後M＆A取引の契約に基づいて取引が継続するということは想定されていないことが多い。たとえば，株式譲渡によって買収対象会社の株式を取得する場合であれば，株式譲渡契約の締結後に契約に基づいて株式譲渡が実行されることによって，M＆A取引の主要な目的は達成されており，仮にその後売主および買主の間で何らかの取引が継続するとしても，それは副次的・付随的なものにとどまるのが通常であろう。契約締結後に継続的な取引関係が前提となるのであれば，かかる将来的な取引関係によって取引当事者間の信頼関係の担保が一定程度確保されることが期待される。たとえば，契約において欺罔的なまたは悪意をもった条件を定めた場合には，これによって将来の継続的な取引関係に悪影響を生じる可能性もあることから，将来の継続的な取引関係の存在が，かかる悪意のある行為に対する抑止力となることも期待できる場合が多いであろう。これに対して，M＆A取引については，取引の一回性という特殊性ゆえに，かかる将来の継続的な取引関係による信頼関係の担保を図ることが

期待できない場合があると考えられる。このような要因もあって，M＆A取引の契約では，契約締結後の事態への対応にあたってはできる限り明確かつ客観的な条件が定められることが多く，通常の事業活動における取引契約と比べると，将来の事態について当事者間の協議に委ねてしまう（単に協議条項を定めることによって対応する）ことは少ない。

　第四に，M＆A取引における契約は個別の案件の性質・内容に応じて個別に作成する必要があり，通常の事業活動において締結される取引契約のように，契約類型に応じた雛形をそのまま修正せずに使用するということがほぼ不可能である。通常の事業活動で使用される取引契約であれば，たとえば，商品仕入契約や販売代理店契約など取引類型ごとにある程度の雛形を準備しておき，それをほとんど修正せずに当事者名などごく一部の条項を変更することによって契約を作成することも十分可能であろう。これに対して，M＆A取引は，株式譲渡や資産譲渡など各取引類型に応じて契約形態が大きく異なり，また，買収対象となる会社の状況（上場・非上場，具体的な事業内容，保有する資産の内容など），関係する当事者の有無・範囲などの個別の事情に応じて，各契約の内容をカスタマイズする必要があり，したがって案件ごとに法律事務所などの専門家のサポートを受けながら案件に適した内容の契約を作成することが必要となる場合がほとんどである[4]。

　以上をまとめれば，M＆A取引における契約は，以下のような特徴があるといえよう。

① 　関係者の事業，資産などに与える影響が重大である
② 　契約内容が欧米（特にアメリカ）の契約実務の影響を受けている
③ 　取引の一回性などによって詳細な条件が規定された複雑な契約となるこ

---

[4] もちろん，M＆A取引が会社法上の組織再編によって実施される場合に会社法上の要請に基づいて締結される契約（合併契約等）については，規定すべき事項が法定されていることもあり，比較的標準的な契約の雛形が使用できる場合が多いであろう。しかしながら，その場合であっても無修正でこれを使用することは難しく，また，詳細な契約が別途締結されることが多いことは既述のとおりである。

とが多い
 ④ 取引ごとに個別の取引の性質・内容を考慮して適切にカスタマイズすることが不可欠である

 その結果，M＆A取引における契約は，通常の事業活動で締結される商業上の取引契約と比べると難易度が非常に高い契約であるということができる。しかしながら，M＆A取引の類型に応じてある程度共通した契約の枠組み（典型的な契約の構成・条項など）は当然存在しており，実務上は，具体的なM＆A取引の案件においては，当該取引類型で見られる実務上一般的な契約の枠組みをベースに契約の作成・交渉が行われることが通常である。言い換えれば，このようなM＆A取引の類型に応じた契約の枠組みについての基礎的な理解がないままでは，具体的なM＆A案件において，ドラフト作業や契約交渉を進めていくことは困難である。たとえば，株式譲渡契約において，表明保証条項をめぐって当事者間の交渉が行われている場合には，M＆A取引における表明保証条項についての一般的な理解は当然不可欠であるが，それに加えて，表明保証条項と取引実行の前提条件の条項との関係や，表明保証条項と補償条項との関係など契約全体における表明保証条項の位置づけ・他の条項との関連性についての理解も必要となる。

第2章

取引交渉段階における契約

1 M&A取引の交渉プロセス

　第1章ではM&A取引を実行するために最終的に締結されるいわゆる最終契約を念頭においてその特殊性と留意点を論じたが，第1章でも述べたとおり，M&A取引は当事者の事業や資産等に重大な影響を与えるものであり，締結される契約の内容も複雑になる場合が多いことから，案件の検討を開始してから最終契約を締結するまでの間には相当長期間の交渉を要することが多い。特に，売主が買主候補を選定するための入札手続を行うような場合や，買主が財務・税務・法務等の観点から行う対象会社の調査（いわゆるデューデリジェンス）を行うような場合には，これらに対応するために，最終契約が締結されるまでの交渉段階についても一定の契約を締結しておく必要性が高い。以下の図表1-2-1は，M&A取引の検討開始から最終契約締結にいたる交渉プロセスの典型例を図式化したものである。

　これらの例はあくまで典型例であって，具体的プロセスは案件ごとに異なるのは当然である。たとえば，パターン2の亜種としては，①および②が省略され，秘密保持契約を兼ね，独占交渉権のみを規定する基本合意書が締結された③の段階から交渉がスタートすることもある。本章では，M&A取引を検討している当事者間において，最終契約が締結される前の取引の交渉段階において

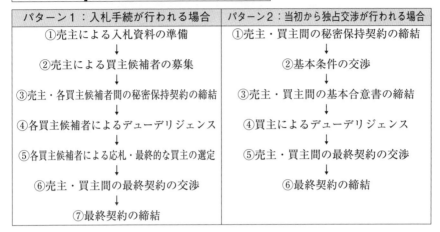

締結される契約について，いくつかの種類に分類した上でその概要を解説し，実務上の留意点を検討する。

2　秘密保持契約

(1)　概　要

　M＆A取引を検討している当事者が最初に締結する契約が，秘密保持契約[5]である。仮に最初に締結された契約が覚書または基本合意書などの名称であったとしても，その条項としては秘密保持義務が含まれているのが通常である。

　その理由としては，まず，M＆A取引は当事者や対象会社の事業や資産等に重大な影響を与える出来事であり，これを成功裏に進めるためには，取引の存在および内容を公表できる段階にいたるまでの間，交渉の存在および内容を秘密にしておく必要性が高いことがあげられる。また，通常であれば買主が対象会社のデューデリジェンスを行うが，売主および対象会社としては，デューデ

5　英語ではConfidentiality AgreementまたはNon-Disclosure Agreementと呼ばれるため，略して「CA」「NDA」などということが多い。

リジェンスのために開示された対象会社の情報を買主が他の目的に転用したり第三者に開示したりすることを避けなければならないことも理由として挙げられる。

(2) 当事者および形式

　M&A取引の交渉段階において締結される秘密保持契約については，売主と買主の双方が当事者となり両者が署名または記名押印する契約書形式の場合と，買主が売主宛に一方的に差し入れる誓約書形式の場合がある。

　たとえば入札形式で多くの買主候補者に対して情報が開示される場合（図表1-2-1のパターン1参照）など，情報が売主から買主に対して一方的に開示され，売主側が何らの義務も負う必要がない場面では，誓約書形式が取られることも多い。一方，買主・売主間で一対一の交渉が行われるような場合（図表1-2-1のパターン2参照）や，売主にも何らかの義務を負わせる必要があるような場合には，誓約書形式ではなく両当事者が署名または記名押印する契約書形式を，買主が希望することが多いであろう。たとえば，競争法上のクリアランスが取得できるか否かが課題となる取引では，買主側からも売主側（特にそのリーガルアドバイザー）に対して買主の事業や商品・役務に関する情報を提供し，売主側の情報と突き合わせて検討を行わなければ適切な分析を行うことができないことが多く，このような場合には買主も売主に秘密保持義務を負わせる必要がある。

　もっとも，誓約書形式であっても，買主は誓約書を差し入れることによって売主が提示した条件に同意しているのであって，売主は買主が差し入れた誓約書の条件にあらかじめ同意していると解されることから，売主・買主間で契約が成立していることにはかわりがないと考えられる。これを前提とすると，一方的に差し入れる誓約書形式の秘密保持契約において，当事者間でのドラフトのやりとりの過程で差し入れられる側（通常は売主）の義務が定められることとなった場合には，差し入れられる側がこれに署名または記名押印をしなくとも，当該誓約書の規定に基づき契約上の義務を負うと解される可能性が高い。

なお，通常の取引においては，売主とは別に対象会社が独立に秘密保持契約の当事者となることは必ずしも多くない。しかしながら，対象会社が上場会社であったり少数株主が存在していて売主からの独立性を有するような場合には，対象会社の取締役としてもその秘密情報の開示については慎重に判断する必要が生ずることになり，売主から独立した立場で秘密保持契約の当事者となるべき場合が多いということになろう。

(3) 対象となる秘密情報の範囲

　秘密保持契約が締結される理由が(1)の概要に記載したとおりである以上，秘密保持の対象となる秘密情報は，①交渉の存在および内容に加えて，②売主が買主に対して開示する対象会社に関する情報を含むということになろう。もっとも，取引に関連して当事者間で授受される情報は②に限られるものではないため，②にかえて，当事者間で取引に関連して開示される一切の情報を含むものとする例も多い。

　契約書を作成する上で注意すべき点としては，秘密情報の定義において開示の方法を限定するか（書面で開示された情報に限定するか口頭で開示された情報を含むか），開示の時期によって限定するかといった点があげられる。いずれについても案件ごとに交渉により定まる事項ではあるが，たとえば共同研究開発等に関して技術情報が開示される場合と比べると，案件が成就しなかった場合の弊害が比較的少ないことから，どちらかといえば，開示の方法および時期のいずれについても幅広の定義を定めることが合理的な場合が多いと考えられる。なぜなら，技術情報の場合は類似の製品が後日発売されたような場合に独自に開発した技術か否かという問題が生じる可能性が高いが，取引に関する情報についてはそのような問題は生じないと考えられるし，技術情報に近いものが開示される場合であっても，M&A取引を担当する部署の従業員や弁護士等の専門家が受領して研究開発部門と共有しないというアレンジを取ることにより，いわゆる情報のコンタミネーションを防ぐことが比較的容易だからである。

また，できるだけ多くの資料が秘密保持義務の対象になるようにするという観点から，開示された情報や資料の写しやこれを利用して作成された二次的な資料についても秘密保持義務の対象となることを明示する場合も少なくないが，これは契約書において明示していない場合であっても当然そのように解されるべき場合が多いであろう。

コラム　情報のコンタミネーション

　秘密保持契約の対象となる秘密情報は，第三者への開示や目的外使用が禁止されており，それを保持している当事者にとっては自由に利用することができない情報である。このような情報が，本来自由に利用できてしかるべき情報と混ざってしまうと，本来自由に利用できたはずの情報についても汚染（コンタミネーション）されてしまい，秘密保持義務契約の対象に含まれてしまって第三者への開示や目的外使用が禁止される可能性がある。たとえば，対象会社と買主が同種の製品を開発しようとしていた場合において，対象会社の有していた秘密情報がデューデリジェンスの過程で買主に開示され，買主の開発担当者がこれを自らの開発関係資料に含めてしまったような場合には，かかる資料に基づいて開発された製品を販売することは，対象会社の秘密情報の目的外使用に該当し，秘密保持契約違反を構成する可能性がある。
　情報のコンタミネーションに伴うこのような問題を避けるために取るべき対応策は，秘密保持契約における秘密情報の例外に該当することを明確化するための対応策と多くの場合において重なってくる。本文でも述べるとおり，クリーンルームを設けるという対応策は有効であろうが，デューデリジェンスという観点からは，開示された情報を評価しうるのは類似の研究を行っている担当者であって，結局クリーンルームを設けることが現実的ではない場合もあり得る。このような場合には，やはり本文で述べるとおり，確定日付を得るなどの方法により開示直前における開発結果を保存しておくなどの対応を検討することになる。

　一方で，秘密保持義務の対象となる秘密情報の範囲をなるべく限定したい場合には，たとえば秘密である旨を明示して書面で開示された情報に限定したり，口頭で開示された情報については開示後にその要約が書面で交付された場合に

限り秘密情報として取り扱うこととしたりする場合がある。このような定義をおいた場合には、秘密情報を受領する当事者としては、書面化された特定の情報についてのみ管理すれば足りることになり、事後的に何が秘密情報であったかについても紛争が起こりにくいということになるが、M&A取引のための交渉という局面においては、会議や電話等で多くの情報が伝えられるうえ、その一つ一つを書面化している時間的余裕がない場合も多く、このような定義を設ける例はどちらかといえば少ない。

このように、秘密情報の定義については取引に関連する情報を広く含むものとして定められることが多いが、その結果、そのままでは、秘密保持等の義務の対象とする合理性がない情報も含まれてしまうことが多い。このような情報を除くために、秘密情報の定義については一定の例外を定めるのが通常である。典型的には以下のような例外が設けられることが多い。

① すでに公知であったか、受領当事者による開示によらずして公知となった情報
② 開示当事者から受領する前から受領当事者が知っていた情報
③ 開示当事者に対する秘密保持義務を負うことなく当該情報を適法に保持している第三者から、受領当事者が秘密保持義務を負うことなく正当に取得した情報
④ 受領当事者によって独立に開発された情報

このうち②および④については、本当に受領前から知っていたのか、本当に独立に開発されたのか、という立証が必ずしも容易ではなく、当事者間で紛争の原因になりやすいことに注意が必要である。特に競業事業者間での取引において、技術情報や営業情報の授受が問題となる場合には、②については情報の開示を受ける直前の時点で保有していた情報を記録しておく（たとえば情報を書面化したりCD-ROMやDVD-ROMなどに収録したりした上で、封筒に入れ、封緘部分に署名または記名押印の上確定日付を得るといった方法が考えられ

る），④については，当該M＆A取引を実行するチームと開発業務に関与するチームの間に情報遮断措置を設けていわゆるクリーンルームを作成する，といった対応を取るべき場合もあろう。後者については，前述した情報のコンタミネーションを防ぐという観点からも有用である。

コラム　秘密情報の開示と独占禁止法上の問題

　M＆A取引に先立つ交渉段階における秘密情報の開示が，独占禁止法上の問題を惹起する場合がある。典型的には，事業者間での価格情報等の共有がいわゆるカルテルの問題を生じさせる場合がある。また，企業結合という観点からは，本来であれば待機期間を経過するまで実施することが禁止される企業結合が，秘密情報の開示や当該情報を利用して行われる当事者の行為により事実上実施されたとの評価を当局から受けてしまうのではないかという問題もありうる[6]。

　これらの問題を防止するための最も効果的な対策は，開示された情報がM＆A取引の検討という目的を超えて各当事者の事業活動に利用されないようにすることであり，ひいては情報のコンタミネーションを防ぐための方策と同様の対応策が必要になる場合が多いであろう。ただし，技術的な重要性と独占禁止法上の重要性（センシティブさ）は必ずしも重ならない面があるため，開示された情報にアクセスできる担当者の範囲等を策定するにあたっては，各情報の重要性を技術的側面と独占禁止法的側面の双方からそれぞれ検討し，両方の観点から検討する必要があるということになろう[7]。

(4)　義務の内容

　秘密保持契約において定められる当事者の義務の中心は，秘密情報の目的外使用の禁止と，第三者への開示の禁止である。

　当事者間で授受される各種情報は，各当事者が取引を検討するために使用さ

---

  6 待機期間の潜脱であって，いわば「フライング」であることから，ガン・ジャンピングと言われることもある。
  7 井本吉俊ほか『M&A担当者のための独禁法ガン・ジャンピングの実務』（商事法務，2017年）第1章，第3章。

れるとともに,最終的に交渉の結果合意に至った場合には合意に従って取引を実施するために使用されることが想定されている。交渉段階における秘密保持契約においては前者のみが規定される場合もあるが,その場合には最終的に合意された段階で締結される契約において改めて取引実行のために使用できる旨の規定を設ける必要があることになる。

これらの義務の実効性を高めるという観点から,取引の検討が終了した場合や開示した当事者が請求した場合には,開示された書面その他の物理的資料の返還または破棄や,電子データの削除を義務付ける場合も多い。秘密保持義務の有効期間は限定されている場合が多い（(5)参照）ことを考えると,有効期間が満了して秘密保持義務がその効力を失ってもなお秘密情報を含む資料を相手方当事者が保持している場合には,これを他の目的に流用されたり第三者に開示されたりしても債務不履行を問えないことになるため,秘密情報を多く開示する当事者としては,このような規定を設ける必要性が高い。

また,秘密情報の定義の例外とは別に,これらの義務についても例外を設ける必要がある。情報の性質上は本来であれば目的外使用や開示の対象にすべきではないが,状況によってはこれを認めざるを得ない場合があるからである。また,特定の場面においては開示を認めざるを得ないとしても,それ以後も引き続き秘密保持・目的外使用禁止の義務の対象とする必要があるような場合（たとえば,官公庁の要求に基づいて官公庁に対して開示した情報であっても,それが公知になったような場合を除き,引き続き秘密保持義務の対象とすべきことにはかわりがない場合が多いであろう）には,秘密情報には含めた上で,これらの義務の例外とすることによって対応する必要があることになる。比較的よくある例としては,以下のような場合が例外として規定される。

① 法令等の要請に従い必要な限度において行う情報の開示
② 役員・従業員,弁護士・フィナンシャル・アドバイザー（FA）等のアドバイザー等に対して,取引を検討する上で必要な限度で行う開示
③ 共同投資家や金融機関等に対して,取引を検討する上で必要な限度で行

う開示

　①の場合については必要に応じて情報のさらなる伝播を防ぐ機会を与える趣旨で相手方当事者にその事実を通知する義務を定める場合がある。一方，②や③の場合については開示される者に対して同等の秘密保持義務等を課す義務や，これらの者による開示や漏洩についても当事者が責任を負う旨を定める場合が多いが，弁護士等の法令上の秘密保持義務を負う専門家については，法令上の義務に加えて秘密保持義務を課す義務は定められないことが多い。

　②で開示が認められる関係者のうち，役員・従業員については，本来各当事者の内部の問題であるから，特に規定がなければ，役員・従業員に対する秘密情報の伝達は「開示」にすらあたらないと解釈されるのがむしろ自然である。あえて役員・従業員に対する開示を例外として記載する趣旨は，各当事者の全役員・全従業員が秘密情報に接することは想定されておらず，取引を実行する上で必要な範囲内の役員・従業員のみが秘密情報に接することができるよう，秘密情報の伝播する範囲を限定することにある。

　③のような例外については常に設けられるわけではないが，たとえば，買収資金が外部からのファイナンスによって調達されるような場合に，ファイナンスを提供する金融機関等が開示先として追加されることがある。

　その他，権利行使等に必要な限度で行われる開示（裁判所への提出等が想定されている）が例外として明記される場合もあるが，この場合についてはそもそも開示にあたらないといった解釈も可能であり，常に例外として設ける必要があるとまではいえないであろう（第2編第9章2(2)参照）。

(5) 有効期間と秘密情報の返還・破棄

　M&Aの交渉段階で締結される秘密保持契約の有効期間については，個別の案件ごとに異なるため一概には言えないが，一般的には，1年から5年程度の期間が定められる場合が多い。有効期間の長短は，業界において情報が陳腐化するスピードがどの程度のものか，また，当事者がどの程度頻繁にM&A取引

を行う予定があるか,といった事情にも左右される。

　なお,いくら重要な秘密情報を開示する場合であっても,開示を受ける当事者の負担を考慮すれば,有効期間を定めない(永久とする)のは合理的とは言い難い場合が多いであろう。情報の漏洩等を防ぐという観点からは,有効期間を永久とするのではなく,有効期間満了時または開示当事者が請求した時点において開示された情報が含まれる資料を全て返却または破棄し,必要に応じて全て破棄した旨の証明書を提出する義務を定めることにより対応することになる。ただし,合理的な理由により全ての情報を返却または破棄することができないような場合(たとえば,監督官庁による検査の関係で金融機関はこれが難しい場合が多い)には,返却または破棄ができない期間については引き続き有効とせざるを得ない場合も多いと考えられる。

(6)　その他の条項等

　全ての秘密保持契約に規定されるとは限らないが,規定されることがある内容として,以下のような規定があげられる。

① 開示された情報の正確性に対する免責
② 開示された情報に含まれる個人情報の扱いに関する規定
③ 知的財産権のライセンスを行うものではないことの確認規定
④ 従業員等の勧誘の禁止

　①については,特にデューデリジェンスの関係で大量の資料を開示するにあたり,一つ一つの情報の正確性を確認できないという実務上の要請に基づくものである。もっとも開示された情報の正確性などについては最終的に締結されるべき株式譲渡契約その他の最終契約の表明保証の内容として議論されるべきである(第2編第5章8(9)①参照)という整理が可能であり,常に必要な条項とまではいえないであろう。また,意図的に不正確な情報を開示して判断を誤らせたような極端な場合には,不法行為責任や契約締結上の過失等の問題が生

ずる可能性が否定できないが，このような極端な場合であれば情報の正確性に関する免責規定があろうがなかろうが結論は大きく左右されないと考えられる。

②については，個人情報取扱事業者としての義務を果たすという観点から要求されることがあるが，それを超えて，開示される情報の中に個人情報や個人データが含まれないことを確認するような規定をおく場合がある。デューデリジェンスを理由に個人データを提供することの可否については色々な議論があるが，必ずしも正当化されない可能性もあるため，仮にこのような規定をおかない場合であっても，デューデリジェンスに際して授受される情報の中に個人データが含まれているかどうかは常に確認すべき事項であろう[8]。

③については，秘密情報の中に含まれる技術情報を特に念頭においた規定であり，念のため規定されることもあるが，仮にこのような規定がなくとも，秘密保持契約のみを締結して開示された情報について別途黙示のライセンスが成立しているとされるような場面はあまり想定できない。

④については，対象会社の事業にとって重要な従業員を引き抜くことによってM&A取引を行うことなく実質的にその目的を達成してしまうような行為を防止するという意味がある。事業の価値がごく少数の役員・従業員に集約しているような場合には，念のためこのような規定をおくべき場合もあるであろう（同様の規定が株式譲渡契約において誓約として定められる場合につき，第2編第6章3(2)参照）。

また，秘密保持契約においても準拠法や管轄の規定がおかれるのが通常であるが，クロスボーダーの案件などで外国会社などが当事者となる場合には，当該当事者やその資産が存在する法域における外国判決の執行可能性等を考慮のうえ準拠法および管轄を定める必要があることに注意が必要である（詳細については第2編第9章6，7参照）。特に，日本の裁判所における訴訟を紛争解決方法として選択する場合には，相手方たる外国会社の所在地において日本の裁判所の判決を執行可能か否かを検討する必要性が高い。

8　詳細については，長島・大野・常松法律事務所編『法務デューデリジェンスの実務（第3版）』（中央経済社，2014年）77頁参照。

3 基本合意書

(1) 概　要

　M＆A取引を検討している当事者が，その交渉段階において，単に秘密保持契約を結ぶにとどまらず，その時点における当事者の了解事項を確認し，いくつかの基本的な項目について合意する目的で，一定の契約を締結することがある。この契約は多くの場合において基本合意書と呼ばれるが，その名称は案件ごとに異なり，単に覚書という名称がつけられていることもある。また，英文の契約であれば，Letter of IntentやMemorandum of Understandingといった名称がつけられることが多く，LOIやMOUといった略称が用いられることも多い。

　名称が様々であることからも分かるとおり，その内容は案件ごとに異なり一般化することが難しいが，多くの場合において定められている項目としては，予定している取引の内容や日程を当事者間で確認する条項，相手方当事者に対して（典型的には，売主が買主に対して）独占交渉権を付与する条項，買主が行うデューデリジェンスへの売主の協力義務を定める条項などがある。なお，秘密保持義務を定める条項を別として，どこまで法的拘束力を認めるかは案件ごとに異なり，基本合意書が有する意義と性質は案件ごとに大きく異なる。

　基本合意書を締結する目的も案件によって様々であるが，典型的には，①独占交渉権を定めることを主目的として基本合意書が締結される場合があるが，この場合には取引内容に関する条項がおかれたとしても単に当事者間の理解を確認するためのものであることが多く，その時点ではプレスリリースや金融商品取引所規則に基づく開示は行われないことが多い。一方，その時点で開示を行うことを前提として締結される場面の例として，②詳細な最終契約を締結するには時間が足りないがほぼ最終的な合意がなされた段階において，基本条件について法的拘束力がある形で合意した上でその内容を開示するような場合や，③合併等の組織再編に際して，最終合意がなされるまでの間に合併比率等の経

済条件を交渉することを前提として，合併等を行うことだけはあらかじめ合意して開示する（その結果，デューデリジェンスの実施が容易になる）場合などもある。

(2) 当事者

　株式譲渡取引を念頭に置いた場合には，売主と買主が当事者となるのが通常であるが，たとえば上場会社である場合や少数株主が存在する場合など対象会社が独立性を有する場合には，対象会社も当事者として加わる場合がある。また，大株主が存在しない上場会社を対象会社とする取引においては，買主と対象会社のみを当事者として締結されることも少なくない。また，合併等の企業統合案件であれば対象会社間で締結されることが多いが，大株主が当事者として加わることもある。

(3) 取引内容および日程

　基本合意書は交渉段階において締結されるものである以上，取引内容に関する最終的な合意を定めるものではなく，取引内容に関する合意がなされていたとしてもそれはその時点における仮の合意事項にすぎない。もっとも，案件ごとにその性質は大きく異なり，最終的な合意に限りなく近いものから，その後の交渉によって大きく変更される可能性もありうることを前提としてその時点における当事者間の理解を単に確認するにすぎないものまで，色々なレベルの合意がありうることは(1)で述べたとおりである。なお，当事者が上場会社の場合には，法的拘束力の有無や合意内容の詳細さ次第で開示の要否が問題となるが，この点については(6)で後述する。

　各種の取引条件のうち最も重要と考えられるのは買収価格であるが，買収価格については，基本合意書の段階で決まっていたとしても法的拘束力がある形での合意はせず，変更の余地を残す場合が多いと考えられる。もっとも，仮に法的拘束力がないとしても，一度基本合意書に記載した以上は，その変更を提案するには合理的な理由が必要であるというのが当事者の期待であり，あまり

に不合理な提案を行って交渉が決裂したような場合には，いわゆる契約締結上の過失等が問題となる場面もありうるであろう。これに対して，買収価格については当事者間で確定的に（法的拘束力がある形で）合意し，その旨の基本合意書を締結した後に詳細な条件に関する交渉を開始するという場合もありうる。このような場合には，合意された価格で取引を行うことが真に不合理といえるような重大な事情が生じない限り両当事者は誠実に交渉する義務を負い，いわゆる契約締結上の過失が認められる可能性が通常の場合（価格について法的拘束力ある合意がなされていない場合）よりも大きくなると考えられる。

　また，基本合意書においては，最終契約締結・取引実行に至るまでの日程に関する規定をおくことも多い。ただし，そこで記載される日程はあくまで当事者の理解を確認するものであるのが通常であり，独占交渉権の期間に関する部分（(4)参照）を除き，法的拘束力はないものであることが多い。

(4) 独占交渉権

　M＆A取引を検討するには相応の時間と費用がかかるが，多大な時間と費用を投下した時点で交渉を打ち切られた場合には，打ち切られた当事者としては不測の損害を被ることになる。いわゆる契約締結上の過失などの理論に基づいて一定の損害賠償請求が認められる可能性もあるが，常に認められるとは限らず，また，十分な金額が回収できる保証もない。このリスクはデューデリジェンス等に多額の費用をかけることになる買主にとってより深刻な問題であることが多く，買主としては，売主が他の買主候補者との交渉に切り替えてしまうリスクを下げるべく，独占交渉権を要求することが多い。

　一方，売主としては，可能であればいわゆる入札手続を行うなどして複数の買主候補者から提案を受け，最も有利な条件を提示した買主候補者を選ぶようにするとともに，買主候補者間の競争が働いてより有利な条件を引き出せるような形で交渉を進めることを希望する場合が多く，裏を返せば，買主に対して独占交渉権を付与することには消極的である場合が多い。

　このような利害対立があることからも明らかであるとおり，買主に対して独

占交渉権を付与するような基本合意書が締結されるか否かは両当事者の力関係次第であるといえるが、たとえば、買主が売主にとって相当好条件の真摯な提案を行っており、売主としてもこの買主を逃したくないと考えているような場合であれば、独占交渉権を付与した上で交渉を続けるという判断を売主が行う可能性が高いといえる。もっともその場合であっても、売主としては可能な限り独占交渉権を短くすることを希望することが多く、その期間は3ヶ月から長くても6ヶ月程度にとどまることが多いであろう。

　なお、長期間の独占交渉期間を設定することになった場合には、売主としては他の買主候補への売却機会を逸してしまうリスクがあることから、独占交渉権に対する例外を設けることを希望することになろう。このような例外をFiduciary Outと呼ぶことがあるが、これは、他の機会を逸してしまうような合意をすることから生じうる売主の取締役の善管注意義務／Fiduciary Duty違反の問題を避けるための規定であるということに由来している。そして、このような例外（Fiduciary Out）を認める場合には、買主が負担した費用をカバーするとともに、安易な例外の適用を抑止するという観点から、例外を適用して取引から離脱するに際して売主が買主に対して一定の金銭（Break-up Fee）を支払う義務を定める場合も多い。

　もっとも、たとえば3ヶ月程度の独占交渉権が定められているような場合であれば、これに例外を設ける必要性は高くない。真摯に交渉を行っている場合であれば、3ヶ月という期間は十分に短く、3ヶ月経過した時点で他の候補者を検討すれば十分であると考えられるからである。日本国内におけるM＆A取引の実務としては、半年を超えるような長期間の独占交渉権が設定される例は少なく[9]、その結果、日本国内において締結される基本合意書において、独占交渉権の例外やこれに伴うBreak-up Feeの定めが置かれる例は少ないのが実態である。

コラム　様々な取引保護条項

　本文では，主に最終契約締結前の基本契約において独占交渉権が付与される場面を想定してFiduciary Out条項やBreak-up Feeに関する検討を行った。今日の日本におけるM&A実務を前提とする限り，買主が取引機会を他の買主候補者に奪われるリスクに対処する必要があるのは，基本的にこのような場面であることが多いためである。理論的には，最終契約を締結した後であっても，最終契約の締結から取引の実行までにある程度の期間が開くことは多く，その間に新たな買主候補者（介入者）が現れ，既に締結済みの最終契約で定められた条件よりも有利な条件を売主に提示して取引の乗換えを迫ることも考え得る。売主・買主間で売主の子会社や事業部門を譲渡する場合等，非公開会社を対象とするM&A取引であれば，売主が最終契約締結後にこのような理由で取引から離脱することは一切認めないのが通常であり，そのような内容の契約を締結することが売主の取締役の善管注意義務に違反するとも考え難い。一方，対象会社が上場会社である場合，すなわち上場会社が「身売り」をするタイプの取引の場合には，株主に代わって買主との間で実質的な売却条件の交渉を行う上場会社の取締役の義務との関係で，このような事後的な介入者からのより有利な提案を受け入れる余地をどこまで排除してよいかが問題となる。そして，上場会社の取締役の義務との関係でこのような事後的介入リスクを契約上完全には排除できないとした場合に，買主として契約上どこまでリスクを限定できるかも問題となる。日本のM&A実務では，このような最終契約締結後の介入者の出現が現実的に懸念される例がこれまでのところは稀であるため，この種の取引保護条項が契約交渉の重要な争点となることは少なく，会社法上の取締役の責任の観点からの議論が尽くされているとも言い難い。他方，この種の事後的介入者が実際に出現し，これに対応するための取引保護条項の有効性が裁判所で争われることも珍しくない米国では，取引保護条項に関する裁判例の蓄積があり，契約実務も発展している。

9　独占交渉義務の違反に基づく差止仮処分や損害賠償請求が問題となった住友信託銀行vs旧UFJ銀行事件（最決平成16年8月30日民集58巻6号1763頁，東京地判平成18年2月13日判時1928号3頁）の事案では，日本国内のM&A取引としては極めて異例な2年間という長期の独占交渉期間が定められ，例外も設けられていなかった。もっとも本件で，最高裁は独占交渉義務の法的拘束力は認めつつも結局は住友信託銀行による差止仮処分を認めず，また，本案の損害賠償請求についても地裁レベルではあるが一切認められなかったことを考えると，このような長期の独占交渉期間を設けることが実務的にどのような意味を持つのかについては慎重な検討が必要であろう。

ここでは取締役の義務に関する米国での議論については立ち入らないが，米国の取引実務を参考にすれば，たとえば，以下のような取引保護条項が考えられる。

① 交渉や情報提供を全て禁止する条項（no-talk条項）
② 自発的に他の買主候補者を探す行為は禁じる条項（no-shop条項）
③ 取引の相手を最終的に一社に確定する前に，自発的に買主候補者を探してこれと交渉を行う期間を設ける条項（go-shop条項）
④ 取引の相手を最終的に一社に確定する前に，買主候補者による提案があった場合にはこれと交渉を行う期間を設ける条項（window-shop条項）

①は買主側にとっては極めて有効であるが，対象会社の取締役の義務との関係では，ここまで強い取引保護条項を受け入れることには大きなリスクが伴う（結果的に条項自体が無効となるリスクがあるという意味で買主にとってもリスクがある）。そのため，実務上は完全なno-talk条項が合意されるケースは稀であり，基本的には②のno-shop条項をベースとしつつ，fiduciary-outのコンセプトに基づく例外を定めることが一般的な対応となっているようである。実務上は，ここでの例外の具体的な要件やプロセスをどのように定めるかが交渉上の争点となることが多く，たとえば，fiduciary-outの例外が適用される対象となる取引の定義として対象会社の株式の何％を買収する提案までが含まれるのかといった点が争点となる（100％またはほぼ100％の場合に限定するのは少数であり，そこまでには至らない50％以上の数字が合意される場合が多いようである）。また，対象会社の利益のためにこの種の例外が設けられることに対する買主側の保護として，break-up feeだけでなく，介入者による対抗提案の提示後に買主が対象会社に再提案を提示する権利（match right）を確保するのが通常であり，このような再提案のプロセスについて詳細な合意がなされる例が多い。具体的には，介入者からの対抗提案の写しを当初の買主に交付する義務の有無や，当初の買主が再提案を提示することができる期間等について詳細な規定が設けられることになる。

③や④は，他の買主候補者との取引を検討したことを明確にすることにより，最終的な買主を選択したことに対する正当性を説明する一方で，買主としても他の買主候補者が登場する可能性がある場面を限定するための実務上の工夫であるが，近時の実務ではあまり利用されていない模様である[10]。

また，独占交渉権については，売主が独占交渉義務に違反した場合に買主がどのような損害賠償を請求することができるかが問題となりうる。あくまで交渉段階であれば未だ買収金額を支出していないことから，立証可能な形で現実化した買主の損害はそれほど多くないのが通常であるからである[11]。その結果，ともすれば独占交渉義務違反に対する抑止力が働かないことが懸念され，かかる観点からは，違約金をあらかじめ設定しておくことも検討には値するが，小さい金額を定めておいた場合にはかえって取引から離脱しやすくなってしまう一方で，あまりに多額の違約金を設定することは売主との交渉上困難であるという問題があり，適切な違約金に合意することは必ずしも容易ではない。このことは，上記の通り独占交渉権に例外（いわゆるFiduciary Out）を認めた場合に，例外に基づいて交渉からの離脱を選択した場合に売主が支払うべき金額（Break-up Fee）についても同様にあてはまる。

(5) デューデリジェンスへの協力

　買主としては，限られた時間の中で費用をかけて案件を検討しデューデリジェンスを行う以上，効率的にこれを行い十分な成果をあげることを希望するのが当然であるが，そのためには，売主および対象会社の協力が不可欠である。そこで，基本合意書においても，売主が買主によるデューデリジェンスに自ら協力または対象会社をして協力させる義務を規定する場合がある。もっとも，売主が真剣に案件を検討しているのであればこのような義務を定めずとも協力するのが通常であるし，逆に，売主が案件の中止を決めたような場合にデューデリジェンスのための情報開示を強いるのは不合理であることから，デューデリジェンスへの協力義務を定めることの意義は限定的であることに注意すべき

　10　日本法のもとでの議論として，長島・大野・常松法律事務所編『公開買付けの理論と実務（第3版）』（商事法務，2016年）229頁，太田洋ほか「対抗的買収提案への対応に際しての取締役の行動準則（上）（中）（下）」商事法務1884号15頁・1885号38頁・1889号50頁等参照。
　11　損害額の立証が必ずしも容易ではないことについて，前述の住友信託銀行vs旧UFJ銀行事件の本訴事件参照。

であろう。このような事情を反映して、デューデリジェンスへの協力義務については法的拘束力のない義務（当事者間の理解を確認するためだけの規定）とされることも少なくない。仮に法的拘束力のある義務として定められる場合には、売主の立場としては、協力義務をその期間・内容等の点で合理的な範囲に限定するべく交渉する必要があるということになろう。

(6) 開示義務と法的拘束力

当事者が上場会社の場合には、基本合意書の締結が金融商品取引所規則に基づく適時開示義務の対象にならないか検討する必要がある。基本合意書の内容と性質によっては、その締結が取引実行に関する決定と解釈される可能性があるからである。いかなる場合において開示義務が発生するかを判断するためには事案に応じた検討が必要であり、一般論として整理することは必ずしも容易ではないが、基本的には法的拘束力の有無と取引実行の蓋然性に応じて判断されるべきことがらであり、大まかに言えば、たとえば、以下のような整理が可能であろう。

① 法的拘束力がある条項としては独占交渉権、秘密保持義務やデューデリジェンスへの協力等を定めるだけで、取引条件について規定するものではない場合
　→　原則として開示は不要
② 取引条件について規定するが、法的拘束力がない場合
　→　法的拘束力がないことにより直ちに開示が不要となるわけではないものの、法的拘束力がない前提で締結される基本合意書は規定される取引条件も基礎的な内容に留まる場合が多く、開示は不要と解される可能性が高い。逆に、実質的には取引実行の蓋然性が高いのに拘束力がないと形式的に規定しているような場合は開示が必要と解される可能性が高い
③ 取引条件について規定し、法的拘束力がある場合

→　原則として開示が必要

　なお，通常であれば開示が不要と考えられる内容の基本合意書であっても，これを取締役会で決議した場合には，開示が必要ではないかという疑義を生ずる可能性が高まる面が否定できないため，開示しない場合には取締役会において決議の対象とはしないことが望ましい場合が多いであろう。そして，開示を行っても構わない場合は別として，開示することが適切ではないタイミングで基本合意書を締結する場合には，開示義務を惹起しないようにその内容を慎重に検討する必要があるということになる。

(7)　その他の留意点

　基本合意書が秘密保持契約書を兼ねる場合も少なくないが（１参照），その場合には上記２において秘密保持契約について論じたことが全てあてはまる。

　また，締結時の開示義務については上記(6)で検討したとおりであるが，インサイダー取引規制との関係で問題となるタイミングは開示義務が発生するタイミングとは異なる。開示義務が生ずるか否かにかかわらず，基本合意書の締結が検討される段階においては，インサイダー取引規制との関係では重要事実がすでに発生していると評価される場合がほとんどであると考えられるため，実務的には注意が必要であろう。

第3章

株式の取得に関する契約

　一口に株式を取得すると言ってもその方法は様々である。既存の株主から既発行株式を譲り受ける場合として，相対取引による取得または市場からの買付けが考えられ，そのうち一定の場合には金商法に基づく株式公開買付けによる取得が強制される。また，発行会社から株式を取得する場合として，第三者割当による募集株式の発行等や新株予約権の行使による取得が考えられる。このうち，市場からの買付けは当事者間でテイラーメードの契約書を作成する必要はなく，また新株予約権の行使による取得は本書の対象とするM＆A取引において主として利用される方法ではないので，本書においては，①相対取引による取得，②公開買付けによる取得および③第三者割当による募集株式の発行を引き受けることによる取得に分け，それぞれについて締結される契約書の概要および関連する留意点を述べることとする。

１　相対取引による取得に関する契約

(1)　取引の特徴

　相対取引による取得が行われるということは，裏を返せば，次の２において述べる株式公開買付けが強制されない場面であるということである。したがって，公開買付けによる取得と比較すると，金商法の厳格な規制がかからないため，会社法[12]や民法などにおける強行規定の枠内で，価格を含む条件を当事者

間の交渉により比較的自由に定めることができるという特徴がある。

(2) 株式譲渡契約の概要

相対取引による取得において締結される契約は，本書の第2編において詳述する株式譲渡契約である。なお，取引の実行（クロージング）について前提条件が定められ，これが整った場合に初めて取引が実行されること，両当事者が取引実行の前提とする事実は相互に表明保証すること，クロージング前後に遵守すべき事項については誓約が規定されることといった契約の大枠（第2編第1章3参照）は，株式譲渡契約に限らずM＆A取引に関連する多くの契約に共通する基本的枠組みである。

(3) 独占禁止法に基づく規制

株式取得者（買主）の属する企業結合集団の国内売上高が200億円超で，対象会社とその子会社の国内売上高が50億円超の場合，株式取得後の株式取得者（買主）の属する企業結合集団の対象会社の持株比率が20％または50％を超えることとなるときには，公正取引委員会への事前の届出が必要となる（独占禁止法10条2項）。この場合，株式取得者（買主）は，原則として，届出受理後30日間の待機期間中は株式取得ができない。同様の規制は各国にあるため，買主および対象会社がいずれも相当の売上高を有しているような国があれば，当該国の競争法についても確認が必要となる。そして，事前の届出が必要とされる場合には，届出の完了および待機期間の満了を取引実行条件とする必要があることになり（第2編第4章3(4)参照），必要に応じて誓約としても規定する必要があることになる（第2編第6章2(2)③参照）。

12　平成26年の会社法改正により，子会社株式の譲渡が事業譲渡と実質的に異ならない影響を及ぼしうる場合に売主において株主総会特別決議が必要となった（会社法467条1項2号の2）。

(4) 外為法に基づく規制

買主が外国投資家である場合には，外為法上の対内直接投資等に該当し，買主において事前届出または事後報告が必要となる場合がある。この場合も，独占禁止法に基づく規制の場合と同様に，取引実行条件や誓約として規定するのが通常であろう（第2編第4章3⑷・第6章2⑵③参照）。

(5) 対象会社が上場会社である場合の留意点

対象会社が上場会社である場合には，2で述べる公開買付けによる場合が多いであろうが，マイノリティー投資である場合など相対取引による場合[13]についての主な留意点としては，インサイダー取引規制と開示義務が挙げられる。

第一に，インサイダー取引規制との関係について，相対取引の方法による株式の取得は，インサイダー取引規制の適用のある「売買等」に該当するので，対象会社のデューデリジェンスを行う過程などにおいて未公開の重要事実を取得した場合には，インサイダー取引規制への対応が必要となる。この場合に採りうる方法としてはまずクロージングに先立ち対象会社により公表してもらうことが考えられるが，当該重要事実が未だ公表すべき時期でないこともあろう。その場合には，知る者同士の証券市場によらない取引（金商法166条6項7号，いわゆる「クロクロ取引」）によることが考えられる。これは，双方当事者がお互い重要事実の存在を知って合意の上で市場外で売買を行う場合には，一般の投資家に害を及ぼすことはなく，証券市場の公正性と健全性を損なうこともないことから，インサイダー取引規制の例外とされているものである。上場株式を相対取引で譲渡するための株式譲渡契約においては，このようなクロクロ取引であることを明確にするために，売主・買主がいずれも重要事実の存在を知っていることを確認する規定をおく場合があり，さらに，株式譲渡契約とは

---

13 対象会社が上場会社の場合，ToSTNeTなど，金融商品取引所における立会外取引が用いられることもある。これはあくまで市場内における取引であることから例えばインサイダー取引規制に関するいわゆる「クロクロ取引」の例外（後述）は利用できないことに注意が必要である。

別に，対象会社との間で他に未公表の重要事実が存在しない旨の確認書などを作成することもある。

　第二に，開示義務との関係について，買主において大量保有報告書（またはその変更報告書）を提出する必要がある場合があること，買主・対象会社が有価証券報告書提出会社である場合には買主・対象会社において臨時報告書を提出する必要があること，買主が有価証券報告書提出会社でない場合には買主において親会社等状況報告書を提出する必要がある場合があること，また，対象会社や買主において取引所規則に基づく適時開示が必要になる場合があることなどに留意が必要である。これらの開示との関係で，株式譲渡契約における公表に関する条項は一定の制限を受けることになろう（第2編第9章3参照）。

2　公開買付けによる取得に関する契約

(1) 取引の特徴

　公開買付けによる取得は，金商法の厳格な規制がかかる。たとえば，相対取引であれば，株式譲渡契約締結後であってもその条件を当事者の合意により変更することが可能であるが，公開買付けの場合には，一旦公開買付けを開始すれば，公開買付価格を引き下げることは原則としてできないなど，買付条件の変更に法定の制限がある。また，相対取引であれば，株式譲渡契約に取引実行の前提条件を広範に規定しておき（第2編第4章参照），これを満たさない場合には取引を中止することも可能であるが，公開買付けの場合には，撤回事由についても法定の制限があるので，買付者の裁量で自由に撤回することができない。また，公開買付けは，金商法および金融商品取引所規則に基づく開示の対象となり，新聞などのメディアでも報じられることが多いため，社会の注目を集めやすいという特徴もある。なお，公開買付けにあたって対象会社の意見は公表されるものの，対象会社や既存の株主との間での合意は必ずしも必要ないため，敵対的買収の手段としても利用されることがある（いいかえれば，公開買付けに対して反対の意見が発表された場合が敵対的買収ということにな

る)。

(2) 公開買付けが必要となる場合

　市場外での買付けにより株式を取得する場合には公開買付けによることが強制される場合があり，詳細な例外などを割愛して概要をまとめれば，以下のとおりとなる。

① 当該買付け後の株券等所有割合が5％を超えない場合は，公開買付けは不要

② 当該買付け後の株券等所有割合が5％を超え3分の1を超えない場合は，61日間に10人以内から取得する場合を除いて公開買付けが必要（「5％基準」）

③ 当該買付け後の株券等所有割合が3分の1を超える場合は，公開買付けが必要（「3分の1ルール」）

④ 株券等所有割合が50％超（これについては，1年以上形式的特別関係者であった者の割合のみを合算）の者が行う買付けで，当該買付け後の株券等所有割合が3分の2未満である場合は，上記②と同様に61日間に10人以内から取得する場合（この場合は，上記③に基づく公開買付けも不要）を除いて公開買付けが必要

⑤ 当該買付け後の株券等所有割合が3分の2以上となる場合は，公開買付けが必要で，かつ当該発行者の全ての種類の株券等の所有者に対して勧誘を行う義務（いわゆる全部勧誘義務）および応募のあった株券等を全て決済する義務（いわゆる全部買付義務）が課される（「3分の2基準」）

⑥ 3ヶ月以内に，買付け等（市場内外を問わない）または新規発行取得により合計10％超の株券等の取得を行い，そのうち5％超を市場外取引またはToSTNeT取引など（公開買付けによるものを除く）によって取得する場合であって，当該取得後の株券等所有割合が3分の1超となる場合は，公開買付けが必要（「急速な買付け」）

上記の要件に該当して公開買付けによることが必要となる場合に締結される契約としては、買付者と対象会社との間の契約および買付者と既存大株主との間の応募契約が挙げられる。

(3) 買付者と対象会社との間の契約

① 契約の構成および賛同義務

友好的な公開買付けにおいては、公開買付けの開始に先立って、買付者（またはその支配株主）と対象会社の間で当該公開買付けに関する契約が締結されることがある。通常の場合、そのもっとも基本的な内容は、一定の前提条件が整ったことを前提に取引を実行すること、すなわち、買付者が両者で合意した条件に従って公開買付けを開始する義務を負い、そのとおり公開買付けが開始された場合には対象者が賛同意見を表明しこれを維持する義務を負うことである（なお、このような賛同意見維持義務の例外が定められる場合については、④を参照されたい）。

買付者と対象会社との間の契約は、上記取引実行の前提条件に加えて、②以降で述べる表明保証や付随的な義務（誓約）を定めることもあることから、契約の枠組みとしては、第2編で詳述する株式譲渡契約と大きく変わることはない。もっとも、その内容は、比較的簡易なものが多い。理由はいくつかあるが、締結と同時に開示の対象となること、また、通常はその直後に公開買付けが開始されてしまう上、公開買付けによる買付けの実行や撤回は金商法によって規定されて当事者による変更がほとんどできないので詳細な前提条件等を定める意義に乏しいことなどがあげられる。これらの理由に基づき、そもそも書面による契約が締結されないことも多い。

② 公開買付け終了後の協力義務

対象会社との契約は、買付者にとっては、公開買付け終了後に必要となる手続について対象会社と買付者間で確認し、対象者の協力が得られるように確約を得ておくという意義もあると考えられる。たとえば、公開買付け後に株式交

換や株式併合または株式等売渡請求を利用した完全子会社化を企図している場合や役員の交替を企図している場合には，対象会社の株主総会の開催などの手続が必要となることから，対象会社がこれを開催する義務などが定められる場合がある。このような場面において，万が一従来の取締役が株主総会の招集に協力的でない場合には，買付者が少数株主（定款に引き下げる定めのない限り，総株主の議決権の3％以上の議決権を有する株主）の株主総会招集権（会社法297条）を行使することが考えられるが，公開会社における株主の株主総会招集権には定款で引き下げる定めのない限り6ヶ月間の株式保有期間が要求されており，公開買付け以前から対象会社の株式を長期保有していなかった買付者の場合には，迅速な招集権の行使ができない。そこで，対象会社との契約で対象会社が株主総会の開催等に協力する義務を定める必要性が高いといえよう。

③ 表明保証条項

買付者と対象会社との契約において，対象会社による表明保証が行われることがある。この場合，公開買付け終了後に対象会社の表明保証違反の事実が判明しても，その違反を理由として対象会社から買付者に対する補償または損害賠償を行うことは対象会社の財産の流出を招き，買付者が取得した対象会社の株式の価値も下落することになるので，その経済的な効果は限定的である。特に，買付株数に上限を設けず，二段階買収を通じて全株式の取得を目指すような公開買付けにおいて，予定どおり全株式が取得された場合には，表明保証違反による補償請求・損害賠償は完全子会社から親会社に対する支払いとなり，実質的にはまったく無意味である。

このように，大株主との間の応募契約における表明保証（(4)参照）と異なり，対象会社との間における表明保証違反に基づく補償請求の経済的意味は薄いことも多い。しかし，買付者にとっては，表明保証の具体的内容について対象会社との間で協議し，かかる協議の内容を反映した契約を対象会社との間で締結するというプロセスを踏む中で，単にデューデリジェンスを行う場合と比べれば，対象会社がより責任ある情報開示を行うことを期待することができる。ま

た，プレス・リリースから公開買付けの開始までにある程度期間が空くような案件であれば，公開買付開始の前提条件としての意味はあり，その間に表明保証違反が判明した場合には公開買付けを開始しないか，またはその条件を変更するための交渉手段として表明保証違反の事実を利用することが可能になる。その他，インサイダー取引規制との関係でも，対象会社から開示された情報の中に未公表の重要事実が含まれていないことを表明保証させることによって再確認することには買付者にとって一定の意味があろう。そこで，買付者が大株主との応募契約における表明保証（(4)参照）とは別に，対象会社からの表明保証を得ることもある。もっとも，第2編で説明する非公開会社の株式譲渡契約における表明保証と比較すれば，上記の観点から表明保証の対象となる事項は一般に少ないと言える。

④　Fiduciary Out 条項および Break-up Fee 条項

買付者と対象会社の間の契約において，第三者により当初の公開買付けよりも有利な条件や企業価値の向上に資する内容の対抗提案がなされた場合など一定の場合には，対象会社が当初の公開買付けへの賛同意見を撤回して対抗提案に賛同することができる旨の例外条項（いわゆる Fiduciary Out 条項）や，そのような例外条項の発動時には対象会社が買付者に対して一定の金銭（いわゆる Break-up Fee）を支払う義務を負う旨の条項が規定されることがある。

対象会社としては，すでに行われている公開買付けよりも対象会社の企業価値の向上に資する別の公開買付けが行われるのであれば，そちらに対して賛同意見を表明することが，取締役の善管注意義務の観点からは望ましい。また，対象会社の取締役は株主に対して善管注意義務を直接負うわけではないと伝統的には解されていたが，近時の裁判例（特にMBOに関連するもの[14]）は，取締

14　たとえば，東京高判平成25年4月17日金融・商事判例1420号20頁（レックス・ホールディングス損害賠償請求事件）および同事件の第一審判決である東京地判平成23年2月18日金融・商事判例1363号48頁や，大阪高判平成27年10月29日金融・商事判例1481号28頁（シャルレ株主代表訴訟事件）および同事件の第一審判決である神戸地判平成26年10月16日金融・商事判例1456号15頁がある。

役の善管注意義務の内容として株主共同の利益への配慮も必要であることを示唆する傾向にある。したがって，株主にとってより有利な条件の対抗提案があれば，対象会社の取締役としては，これに対して賛同意見を述べることが望ましい場合もありうることになろう。

ところが，Fiduciary Out 条項や Break-up Fee 条項が規定されていない場合には，対抗提案がなされた際に，対象会社が当初行われていた公開買付けに対する賛同意見を覆すと，賛同意見を維持する義務の違反となり，債務不履行に基づく損害賠償請求を受ける可能性がある。かかる損害賠償請求がありうることを踏まえた上で，なお望ましいと考えた場合には賛同意見を覆すことも理論的には可能であろうが，契約違反を犯すことについてのレピュテーションリスクや，損害賠償額の予測が困難であることからすれば，賛同意見を覆すのには実務上の困難が伴うといわざるをえない。他方，買付者としても，公開買付けの実施のために相応のコストをかけていることを考慮すれば，対象会社が対抗提案に乗り換えることを何らかのかたちで抑止しておくことが望ましいが，賛同意見が覆された場合の損害賠償額が上記のとおり予測困難であるため，抑止力として十分かどうかが問題となりうる。

Fiduciary Out 条項および Break-up Fee 条項は，これらの問題を回避するために規定されるものである。これらの条項を規定することにより，賛同意見を覆すことのできる場合が明らかとされ，その場合に必要となる経済的負担も明確となるので，対象会社にとっては，その経済的負担と対抗提案に乗り換えることによるメリットを比較考量の上対応を決めることが可能となる。このような条項を規定するか否か，具体的な条件をどのように設定するかは，買付者および対象会社の双方にとっての当該公開買付けの重要性，当該公開買付けの準備に要するコスト，対抗提案の出現可能性等を考慮して案件ごとに決せられることになる。一般論としては，公開買付けが企業活動にとって重大な手続であり，相当のコスト等を要することに鑑みると，買付者が対象会社による他の買付者への乗換え等の行動をある程度拘束しておきたいと考えるのは合理的であるし，対象会社の立場からしても，そのような拘束があることにより公開買

付手続の安定性が増し，対象会社の株主にとって有利な条件を買付者から引き出しやすくなるという側面もあることから，対象会社が合理的な範囲でFiduciary Out 条項を契約に定め，合理的な金額の Break-up Fee 条項もあわせて定めることは，対象会社の取締役の判断として許容されるべきものであると考えられる。

実務的には，賛同契約が締結される場合には賛同合意と合わせてFiduciary Out条項が設けられることが多い。他方，Break-up Fee条項については，対抗買付けの実例がまだ少なく，関連当事者にこれらの条項の必要性が強く意識されていないことに加えて，合理的な金額について合意することが困難である面もあることから，Break-up Fee 条項が規定された実例は少ないのが現状である。

⑤ 開示義務

買付者と対象会社との間の契約は，「公開買付けによる株券等の買付け等，買付け後の重要な資産の譲渡等に関する合意の有無及びその内容」（他社株買付府令第二号様式記載上の注意（27））に該当するものとして，公開買付届出書の「公開買付者と対象者又はその役員との間の合意の有無及び内容」の欄にその内容が記載される。また，金融商品取引所規則に基づく適時開示のためのプレス・リリースでも同様の開示がなされる。

(4) 買付者と大株主との間の応募契約

① 契約の構成および応募義務

応募契約は，親会社，創業家や役員などの大株主と公開買付者となる者との間で締結されるものであり，公開買付者が一定の条件で公開買付けを実施することを約束し，大株主はかかる公開買付けが実施された場合には，一定数の株式について公開買付けに応募する（かつ応募を撤回しない）ことを約束（以下「応募義務」という）する契約である。

金商法は，応募株主等が公開買付期間中いつでも応募を撤回することを認めている（金商法27条の12第1項）が，金融庁は，応募契約について，「公開買

付けに先立ち，公開買付者が対象者の大株主との間で，公開買付者の行う公開買付けに大株主が応募すること又は応募しないことを合意することは，それ自体，直ちに公開買付規制に抵触するものではないと考えられます。」との立場を取っている（金融庁「株券等の公開買付けに関するQ&A」問37）。これは，応募契約が公開買付けの手続外での合意であることを前提に実務上のニーズを反映した見解であると思われるが，応募契約が公開買付けの手続外の合意であるとすれば，大株主が応募契約に反して応募を撤回しても，公開買付けの手続中で行われる応募の撤回の効力が失われるわけではなく，買付者に認められる救済は，応募契約の債務不履行に基づく損害賠償請求に限られることになろう。

　公開買付けの実施と応募を一つの取引と考えれば，前提条件が整ったら取引を実行する旨を合意しているものであり，また，応募契約においても表明保証や誓約を定める例は少なくないことから，株式譲渡契約に比べると応募契約の方が比較的シンプルかつ短い場合が多いとはいえ，契約の構成は株式譲渡契約に類似する場合が多い。

　実務上応募契約の締結が公開買付けの実施に先立ち必須となることも多いが，その理由は一つではなく，取引内容に応じて様々である。たとえば，そもそも大株主と買付者の間で対象会社の支配権を移転すること（大株主がその保有する大量の対象会社株式を処分すること）自体が目的とされている取引であれば，公開買付けはその手段として用いられるにすぎず，現在の大株主による応募が当然の前提となるであろう。また，公開買付者が期待する割合の株式を取得するためには特定の大株主による応募が不可欠な場合もあり，そのような場合には，買付者は，事前に大株主に接触して公開買付けの条件（特に，買付価格）を交渉し，当該大株主が確実に公開買付けに応募してくれることを応募契約の締結により確認した上ではじめて多額の費用を要する公開買付けの実施に踏み切ることができる。なお，上限付きの公開買付けを実施する場合，他の株主の応募の状況によっては，大株主が，合意された数の株式について公開買付けに応募したとしても，大株主が処分を希望する数の株式の全部を処分することができない（手残り株が生じる）可能性がある点には，注意を要する。

コラム　応募撤回義務の有効性

　相対の株式譲渡と同様に，公開買付けにおいても，取引実行前に市場環境が大きく変化したり，対象会社の価値に重大な変化が発生したりするなどして取引条件の前提たる事実に変更が生じた場合には，取引の実行を中止したいというニーズがある。しかしながら，いったん開始した公開買付けを撤回できる場合は法律で限定的に列挙されており（金商法27条の11，金商法施行令14条），実務上のニーズが全てカバーされているわけではない。

　そこで，実務上の工夫として，大株主との応募契約の中で，一定の事由が発生した場合に応募株主が応募を撤回する旨の約束を取りつけるとともに，当該株主の応募がなければ公開買付けが不成立となるような数に買付予定数の下限を設定しておくという工夫をすることがあった。これにより，当該一定の事由が発生した場合には，大株主による応募の撤回により買付予定数の下限が未達成となり，当該公開買付け全体が不成立になるというメカニズムである。しかしながら，金融庁は，このようなメカニズムについても撤回規制の趣旨が及び，法定の撤回事由以外により応募の取り止めを義務づけることができないとの見解を発表しており[15]，上記メカニズムを用いることは実務上できなくなった。また，買付者による公開買付けの決済のための資金手当てがつかなくなった場合の取引の取りやめ（いわゆるファイナンスアウト）を上記メカニズムで行うことも，同様の観点から実務上できなくなった[16]。

②　表明保証条項

　応募契約は，公開買付けを前提とし，その手続内での行動を約束するものであるから，応募契約自体は売買契約またはその予約契約とはその法律的性質が異なる。もっとも，実質的には応募契約は公開買付者と大株主との間の株式譲渡契約に近い意味を有するものであるから，大株主が支配株式を保有している場合には，株式譲渡契約に含まれるような対象会社に関する表明保証などの条項が規定されることもある。

　なお，公開買付価格は全ての応募株主等について均一でなければならない

15　金融庁「株券等の公開買付けに関するQ&A」問37参照。
16　金融庁「株券等の公開買付けに関するQ&A」問36および37参照。

（金商法27条の2第3項，金商法施行令8条3項）ところ，応募契約中の大株主の表明・保証条項の違反があったため大株主が補償義務を履行した場合には，当該大株主のみが公開買付価格よりも低い価格で買付け等を行っていると見ることもでき，上記公開買付価格の均一性が問題となり得る。もっとも，表明保証違反の補償義務の履行を公開買付価格の減額ととらえる必然性はなく，かかる補償義務は公開買付手続外の当該大株主と買付者の間の特約として公開買付価格の均一性の問題とは無関係であると解することも可能である。また，実質論としても，当該大株主が自ら締結した契約に従って不利益を甘受するにすぎず，他の一般株主には何らの不利益も与えないので，応募株主等の公平性を害するものではないと考えられることから，応募契約における表明保証および補償規定は公開買付価格の均一性に違反するものではないと解すべきであろう[17]。

③ Fiduciary Out 条項および Break-up Fee 条項

大株主が法人である場合の応募契約には，より高い買付価格による対抗的公開買付けが開始された場合の Fiduciary Out 条項や，そのような例外条項の発動時には大株主が買付者に対して一定の金銭（いわゆる Break-up Fee）を支払う義務を負う旨の条項が規定されることがある。しかしながら，高い価格での対抗的公開買付けが行われた場合であっても，あえて最初の公開買付けに応募することが常に大株主の取締役の善管注意義務に違反するわけではない[18]。また，上記のような例外規定のない応募契約を締結することが直ちに大株主の取締役の善管注意義務違反を構成するわけでもないであろう。

④ 議決権行使に関する合意

応募契約には，公開買付けの決済の前に対象会社の株主総会に基準日が到来する場合に，公開買付け直後の株主総会における議決権行使に関する合意がな

---

[17] 長島・大野・常松法律事務所編『公開買付けの理論と実務（第3版）』（商事法務，2016年）169頁参照。
[18] 「東京電力株主代表訴訟事件」東京高判平成18年10月25日資料版商事法務274号245頁参照。

されることもある。このような合意によって当該大株主が買付者の実質的特別関係者になるのではないかという議論もありうるところではあるが，そのように考える必要はないであろう[19]。

⑤ 開示義務

応募契約の存在は，株主が公開買付けに応募するか否かを判断するにあたって重要な情報であるため，公開買付届出書の「買付け等の目的」の欄等で応募契約の存在および内容が開示され，買付者および対象会社の金融商品取引所規則に基づく適時開示としてなされるプレス・リリースにおいても同様の開示が強制されまたは任意になされる。

(5) インサイダー取引規制

対象会社のデューデリジェンスを行う過程においてインサイダー取引規制上の未公表の重要事実を入手する可能性があり，公開買付けの方法による株式の取得は，インサイダー取引規制の適用のある「売買等」に該当するので，未公開の重要事実を取得した場合には，インサイダー取引規制への対応が必要となる。しかしながら，いわゆる「クロクロ取引」（1(5)参照）を公開買付けの場合に利用することは，応募者全員への周知方法など，実務的に色々と困難な問題がある。したがって，公開買付けの開始に先立ち対象会社により公表してもらうことが望ましいが，この点は，買付者と対象者との契約において開示義務や公開買付けを開始するための前提条件という形で規定されることがある。

(6) その他の留意点（独占禁止法・外為法等）

独占禁止法を含む各国の競争法上の株式取得規制および外為法上の規制については，相対取引の場合と同様の規制が適用される。もっとも，公開買付けについては取引実行条件が法律上制約されていることから，契約上の手当てに

---

19 前掲注17の41頁参照。

よって対応することはできず，待機期間が満了していないこと等を公開買付けの撤回事由にするなどの対応が必要となるのが通常である。

③ 第三者割当による募集株式の発行等の引受けに関する契約

(1) 取引の特徴

　第三者割当による募集株式の発行等とは，全ての株主に平等に株式の割当てを受ける権利を与えない形でなされる募集株式の発行等のうち，縁故者に対してのみ募集株式の申込みの勧誘および割当てを行う方法であり，新株の発行による場合と自己株式の処分による場合がある。相対取引や公開買付けと比較するために，たとえば，時価総額100億円の対象会社の株式の50％を買収しようとした場合を考えると，コントロール・プレミアム等を除外して単純化して考えれば，相対取引や公開買付けであれば買収資金は50億円（これが売主または応募株主に対して支払われる）で足りるのに対して，第三者割当による方法では100億円（これが対象会社に対して支払われる）が必要になる。このように，第三者割当には，相対取引や公開買付けの場合と同じ持株比率を達成するのに買収者としては余計に資金が必要になる一方で，買収資金が対象会社に入るという特徴がある。そこで，対象会社に資金需要がある場合には第三者割当の方法を採用することが検討されることがある。また，第三者割当による方法は，対象会社による発行決議が必要となるため，譲渡制限がない（公開会社である）対象会社の場合の相対取引や公開買付けの場合とは異なり，対象会社が反対している場合には用いることができない一方，対象会社の経営陣が賛成している場合であれば，公開会社では有利発行または後述する支配株主の異動を伴う一定の場合に該当しない限り，授権株式数の範囲で取締役会決議により割当先を選定して実行することができるという特徴がある。そこで，第三者割当は，対象会社の経営陣と既存株主が対立しているような場面でホワイト・ナイトとの取引を行うための方法として用いられることがあり，また，いわゆるPIPES（Private Investment in Public Equities）としてファンド等が上場会社に少数

割合出資をする場合の方法として採用されることも多い。

(2) 第三者割当と会社法上の手続

　平成26年改正前の会社法においては、公開会社である上場会社は、有利発行に該当しない限り、授権株式数の範囲内で取締役会決議のみで募集株式の発行を行い、これを特定の第三者に割り当てることが可能であった。もっとも、支配株主の異動は、公開会社の経営のあり方に重大な影響を及ぼすため、同年の会社法改正により、新たな支配株主が現れることとなるような第三者割当については、引受人に関する情報を株主に開示するとともに、総議決権の10分の1以上の議決権を有する株主から反対の通知があった場合には、原則として株主総会決議（普通決議）による承認を要することとされた（会社法206条の2）。したがって、支配株主を生み出す結果となるような第三者割当を行う場合には、かかる反対の通知があった場合に株主総会を開催する必要が生じる可能性があることも想定してスケジューリングや契約条件を検討する必要があろう。具体的には、たとえば、反対が予想される場合に、反対通知前に株主総会決議を行うことも可能と解されるし、反対通知がなされない前提で払込期日または払込期間を定めつつ、反対があった場合にはこれを変更する取扱いも考えられる。後者の場合は有利発行該当性を払込期日等の変更時の市場価格を基準として判断するのか、当初の発行決議時における市場価格を基準とするのかが問題となり得るが、当初の発行決議時における市場価格を基準とするのが合理的と思われる。

(3) 第三者割当と公開買付規制

　新株の発行による第三者割当は、公開買付規制の対象となる「買付け等」には該当しない。ただし、上記2(2)⑥の「急速な買付け」に関する規制に注意する必要がある。たとえば24％の保有者が9％を1名から市場外で買付けた後、3ヶ月以内に第三者割当で1％超の株式を取得すると、前者の9％の市場外買付けが遡って公開買付規制違反となることになるので、規制の効果として後者

の第三者割当を受けることができないことになる。このように，市場外取引またはToSTNeT取引等による5％を超える買付け等と，それと合わせて10％超となる第三者割当による取得が3ヶ月以内に行われ，結果として株券等所有割合が3分の1超となる場合には，当該第三者割当ができなくなる可能性を検討・考慮する必要がある。他方，自己株式の処分を用いる第三者割当の場合には，「買付け等」に該当すると解されている[20]ので，留意が必要である。

(4) 株式引受契約の概要

第三者割当において締結される契約は株式引受契約である。株式引受契約においては，割り当てる株式の種類・数，払込金額等の発行条件についての合意がなされる。株式譲渡契約は売主との契約であり，表明保証違反による補償責任を売主に追求することに意味があるのに対して，株式引受契約は対象会社との契約であるから，仮に表明保証条項を規定して表明保証違反があったとしても，補償金を支払うのは対象会社ということになり，対象会社の資産が流出するため，持分比率が大きいほど補償させる経済的な意味が薄まるが，他の点での意味がありうることについては，公開買付けの場合における買付者と対象会社との間の契約と同様のことが当てはまろう（2(3)③参照）。なお，そもそもかかる表明保証違反による補償は払込金額の払戻であるとして，会社法上許されないのではないかという疑義もありうるが，この点については払込義務とは別個の契約上の義務であると解するべきであろう。

(5) 第三者割当と金商法上の取引規制

対象会社において「募集」または「売出」に該当する場合には原則として有価証券届出書の提出が必要となるが，有価証券報告書の提出義務のある株券等については少人数私募またはプロ私募の要件を満たさないため，上場会社の普通株式を対象とする第三者割当の場合には，新たに株式を発行する場合には

---

20 金融庁平成18年12月13日付「提出されたコメントの概要とコメントに対する金融庁の考え方」No.3。

「募集」，自己株式を用いる場合には「売出」に該当（企業内容等の開示に関する留意事項について（開示ガイドライン）2-4②）し，有価証券届出書（または発行登録書）の提出が必要となる。

　このことは，従来は，有価証券届出書（または発行登録書）を提出するまでは勧誘を行うことができないという金商法上の事前勧誘規制（米国証券法上の同様の規制と同じく，ガン・ジャンピング規制と呼ばれることもある）との関係で問題があった。すなわち，第三者割当の場合，実際には上場会社との資本提携の発表時までには割当先および割当株数が決定されており，それが公表されるのが一般である。また，有価証券届出書の記載においても，金融商品取引所の適時開示規制においても，後述のとおり割当先等の詳細な情報の記載が求められているが，従来は，これらの前提として実務上行われている割当先との事前の接触・協議が届出前勧誘に該当するのではないかという懸念があった。しかしながら，上記問題については，すでに開示ガイドラインにより，「割当予定先が限定され，当該割当予定先から当該第三者割当に係る有価証券が直ちに転売されるおそれが少ない場合（たとえば，資本提携を行う場合，親会社が子会社株式を引き受ける場合等）に該当するとき」は，「割当予定先を選定し，又は当該割当予定先の概況を把握することを目的とした届出前の割当予定先に対する調査，当該第三者割当の内容等に関する割当予定先との協議その他これに類する行為」は有価証券の取得勧誘又は売りつけ勧誘等には該当しない（開示ガイドライン2-12）という見解が明確にされている。また，上記の資本提携などの場合に限らず，たとえば転売制限に関する合意を行った場合も，転売制限を付した目的，転売制限の内容，転売制限期間等を総合的に勘案して，転売されるおそれが少ない場合には「転売されるおそれが少ない場合」に含まれる可能性があることが，金融庁のパブリックコメントへの回答で示されている。したがって，開示ガイドラインを前提とすれば，限定された割当候補先との協議は，事前勧誘規制に違反しない場合が多いと思われる。

　また，発行会社としては，公表後に割当先が割当てを受けないこととなる事態を極力回避するために，有価証券届出書の効力発生前に引受契約を締結して

おきたいというニーズがあるが、これについては届出効力発生前の取引禁止規制（金商法15条1項）との関係で問題があり、この点については開示ガイドラインによっても手当てされていない。有価証券届出書の効力発生を条件として有価証券を取得しまたは買い付けることとなる約定は可能とする説もあるが、この説は必ずしも通説にはなっていないものと思われ、立法的な解決が望ましい論点であるといえよう。

実務的には、有価証券届出書の効力発生前に引受契約を締結するものの、引き受ける株主の払込義務等は、有価証券届出書の効力発生後に行われる申込みがなされて初めて効力を発生する旨の規定をおくなどして対応する例もある。

(6) インサイダー取引規制

当初の投資の前提としてデューデリジェンスを行う過程においてインサイダー取引規制上の未公表の重要事実を入手する可能性がある点は、他の方式と変わらない。また、対象会社における第三者割当の決定は原則としてインサイダー取引規制上の重要事実に該当する。もっとも、自己株式の処分による第三者割当はインサイダー取引規制上の「売買等」に含まれると解されている一方で、新株の発行による第三者割当はインサイダー取引規制上の「売買等」に含まれずインサイダー規制対象外との考え方が学説上は多数を占めている。よって、厳密にいえば、引受契約を作成する上でも、新株が発行される場合と自己株式が処分される場合とでは異なる対応をする必要があることになり、たとえば、後者の場合にはいわゆるクロクロ取引（1(5)参照）であることの確認条項を定めるべき場面もありうるということになろう。

(7) 第三者割当に関する取引所のルールおよび開示規制

上場会社は会社法上の公開会社であるため、有利発行または前述の支配株主の異動を伴う一定の場合に該当しない限り、授権株式数の範囲内で取締役会決議のみで募集株式の発行を行いこれを特定の第三者に割り当てることが可能である。これは、取締役会の判断で既存株主の議決権が安易に希釈化されたり、

取締役会が大株主を選択できたりすることを意味するので，既存株主の利益，健全な投資環境，上場会社におけるコーポレート・ガバナンスの観点から問題があることが指摘され，2009年の東証有価証券上場規程の改正により，以下の規制が導入されている。

第一に，希薄化率が300％を超える場合および支配株主の異動を伴う場合で，3年以内に支配株主との取引に関する健全性が著しく毀損されていると認められる場合には，上場廃止となる（東証有価証券上場規程601条1項17号・同施行規則601条14項6号，同規程601条1項9号の2・同施行規則601条9項）。

第二に，上場会社が，希薄化率が25％以上となり，または支配株主が異動することになる第三者割当を行う場合には，原則として次のいずれかの手続が必要とされる（東証有価証券上場規程432条）。

(i) 経営者から一定程度独立した者（第三者委員会，社外取締役，社外監査役などが想定されている）による当該割当の必要性および相当性に関する意見の入手
(ii) 当該割当に係る株主総会の決議などによる株主の意思確認（株主総会における正式の決議のほか，いわゆる勧告的決議を行うことなどが想定されている）

第三に，上場会社が第三者割当を行う場合には，一定の場合（株主総会において有利発行の特別決議を経る場合，または決議の直前日の価額・決議日から1ヶ月・3ヶ月・6ヶ月の平均の価額からのディスカウント率を勘案して，有利発行に該当しないことが明らかな場合）を除き，払込金額が割当先に特に有利でないことに係る適法性に関する監査役，監査等委員会または監査委員会の意見等を得た上で，その適時開示において開示する必要がある。

これらの規制が適用される取引については，引受契約においても，これらの規制を遵守していることが前提条件とされたり，これらの手続を取ることが誓約として定められたりすることになろう。

また，第三者割当が公表されたものの払込日に発行会社に予定金額が払い込まれない事例等に対処するため，企業内容等の開示に関する内閣府令（「開示

府令」）により，第三者割当に係る有価証券届出書または発行登録追補書類を提出する場合には，主に以下のような第三者割当に関する詳細な情報の開示を原則として要するものとされている（開示府令第 2 号様式の記載上の注意参照）。

(i) 割当予定先の実態（発行会社と割当予定先との関係，割当予定先がファンドの場合は主たる出資者およびその出資比率等，反社会的勢力との関係の有無等）
(ii) 割当予定先による株式の譲渡に関わる事項
(iii) 割当予定先による資金手当て
(iv) 手取金の使途（使途の区分毎の内容，金額および支出予定時期の具体的な記載を含む）
(v) 発行条件に関する事項（発行価格の算定根拠および発行条件の合理性に関する考え方についての具体的な記載を含む）
(vi) 大規模な第三者割当に関する事項（当該第三者割当を行うこととした理由および既存株主に与える影響についての取締役会の判断の内容，大規模な第三者割当を行う判断過程の記載を含む）

引受契約においても，このような記載上の注意に従って適式な記載をした有価証券届出書の届出を前提とする記載をすることになろう。

(8) その他の留意点（独占禁止法・外為法等）

株式の割当を受ける投資家に適用のある開示規制ならびに独占禁止法を含む各国の競争法上の株式取得規制および外為法上の規制については，相対取引の場合と同様である。

第4章

事業の取得に関する契約

1 取引の特徴

　会社を丸ごと買収するのではなく，その行っている事業の一部のみを買収したい場合などに利用されるのが事業譲渡である。優良資産と不良資産があって優良資産のみを買収対象とする場合などにも用いられる。譲渡対象資産を選べる点で株式の取得よりも便利であるが，個別の資産の移転手続（たとえば，契約については相手方の同意）や対抗要件具備手続を取る必要があることや許認可の再取得などが必要になることなどから，買収に伴う手続的な負担は大きくなる。

　なお，同様の効果をもたらしうる取引形態として会社分割がある。会社分割は合併と同様の組織再編であることから，事前／事後備置書面の備置に関する手続・債権者保護手続・反対株主の株式買取請求に関する手続等の会社法上の手続が比較的煩雑である一方で，会社分割に基づく権利義務の承継は法令に基づく一般承継と解されており，たとえば契約の相手方の同意がなくとも契約上の地位自体は承継されると解されているなど，事業譲渡と比べると権利義務の移転・承継に要する手続的負担が比較的軽い面がある。このように事業譲渡と会社分割には一定の差異があるが，特に組織再編の対価が柔軟化され，会社分割の対象について「事業」性が必要なくなり（第5章5(2)参照），現物出資に

関する規制についても緩和されてきた現在においては，会社分割の対価として現金を用いる場合と通常の事業譲渡の類似性や，会社分割の対価として株式を用いる場合と事業譲渡によって現物出資を行う場合の類似性を検討すれば分かるとおり，両者の差異は相対的なものになってきたといえよう。

2 事業譲渡契約

　事業の取得にあたり締結される契約は事業譲渡契約である。事業譲渡契約の承認機関は，譲渡会社においては簡易の要件（総資産の20％以下の資産の譲渡）に該当する場合および事業の「重要な一部」の譲渡にあたらない場合を除き，株主総会の特別決議による承認が必要となる。譲受会社においては，事業の全部の譲受けに該当し，かつ簡易の要件に該当しない場合には，株主総会の特別決議が必要となる。また，事後設立（会社の成立後2年以内に成立前から存在する財産で事業のため継続して使用するものを会社の純資産の5分の1以上にあたる対価で取得する契約を締結する場合）に該当する場合にも，株主総会による特別決議が必要となる。そしてこれらの株主総会の決議が不要であっても，重要な業務執行に該当する場合には取締役会決議は必要となる。

　なお，事業譲渡における「事業」とは，判例上「一定の事業目的のため組織化され，有機的一体として機能する財産」であるとされているため，このようなゴーイング・コンサーンでない単なる事業財産や権利義務の集合の譲渡である場合には，複数の資産譲渡・債務引受を同時に行うだけのことであり，譲渡会社・譲受会社のいずれにとっても事業譲渡のための株主総会決議は不要であることになる。たとえば，旭川地判平成7年8月31日判時1569号115頁はゴーイング・コンサーンの譲渡と言えるためには，譲渡会社の製造・販売等に係るノウハウ等の譲受人による承継が必要であり，単に承継動産・不動産等を用いて同種の事業が行われるだけでは足りないとする。もっとも，実務上資産譲渡と事業譲渡の具体的な線引きは難しいため，念のために株主総会の特別決議を経ておくという対応が採られることも多い。

事業譲渡契約においては，株式譲渡契約に類似した内容の規定（取引実行の前提条件，表明保証，誓約，補償等）が置かれ，構成・分量もほぼ同様である場合が多いが，以下のとおりいくつかの点で異なる。

第一に，譲渡対象事業および譲渡対象事業を構成する財産，債務を定める点である。これについては，何に対価を払っているかの範囲を明確にするには詳細に定めた方がよいため，別紙などで詳細に定める場合もあれば，細かい資産まで全てリストアップすることが困難な場合には大まかな範囲を記載したり別途協議とすることもある。

第二に，事業譲渡契約においては，実務上競業避止義務についての定めを置くことが重要となる。すなわち，当事者が別段の意思表示をすることなく事業譲渡がなされた場合，譲渡会社には，当該事業を行っていた同一市町村内およびこれに隣接する市町村の区域内において，その事業を譲渡した日から20年は同一の事業を行ってはならないという競業避止義務が課される（会社法21条1項）。この規定は，改正前商法時代から引き継がれたものであるが，人の移動や商品の流通が広がりまた刻々と事業環境が変化していく現代においては全くそぐわない規定となっており，事業譲渡者の事業を不当に制約しないためにも，実務上は競業避止義務の範囲と期間を縮減する特約を置くのが通常である（全く競業避止義務を負わないとする合意をすることも可能である）。なお，会社法21条3項は，譲渡会社が競業避止義務を負わない場合であっても，不正競争の目的をもって譲渡した事業と同一の事業を行うことを禁止しているので留意が必要である。この条文も改正前商法時代から引き継がれたものであるが，「不正競争の目的」の意味するところは必ずしも明確ではなく，立法的な解決を求める声も強い。

第三に，株式の場合は株主有限責任の原則により買収者に株式の取得にかかった投資額・出資額以上の損失が生じることは原則としてないが，事業の譲受けの場合には，事業に関連する債務を引き受けることとなる結果，買収完了後に潜在債務が顕在化したときに投資額以上の損失が生じる（すなわち，潜在債務の遮断ができない）可能性がある点である。この点については，後述する

会社分割（吸収分割）の場合と比較して買収者の観点からどちらが有利かが問題となる。事業譲渡、吸収分割のいずれの場合であっても、契約書中に「譲渡・分割対象に関連して発生する債務であって現時点で判明していないものについては一切承継しない」旨を記載することで対応されるが、不法行為債務について言えば、事業譲渡の場合には、事業譲渡に伴って債務引受があったと擬制する判例があり、また会社分割の場合にはいわゆる人的分割を行う場合に、分割会社に残された不法行為債権者について承継会社が連帯責任を負うこともある[21]。さらにいずれの場合であっても、会社法22条1項の商号続用や同23条1項の債務引受公告、またはこれらの類推適用[22]によって、買収者が債務を負担・引受してしまう可能性もあるため、どちらがより有利かはケース・バイ・ケースであると言えよう。不法行為債務以外の場合は、譲渡・分割対象資産の定め方によっては潜在債務も承継されたと解されてしまう余地がある点では、事業譲渡と吸収分割で大きな差異はないと思われる。

3 その他の留意点（金商法・独占禁止法等）

譲渡会社または譲受会社が有価証券報告書提出会社である場合には、臨時報告書や適時開示などの開示規制が及ぶ。これらの開示については、株式譲渡契約の場合と同様に、公表に関する条項（第2編第9章3参照）により対応することになる。

---

[21] 会社分割により、承継されない債権者を害することを知って会社分割がなされた場合には当該債権者は、承継会社または新設会社に対して、会社分割により承継した財産の価額を限度として、債務の履行を請求することができる（会社法759条4項・764条4項）。

[22] 特に商号続用責任については、判例上広く認められる傾向にある。たとえば、商号続用については会社法22条2項に免責登記の規定があるが、かかる免責登記をしたにもかかわらず信義則に基づきその効力が否定された判例（津地判平成18年8月17日消費者法ニュース70号83頁）や、また、商号を続用していないにもかかわらず、営業主体を表示する屋号（ゴルフクラブの名称）を続用したときに商号続用責任を類推適用した判例（最判平成16年2月20日民集58巻2号367頁）が存在することには留意が必要であろう。

また，事業譲渡についても，一定以上の規模のものについては，独占禁止法上事前届出義務および30日間の待機期間が必要となる。すなわち，譲受会社およびその属する企業結合集団の国内売上高の合計額が200億円超で，①譲渡会社の国内売上高が30億円超である場合に，当該譲渡会社の事業の全部の譲受けをしようとする場合または，②譲渡会社の事業の重要部分または事業上の固定資産の全部若しくは重要部分の譲受けをしようとする場合で，当該譲受けの対象部分にかかる国内売上高が30億円超である場合には，公正取引委員会への事前の届出が必要となり，また原則として届出の受理から30日間は取引の実行ができない。したがって，事前の届出が必要とされる場合には，届出の完了および待機期間を取引実行条件とする必要があることになり（第２編第４章３(4)参照），必要に応じて誓約としても規定する必要があることになる（第２編第６章２(2)③参照）。

第5章

組織再編に関する契約

1　総　論

　合併をはじめとする組織再編行為は，株式を対価とすることができるので，買収のための余剰資金がなくても買収ができるという意味で大きなメリットがある。また，組織再編行為は，企業内組織再編であり対価に現金が含まれないなど税法上一定の要件を満たせば，適格組織再編行為として資産・負債の帳簿価格による引継ぎが可能であり，また，繰越欠損金等の承継も認められる場合があるため，企業内組織再編の場合によく用いられる。

　他方，組織再編行為は，株式譲渡や事業譲渡など他のM＆Aの方式と比較すると，会社法上遵守すべき手続が詳細に定められており，簡易要件や略式要件を満たさない限り両当事者の株主総会の特別決議が必要であるほか，債権者保護手続，労働者保護手続，株券提供手続等一定の期間が必要な手続が必要となるため，通常早くても2～3ヶ月はかかるという特徴がある。さらに，反対株主や反対新株予約権者が株式買取請求権または新株予約権買取請求権を行使することができる点も株式譲渡とは異なり，新株予約権買取請求権が行使可能である点については事業譲渡とも異なる[23]。

　23　事業の全部または一部譲渡および事業の全部譲受については株式買取請求権のみが認められている（会社法469条）。

組織再編行為はグループ内組織再編から第三者の買収まで様々の目的で用いられ，またその目的に応じて一回で行われる場合もあれば，多段式に複数の組織再編行為を組み合わせて行われることも少なくない（株式譲渡や事業譲渡と組み合わされる場合もある）。もっとも，組織再編行為に際して締結される契約書の内容が複雑になりやすいのはグループ内再編よりも独立当事者間取引の場合であり，また，多段式の組織再編行為といってもその内実は組織再編行為の組み合わせであるから，組織再編に際して締結される契約の種類と内容については，基本となる一段式の組織再編行為とそれに際して締結される契約を理解すればその組み合わせとして理解することが可能である。そこで，以下では，独立当事者である二つの株式会社間のM＆A取引を主に念頭におき，実務上比較的使われることの多い吸収合併[24]，共同株式移転，株式交換[25]および吸収分割について述べる。

2　吸収合併に関する契約

(1)　取引の特徴

　吸収合併は，合併の一形態であり，消滅会社が解散し，その権利義務の全部が存続会社に一般承継される取引である。吸収合併は，人事制度，社内規定の統合が必要であり，また，社内システム等も予め統合しておく必要があるなどスピーディーに取引を実行したい場合には適さないため，M＆A取引の一段階目で主に使われるというよりは，企業内組織再編，スクイーズアウト取引の二

24　合併には両当事会社が消滅会社となり新設会社に権利義務が承継される新設合併もあるが，吸収合併と比べて新設合併の方が登録免許税が高額になる一方許認可の再取得が必要となるなど，新設合併を用いる特段のメリットがないため，新設合併が用いられることは実務上ほとんどない。また，会社法では合併対価が柔軟化されているため，存続会社の親会社株式を対価とすることによりいわゆる三角合併も可能であるが，実際の利用はそれほど多くない。そこで，本文では最も一般的な吸収合併に限定して述べる。

25　完全親会社の親会社株式を対価とするいわゆる三角株式交換も会社法上可能であり，利用された実例もいくつか存在するが，本文では基本パターンである通常の株式交換に限定して述べる。

段階目などに用いられることが多い。他方，両当事者の法人格が合一化するという効果を有するのは，数あるM&Aの手法の中でも合併だけであるため，時間をかけて行う大企業同士の対等合併のように，時間をかけることに問題がなく，また合併当事者が対等の関係で一体化することを対外的に強調したい場合に用いられることもある。

　合併は，法人格の合一化により，承継される権利義務を選別することができないので潜在債務の遮断には適さない反面，取引上の契約や従業員との雇用契約など当事会社の権利義務が効力発生日に一般承継される（すなわち原則として契約相手方等の同意が不要である）というメリットがある。もっとも，合併による承継が禁止されている契約や禁止されると解釈される契約については，合併による承継について契約相手方の同意を得なければ債務不履行になること，許認可については業法によっては自動的には引き継げないものもあることから，実務的な負担が事業譲渡などと比べてそれほど軽減されない場合も少なくない。

　吸収合併を行う場合に必要となる会社法上の主要な手続としては，合併契約の締結，合併契約を承認する株主総会の特別決議（ただし存続会社に比べて消滅会社の規模が小さい場合には簡易合併として存続会社における株主総会が不要になり，また，存続会社が消滅会社の株式を90％以上保有している場合には略式合併として消滅会社における株主総会が不要となる），事前開示書類の備置，債権者保護手続（存続会社および消滅会社のいずれも必要），株券提供手続（消滅会社のみ必要だが，株券不発行会社であったり全部の株式について株券不所持であったりするときには不要），登記，事後開示書類の備置がある。会社法以外の手続については(4)を参照されたい。

(2) **合併契約**

　合併をするためには，合併の当事会社が合併契約を締結しなければならず（会社法748条），かかる合併契約は，事前開示事項として開示され，また登記の添付書類となる。

　合併契約については，法律により必要的記載事項が定められている（会社法

749条1項各号)。具体的には，当事会社の商号・住所（同1号），消滅会社の株主に対して交付する対価に関する定め（同2号）[26]，消滅会社の株主に対する割当に関する定め（同3号）[27]，消滅会社の新株予約権者に対する対価およびその割当に関する定め（同4号・5号）ならびに効力発生日（同6号）である。

　また，必要的記載事項以外に任意的な合意を併せて定めることも可能であり，実務的にもいくつかの任意的な合意事項を規定するのが通常である。たとえば，両当事会社における合併契約を承認するための株主総会を開催する日の合意，財産の承継に関する規定，合併契約締結日から効力発生日までの間合併当事者が善管注意義務をもって業務を執行する旨を定める規定，合併契約締結日から効力発生日までの間の剰余金の配当制限，消滅会社の役員のうち合併後存続会社の役員とならない者に対する退職慰労金の支払の制限や手続に関する規定，合併後の従業員の取扱いに関する規定，合併契約締結日から効力発生日までの間に当事会社の財産状態や経営状態に重大な悪影響を及ぼす事由（いわゆるMAC条項）やその他一定の事由が生じた場合には合併契約を解除できる旨の規定，多段式の組織再編行為が行われる場合に前段階の組織再編行為の効力発生を合併の効力発生の停止条件とする旨の規定などが挙げられる。

　また，存続会社が合併に伴って商号，発行可能株式総数，事業年度末日，議

---

[26] 合併対価が存続会社の株式である場合には，存続会社の資本金及び準備金の額に関する事項についても合併契約において記載する必要があり（会社法749条1項2号イ），また，合併対価が存続会社の株式でない場合（無対価の場合も含む。）であっても，任意的に存続会社の資本金及び準備金の額に関する事項が記載されることも多い。もっとも，合併の際に行われる株主資本の計算は複雑であることも多いため注意を要する。合併に伴う計算に関しては，玉井裕子編『合併ハンドブック（第3版）』（商事法務，2015年）469頁以下が詳しい。

[27] 単に効力発生日の前日の最終の消滅会社の株主名簿に記載または記録された株主に割り当てる旨の記載がなされることも多いが，会社法上消滅会社の反対株主による株式買取請求がなされた場合には，買取りの効力は合併の効力発生日において生じるとされており（会社法786条6項），株式買取請求をした反対株主に対しては合併対価の割当はなされないとされていることから，反対株主による株式買取請求権の対象となる株式については合併対価の割当ての対象となる株式から除外されることが明確となる趣旨の文言が規定されることもある。上記は株式交換や株式移転についても同様であるが，これに関する契約文言の近時の動向については，小松岳志「組織再編契約に関する実務の動向と諸問題」商事法務1893号17頁以降参照。

決権の基準日等を変更する場合には，合併契約の承認決議に伴って，吸収合併の効力発生を条件とする定款変更決議をする必要があり，また役員を変更する場合には，吸収合併の効力発生を条件とする役員の選任決議を行う必要がある。これらは合併契約の必要的記載事項ではないが，存続会社の株式の割当てを受ける消滅会社の株主からすると，存続会社の定款変更の内容や合併時に就任する役員は自己の利害にかかわりのある事項であり，実務的には，合併契約にこれらの事項を記載することが望まれることもあろう[28]。

　さらに，消滅会社における中間配当の基準日後を効力発生日とする吸収合併の場合，消滅会社の株主に対する中間配当を行うため，消滅会社が効力発生日前に剰余金の配当決議を行い，具体的に発生した配当金支払債務を存続会社が引き継ぐという工夫をすることがある。このように，合併の効力発生日までに合併当事会社が剰余金の配当を行う場合に，その限度額等に関する規定を合併契約に定めることも必要とされていない。もっとも，当事者間では当該剰余金の配当を勘案して割当比率を定めているのが通常であるから，実務的には，剰余金配当の予定があり，その金額を踏まえて合併比率を定めた旨，また，予定されていた剰余金配当が行われないか金額が大きく変動し合併比率の変更を要するような場合は，対応する規定を設けて手当てしておくことが考えられる。

　なお，合併という行為の性質上，その効力が発生した後は当事会社が同一主体となってしまうため，効力発生後の事項に関する合意をしても意味がない。たとえば，当事会社の状況について表明保証を行い，合併の効力発生後に表明保証違反があったことが判明した場合に補償請求権を発生させても意味がない。そこで，合併契約は，第2編で詳述する株式譲渡契約や他のM&A契約に比べて非常に内容が薄く，短いものとなっている。大規模な会社同士の合併の場合，合併契約自体は，A4判で2枚程度，条文数にして10条程度の内容であることも少なくない。

---

[28] 定款変更や役員選任を合併契約に記載したとしても，これらについての決議を合併承認決議とは別に行う必要があることは言うまでもない。もっとも現金交付合併など，株式以外の財産が交付される場合には，このような配慮は必ずしも必要ない場合もあろう。

表明保証条項については、その違反の不存在を合併の効力発生の停止条件にすること（すなわち、表明保証違反が判明した場合には合併を取りやめるとすること）は可能であるし、一定の意味がある。しかしながら、特に上場会社においては、合併に関する適時開示や臨時報告書の提出を行った後に合併自体を取りやめることの市場へのインパクトが甚大であることや、条件の成就の成否が必ずしも明確でない状況で合併の効力発生日を迎えた場合の混乱等に鑑み、そのような取扱いを合併契約において厳密に規定するまでのことはせず、前述のとおり、簡単に、善管注意義務に関する規定およびMAC条項を置く程度の取扱いとすることが通常である。

合併契約は、会社法の手続上必要とされる契約であるから、一旦締結した後にこれを当事者間の間で自由に変更することには制限がある。すなわち、合併比率など合併の基本的な事項に関する変更は取締役会決議だけではなく、再度株主総会の特別決議を経ることが必要と一般に解されている。また、効力発生日を変更するには、変更前の効力発生日の前日までに変更後の効力発生日を公告しなければならない（会社法790条1項・2項）。このように、合併契約の修正・変更については会社法上の手続という観点からの制約に服することから、必要的記載事項以外の合意内容を合併契約に含めるにあたってはその是非を慎重に検討することが望ましい。任意的な合意事項が合併の効力その他の本質的部分に直接関係がなく、事後的に修正または変更が必要になる可能性が大きいのであれば、合併契約とは別の合意書（合併の場面に限定されないが、このような副次的な合意が定められる合意書をサイドレターと呼ぶことも多い）にこれを規定することも検討すべきであろう。

(3) 合併契約以外の契約

直接合併の効力とは関係のない合意については、備置等の対象になる合併契約自体には規定せず、上記のようなサイドレターで規定する場合もある[29]。

また、合併契約とは別に、合併契約の内容が固まる前の段階において合併覚書と呼ばれる契約が締結され、主要条件のみが合意されたうえでその内容が開

示される例も多いが，これは契約交渉段階において締結される基本合意書の一種と考えられるため，その内容等については第2章の記載を参考にされたい。

(4) 金商法に基づく開示義務等

金商法上，会社の一定の組織再編成行為は，特定組織再編成発行手続（新たに有価証券が発行される場合）または特定組織再編成交付手続（既に発行された有価証券を交付する場合）として，原則として有価証券届出書の提出が必要となり，また会社法に基づく事前備置書面の備置をもって，勧誘と同様に取り扱われる。合併の場合，原則として消滅会社の株主が50名以上の場合（適格機関投資家のみの場合を除く）か，それ以外の場合でプロ私募類似の要件または少人数私募類似の要件が満たされない場合には，かかる特定組織再編成発行手続または特定組織再編成交付手続に該当する。ただし，合併消滅会社の株券について開示が行われていない場合または合併において発行・交付される株式について開示が行われている場合には届出義務の適用が除外される。したがって，一般に，合併消滅会社が非上場会社の場合や，合併存続会社が上場会社でその上場されている株券を発行・交付する場合は届出が不要となるが，合併消滅会社が上場会社で合併存続会社が非上場会社のような場合には届出が必要となる可能性がある（発行価額・売出価額が1億円未満であれば，届出は不要であるが，有価証券通知書の提出が必要となる場合がある）。なお，完全親子会社での無対価の合併など，株式が発行または交付されない場合には，そもそも株券の発行または交付がないので届出義務の適用はない。なお，以上は株式についてであるが，吸収合併に伴って存続会社が消滅会社の新株予約権を承継する場合には，新株予約権に関する有価証券届出書を提出する必要がある場合がある。この点，新株予約権の付与を受ける者が存続会社およびその100％子会社の役職員である場合当該届出義務は免除されるので，当該新株予約権が役職員に対

29　もっとも，サイドレターであってもその内容が合併契約の必要的記載事項に密接に関連している事項であるような場合には，株主総会の特別決議や備置等の対象にならないと言い切れるかについて検討の必要があろう。これは合併以外の組織再編行為においても同様である。

するストックオプションである場合は問題がないことが多いと思われるが，その場合であっても退職者などこれらの役職員以外の者が被付与者に含まれる場合は当該免除規定は用いることができない。

臨時報告書については，軽微基準に該当しない限り合併について提出が必要となる。また，特定組織再編成発行手続に該当しない場合には，発行総額が1億円以上であれば募集によらないで取得される有価証券の発行として，合併存続会社において臨時報告書が必要となる。また，金融商品取引所規則に基づく合併の適時開示も必要となる場合がある。

合併契約上の対応としては，上記有価証券届出書の提出義務については，有価証券届出書の効力発生を合併の効力発生の条件として規定することになろう。他方，開示義務については，法令上必要とされる義務であり，契約において規定する意味はそれほど大きくない。

(5) 米国証券法に関する手続

1933年米国証券法上，日本の上場会社が合併，株式交換，株式移転などの「証券の交換を伴う合併等の取引」を行うにあたり，当該上場会社に米国実質株主が存在する場合には，当該上場会社は一定の例外事由に該当しない限り，フォームF-4という様式を利用して，当該行為に際して発行する証券を米国の証券取引委員会（SEC）に登録（F-4ファイリング）する義務を負う。F-4ファイリング義務が適用される場合には，フォームF-4による開示の対象は包括的であってその開示に関する不実記載などの責任が厳格であること，特に財務諸表についてはIFRSベース，米国会計基準（US GAAP）ベース，または日本会計基準の場合には米国会計基準に従って調整した上米国基準の監査を経る必要があるなど相当の作業が必要になることが多いこと，また全ての開示が英語で行われる必要があることから，一般に，多額の費用と1年程度の準備時間が必要となる。また，一度フォームF-4を登録すると，当該上場会社はSEC登録会社となり，サーベンス・オクスリー法（SOX法）その他米国の厳格な法律の適用対象となることに加えて，1934年米国証券法上の継続開示義務が生じ

る。したがって、これらの負担から、F-4ファイリング義務は実務上組織再編取引の実行への大きな障害となる。

そこで、F-4ファイリング義務からの適用免除規定の適用が受けられない場合には、金銭対価の組織再編行為や公開買付けなどによりF-4ファイリング義務が適用されないストラクチャーが検討されることが多い。F-4ファイリング義務からの適用免除規定として日本の上場会社が利用できるものとしては、いわゆるルール802があり、これは米国実質株主が対象会社の自己株式を除く発行済株式の10％超を保有していないことその他の要件を満たしている場合には免除を認めることから、通常「10％ルール」と呼ばれる。10％ルールの要件を満たした場合、フォームF-4の登録は不要になるが、SECに対してフォームCB（当該組織再編に関して行った公表や株主への通知の英訳を添付した簡単な報告書）およびフォームF-X（米国内の送達代理人を任命する書類）をSECに提出する必要があるので、留意が必要である。

合併契約においては、米国証券法への対応を記載することは多くないが、少なくともF-4ファイリングを行う場合は、その完了を合併の効力発生の前提条件とする必要があることになろう。

(6) 独占禁止法に基づく規制

会社は、合併をしようとする場合、全ての合併会社が同一の企業結合集団に属する場合を除き、合併当事会社のいずれか一社およびその属する企業結合集団の国内売上高の合計額が200億円を超え、かつ、他の当事会社およびその属する企業結合集団に係る国内売上高の合計額が50億円を超えるときは、合併に関する計画を事前に公正取引委員会に届け出なければならず、届出と効力発生日までの間に原則として30日間の待機期間を空ける必要がある。海外競争法上の届出・待機期間にも留意すべき点は株式の取得の場合と同様である。そして、合併契約上、事前の届出が必要とされる場合には、届出の完了および待機期間の満了を合併の効力発生の条件とする必要があることになり（株式譲渡契約に関する議論につき、第2編第4章3(4)参照）、必要に応じてこれらの届出の実

行およびそれに対する相手方当事者の協力も誓約としても規定することもありうる（株式譲渡契約に関する議論につき，第2編第6章2(2)③参照）が，誓約部分についてはサイドレターで合意することも選択肢になりえよう。

(7) 振替株式に関する手続

また，当事会社に上場会社が含まれる場合には，当事会社の上場，非上場の別に応じて，振替法および証券保管振替機構の業務規程に基づく手続が必要になる。たとえば，非上場会社が消滅会社で上場会社が存続会社である場合には，新しく発行される振替株式について，新規記録手続（振替法130条1項）が行われることになり，消滅会社は，合併の効力発生日の1ヶ月前までに，その株主に対して振替株式の新規記録をするための口座を通知すべき旨等の一定の事項の通知を行う必要があり（振替法160条1項，131条1項)，株主からのかかる通知がなかった場合には，存続会社は特別口座の開設の申出を行うことになる（振替法131条3項）。これらに対応するための各当事者の義務についても，合併契約またはサイドレターにおいて必要に応じて規定することが考えられる。

3　株式交換に関する契約

(1) 取引の特徴

株式交換は，対象会社の株主が有する株式が全て買収者に移転し，対象者が買収者の完全子会社になるとともに対象会社の株主には対価が交付される取引である。吸収合併とは異なり，株式の取得であるため潜在債務の遮断が可能であり，また，独立の法人格を維持できるため許認可の承継や人事規則など社内規則の統一が原則として必要ないというメリットがある。買収資金に余裕がないときに，株式を対価にして買収できるためまず候補となる方法である他，スクイーズアウト取引の二段階目などにも用いられる。

会社法上の手続は吸収合併の場合とほぼ同じであるが，債権者異議手続を行う必要がある場合は限定されている。すなわち，株式交換の対価が金銭など株

式等以外の財産である場合に、完全親会社において債権者異議手続が必要になり、また、完全子会社が新株予約権付社債を発行しておりこれが完全親会社に承継される場合に、完全子会社において債権者異議手続が必要になるにすぎない。他方、株券提供手続は、完全子会社となる会社において必要であるが、株券不発行会社であったり全部の株式について株券不所持であったりするときには不要である。会社法以外の手続については(3)を参照されたい。

(2) **株式交換契約**

吸収合併の場合と同様、株式交換を行う会社は株式交換契約を締結しなければならず、また、合併契約の場合とほぼ同様の、契約の必要的記載事項が定められている（会社法768条1項）。任意的な合意事項についても合併とほぼ同様であり、株式交換契約とは別にサイドレターが締結される場合や前もって覚書が締結される場合があることも合併の場合と同様である（2(3)参照）が、株式交換に特有な論点を以下にいくつか挙げる。

第一に、完全子会社になる会社が新株予約権を発行していた場合、吸収合併における消滅会社の新株予約権とは異なり、株式交換における完全子会社の新株予約権については完全子会社の法人格がそのまま維持されることから会社法上は特段の手当てをすることが要求されていないが、当該新株予約権が行使されると完全親会社による完全子会社の持株比率が100％でなくなり、そもそも株式交換をした目的が達成されなくなる場合も多いため、そのような帰結にならないようにするための措置が採られることが多い。具体的には、新株予約権の完全親会社への承継（会社法上は、完全子会社の新株予約権者に対して完全親会社の新しい新株予約権が割り当てられることによって達成される）が規定されることが考えられるが、新株予約権の取得条項の内容として株式交換を原因とする取得が認められている場合にはこれを利用する方法や、各新株予約権者に放棄を促すなどの方法も考えられる。

第二に、完全子会社になる会社が自己株式を保有したまま株式交換をした場合には、当該自己株式に完全親会社の株式が割り当てられ、完全子会社は、会

社法上相当な時期に当該親会社株式を処分する義務を負うこととの関係で，そのような義務を負うことにならないよう，株式交換の効力発生前までに完全子会社になる会社が自己株式を消却しておくなどの処理方法が定められることがある[30]。

　第三に，株式交換では合併とは異なり各当事者が別法人として存続し続けるため，効力発生後の事項に関する合意が全く無意味とはいえない。もっとも，結局は両当事者は100％親子会社の関係になるため，経済的にはほぼ同一視することが可能であり，表明保証違反等については事後的に補償請求しても意味がなく，他方，効力発生の停止条件にした場合には一定の意味があるものの，実際に取引が中止された場合のインパクト等に鑑みて詳細な規定がおかれることは少ないという点で，結局は合併契約と同様（2(2)参照）と言うこともできる。

(3) その他の留意点（金商法・米国証券法・独占禁止法等）

　金商法に基づく開示義務等およびこれに対する契約上の対応については，吸収合併の場合とほぼ同様である（2(4)参照）。加えて，上場会社が完全子会社となる場合には，当該完全子会社において，親会社・主要株主の移動に関して臨時報告書を提出する必要がある。米国証券法および振替法に関する問題点および契約上の対応についても吸収合併の場合と同様である（2(5)および(7)参照）。

　また，株式交換は株式の取得に含まれるため，株式の取得の場合と同様の事前届出義務及び待機期間の適用がある（第3章1(3)参照）。したがって，届出の完了および待機期間の満了を株式交換の効力発生の条件とする必要があることになり，必要に応じてこれらの届出の実行およびそれに対する相手方当事者

---

[30] 完全子会社になる会社において反対株主による株式買取請求がなされた場合，当該株式買取請求権にかかる買取りの効力は，効力発生日においてかつ組織再編の効力が生じる直前に生じるとされているところ，株式買取請求に係る買取りの効力が生じた場合当該株式は自己株式となるため，自己株式の消却を行う場合には，反対株主による買取請求に係る株式についてもその対象となるように手当をしておく必要がある（小松岳志「組織再編契約に関する実務の動向と諸問題」商事法務1893号17頁以降参照）。

の協力も誓約としても規定することが考えられるが、誓約部分についてはサイドレターで合意することも選択肢になりうる。これらはいずれも合併の場合と同様である（2(6)参照）。

4 共同株式移転に関する契約

(1) 取引の特徴

共同株式移転は、株式移転の一形態であり、2社以上の既存の株式会社の株主の有する全株式が、手続中で設立される新設会社（完全親会社）に移転し、当該既存の株式会社の株主が完全親会社の株主になる取引である。

共同株式移転は、主に持株会社方式での経営統合のために用いられる。吸収合併と同様、対等な関係での統合を強調することが可能である。特に、吸収合併の場合は一方の会社が存続会社、他方の会社が消滅会社となるが、共同株式移転の場合にはいずれも完全子会社となるため、「対等」性は共同株式移転の方がさらに強調しやすいとも言える。また、吸収合併の場合と異なり、当事会社は2社とも新たに設立される完全親会社の完全子会社として存続するため、合併と異なり当事会社の統合によるシナジーを追求しつつ独立性を維持することや、時間をかけて統合を進めることができるというメリットがある（さらに、統合が完成した段階で完全親会社への吸収合併を行い、最終的に法人格を合一することももちろん可能である）。さらに、当事会社の法人格が維持されるため、許認可の引継ぎは原則として必要ないというメリットもある。対象となる権利義務を選別できないため潜在債務の遮断ができないことは合併と同様であり、チェンジオブコントロール条項や組織再編を制限する条項が含まれている契約が存在する場合には契約相手方の同意が必要となる。

会社法上の手続は吸収合併の場合とほぼ同じであるが、株式移転は、必要的記載事項を記載した株式移転計画さえあれば契約なくして実行可能である点、また、株式交換と同様に債権者異議手続を行う必要がある場合が限定されている点で異なる。後者については、完全子会社が新株予約権付社債を発行してお

りこれが完全親会社に承継される場合に，完全子会社において債権者異議手続が必要になるにすぎない。他方，株券提供手続は，完全子会社となる会社において必要であるが，株券不発行会社である場合および全部の株式について株券不所持である場合には不要であることから，振替株式を発行している上場会社については不要ということになる。会社法以外の手続については(3)を参照されたい。

(2) 株式移転契約

株式移転は，必要的記載事項を記載した株式移転計画さえあれば契約なくして実行可能であるため，契約無しで行われる場合も多い。もっとも，M&A取引においては，株式移転計画の内容を定めるとともにその他関連する当事者間の合意事項を定めることを目的として株式移転契約や統合契約などが別途締結される場合もある。

その場合の株式移転契約は，会社法上要求されているものではないため，必要的記載事項は存在しないが，株式移転計画の内容を定めるという目的から，まず株式移転計画の必要的記載事項を規定する（または株式移転計画の写しを添付する）か，少なくともその主要な項目を規定することが多い。

株式移転計画の必要的記載事項は，合併および株式交換の場合とほぼ同様である（会社法773条1項1号）が，完全子会社となる会社の株主に対して交付する対価に関する定めについて，金銭など株式等以外の財産を対価とすることが認められておらず，また完全親子関係を作るために少なくとも対価の一部は株式でなければならないという制限が存在する点で，合併および株式交換の場合と異なる。また，完全親会社は新設会社なので，完全親会社に関する基本的事項である定款に定める事項や設立時取締役・監査役などを定める必要がある点も，合併および株式交換の場合と異なる。定款に定める事項については，商号に加えて，事業年度の末日などが当事会社で異なっていた場合にはそれらの事項が主に交渉の対象となろう。さらに，完全親会社が新設会社であり，設立後最初に定時株主総会が開催されるまでの間は取締役などの役員報酬が決議で

きないという問題があるため，初年度の役員報酬の上限も定款に規定されることがある。また，完全子会社になる会社が自己株式を保有している場合および完全子会社になる会社が新株予約権を発行している場合の処理についても株式移転計画において定められることがあるが，これについては，株式交換の場合とほぼ同様である。

取引実行後は契約当事者がいずれも完全親会社の100％子会社になり，相互に100％兄弟会社の関係になることから，表明保証条項について，取引実行の条件としては意味があるが，取引完了後は意味がなくなってしまう点等については，合併や株式交換契約の場合とほぼ同様である（2(2)および3(2)参照）。

(3) その他の留意点（金商法・米国証券法・独占禁止法等）

金商法上の問題については，合併および株式交換の場合とほぼ同様である（2(4)および3(3)参照）。

米国証券法についても原則として吸収合併の場合と同様である（2(5)参照）が，10％ルール要件充足の有無を判断するにあたり，たとえば合併では消滅会社に米国実質株主が10％超存在するかを見るのに対して，共同株式移転では完全子会社となる両当事者合算で米国実質株主が10％超存在するかを見る必要がある点が異なる。

振替法上の手続きに留意する必要がある点は，吸収合併の場合と同様である（2(7)参照）。

金商法に基づく開示義務等についても，原則として吸収合併の場合と同様であるが，共同株式移転で発行される株式は新設会社である完全親会社の株式であり，当該株式について従来開示が行われていることはあり得ないため，合併の場合のような発行・交付株式について開示が行われている場合の除外規定の適用の余地はなく，実務上特定組織再編成発行手続として有価証券届出書の提出が必要になることが多い点が異なる。

独占禁止法に基づく規制についても吸収合併の場合と類似しており（2(6)参照），全ての共同株式移転をしようとする会社が同一の企業結合集団に属する

場合を除き，共同株式移転をしようとする会社のうち，いずれか一社およびその属する企業結合集団に係る国内売上高の合計額が200億円を超え，かつ，他のいずれか一の会社およびその属する企業結合集団に係る国内売上高の合計額が50億円を超えるときは，あらかじめ当該共同株式移転に関する計画を公正取引委員会に届け出なければならず，また吸収合併の場合と同様，原則として30日間の待機期間の定めがある。契約上の対応策についても吸収合併とほぼ同様であるが，待機期間の満了を効力発生の条件とする旨については契約よりもむしろ株式移転計画に規定すべき点が異なる。

5 吸収分割に関する契約

(1) 取引の特徴

　吸収分割は，会社分割の一形態であり，会社（分割会社）がその事業に関して有する権利義務の全部または一部を，他の会社（承継会社）に承継させる取引である。吸収分割は，既存の会社の一部を切り出すことができるため，事業譲渡と並び，企業内組織再編に使われたり，独立当事者間のM&A取引において売却対象の会社を作るための第一段階の取引として用いられたりすることが多い。後者の例としては，売却対象となっている事業が複数のグループ会社に分散している場合に，グループ会社から売却対象の事業を吸収分割により一社に集めて，それから当該一社を株式譲渡で売却するという用い方などがある。

　吸収分割は，承継される権利義務を選別することが可能であるため潜在債務の遮断に適しており，かつ取引上の契約や従業員との雇用契約など当事会社の権利義務が効力発生日に一般承継される（すなわち原則として契約相手方などの同意が不要である）というメリットがある。もっとも，従業員との雇用契約については労働者異議申出手続が必要となること，会社分割による承継が禁止されている契約については承継に契約相手方の同意が必要となること，権利の移転に対抗要件が必要な場合には対抗要件を具備しないと第三者に対抗できないこと，許認可については通常自動的には引き継げないことなどの理由から，

実務的な負担は事業譲渡の場合と大きな差異がない場合も少なくない。

　会社法上の手続は，吸収合併の場合とほぼ同じであるが，①債権者保護手続は，承継会社では常に必要であるのに対して，分割会社では，いわゆる人的分割（(2)で後述するとおり，会社分割の効力発生と同時に分割会社が承継会社の株式を現物配当するなどして，分割会社の株主が分割会社に対して有する持株割合に比例して承継会社の株式を取得する場合）の場合または分割会社の債権者が分割の効力発生後に分割会社に対して債務の履行を請求することができない場合のみに限り必要となる点，②株券提供手続は不要である点，および③労働者の異議申出手続が存在する点などが異なる。会社法以外の手続については(3)を参照されたい。

(2) 会社分割契約

　吸収合併の場合と同様，吸収分割を行う会社は吸収分割契約を締結しなければならず，また，合併契約の場合とほぼ同様の，契約の必要的記載事項が定められている（会社法758条1項）。任意的な合意事項についても合併とほぼ同様であり，吸収分割契約とは別にサイドレターが締結される場合や前もって覚書が締結される場合があることも合併の場合と同様である（2(3)参照）が，吸収分割に特有な論点を以下にいくつか挙げる。

　第一に，会社分割では承継する資産等を選択可能であることから，承継会社が承継する資産，債務，雇用契約その他の権利義務に関する事項を記載する必要がある（同2号）。この点に関連し，旧商法下では，承継する権利義務が「事業」を構成する必要があるとされていたが，現在は議論の余地もあるものの，原則としてこれは必要ないと解されている。また，承継される権利義務の定め方は，必ずしも個々の権利関係を個別に特定して帰属先を明らかにする必要はないにしても，特定の権利義務が分割後いずれの会社に帰属するのかが明らかになる程度の記載は必要であるとされるが，特に資本関係のない第三者との間の会社分割のような場合（グループ内の組織再編ではない場合）には，具体的に承継対象の権利義務が当事者間で把握されているのであれば，契約書上

はなるべく個別具体的に記載することが望ましく，債務の承継については，それが免責的に承継されるのか，重畳的に承継されるのかを明示しておくことが望ましいであろう。また，労働協約のうち債務的部分の一部または全部を承継会社に承継させるためには，分割契約に定める必要がある（承継法6条2項）。

　第二に，必要的記載事項についていくつか留意すべき点がある。分割会社または承継会社の株式を承継会社に承継させる場合は当該株式に関する事項を記載する必要がある（会社法758条3号）。対価については，交付先は分割会社となるので対価の割当に関する定めは記載されない（なお，そもそも無対価とすることも可能である）。さらに，旧商法上存在した人的分割と同様の帰結を生じさせるために，分割会社が，承継会社から取得した承継会社の株式を全部取得条項付種類株式の取得対価としてその株主に交付したり，現物配当としてその株主に交付したりする場合には，これらに関する事項を記載する必要がある（同8号イ・ロ）。

　第三に，債権者保護手続に関連して会社分割の場合には会社法上独特な規定がある。すなわち，会社分割の場合に異議を述べることができる債権者は，①分割会社の債権者のうち分割後に分割会社に対し債務の履行を請求できなくなる者，②人的分割構成を採用する場合の分割会社の債権者および③承継会社の債権者である。そして，分割会社は，仮に官報公告に加えて定款に定めた時事に関する事項を掲載する日刊新聞紙または電子公告により公告する場合でも，不法行為により生じた債務の債権者に対しては各別の催告を省略できない（会社法789条3項・810条3項）。そして，分割会社に知れている不法行為債権者だけではなく，まだ知られていない潜在債務にかかる不法行為債権者についても，各別の催告を受けなかったものは，分割会社および承継会社の双方に対して債務の履行を請求できる（会社法759条2項・3項）。したがって，たとえば会社分割契約において，一切の潜在債務については承継会社に免責的に承継されると規定しても，各別の催告を受けていない不法行為債権者は，分割会社に対して請求することができることになる。会社分割契約においては，このような事態に対応するため，仮にそのような請求が分割会社に対してされた場合に

は，分割会社は承継会社に求償できる旨の規定を置くことが考えられる。

　第四に，吸収合併や株式交換とは異なり，表明保証を定めた場合に事後的な救済としても一定の意味がある可能性がある。すなわち，吸収合併の場合とは異なり，分割会社と承継会社は別の法人格を維持する上，株式交換とは異なり100％親子関係を生ずるとは限らないことから，吸収分割の効力発生後に表明保証違反が判明したような場合には，承継会社から分割会社に対する表明保証違反に基づく補償請求が経済的に意味のある行為になりうるからである。もっとも，実務上独立当事者間のM＆A取引（グループ内の組織再編ではない場合）では，吸収分割が単独で用いられる例は比較的少なく，吸収分割（または新設分割）によって事業を承継した子会社の株式を譲渡するという形で吸収分割が利用される例が多いが，そのような場合においては，表明保証が果たすべき役割は，分割契約自体に表明保証条項を設けるのではなく，株式譲渡契約において，契約締結日時点における分割対象事業および取引実行日時点における（会社分割の効力発生後の）譲渡対象会社に関する表明保証を定めることによって達成されることになるのがどちらかといえば自然であろう。

(3)　会社分割に伴う労働契約の承継等に関する法律（承継法）等

　承継法は，会社分割を行うにあたり分割会社が行うべき手続を定めている。
　第一に，分割会社は，当該会社分割にあたり，そのすべての事業場において，当該事業場に，労働者の過半数で組織する労働組合がある場合においてはその労働組合，労働者の過半数で組織する労働組合がない場合においては労働者の過半数を代表する者との協議その他これに準ずる方法によって，その雇用する労働者の理解と協力を得るよう努めなければならない（承継法7条，承継法施行規則4条）。この措置は，承継法に関する厚生労働省の指針[31]によれば，次の段落に述べる協議の開始までに開始され，その後も必要に応じて適宜行われ

31　「分割会社及び承継会社等が講ずべき当該分割会社が締結している労働契約及び労働協約の承継に関する措置の適切な実施を図るための指針」（平成12年労働省告示第127号）。

なければならないとされている。

　第二に，分割会社は，次の段落に述べる通知の期限日までに労働者と協議しなければならず（平成12年商法改正附則5条1項），上記の指針によれば，かかる規定に基づき，分割会社は，承継される事業に従事している労働者に対し，会社分割の効力発生日以後当該労働者が勤務することとなる会社の概要，当該労働者が承継会社に承継される事業に「主として従事する」労働者に該当するか否かの考え方等を十分説明し，本人の希望を聴取した上で，当該労働者に係る労働契約の承継の有無，承継するとした場合または承継しないとした場合の当該労働者が従事することを予定する業務の内容，就業場所その他の就業形態などについて協議をするものとされている。

　第三に，分割会社は，(i)承継される事業に「主として従事する」労働者および(ii)それ以外の承継対象労働者に対し，一定の通知期限日（会社分割契約の株主総会における承認が必要な場合を前提とすると，承継法2条3項においては当該株主総会の日の2週間前の日の前日が通知期限日とされているが，上記の指針においては，吸収分割契約等を本店に備置する日または当該株主総会にかかる招集通知を発する日のいずれか早い日と同じ日に行われることが望ましいとされている）までに，当該分割に関し，当該会社が当該労働者との間で締結している労働契約を承継会社が承継する旨の分割契約における定めの有無，異議申出期限日その他の事項を書面により通知しなければならない（承継法2条1項）。また，分割会社に労働組合がある場合には，労働組合に対しても同様の通知期限日までに一定の事項を通知しなければならない（同2条2項）。

　以上はいずれについても法律上必要とされる手続であり，契約上の規定の有無にかかわらず実施する必要があるため，契約上の対応はそれほど重要ではないが，分割契約またはサイドレターにおいて，分割会社においてかかる手続を行う義務を定めたり，かかる手続が既に行われたことを確認したりする規定を置くことが考えられる。

(4) その他の留意点（金商法・独占禁止法等）

　金商法上の問題および振替法に関しては，問題の内容および契約上の対応方法のいずれについても他の組織再編行為の場合とほぼ同様である。

　独占禁止法上の事前届出についても，他の組織再編行為と同様，一定の場合には，あらかじめ当該吸収分割に関する計画を公正取引委員会に届け出なければならず，また，他の組織再編行為の場合と同様原則として30日間の待機期間の定めがある。たとえば，分割会社（当該吸収分割でその事業の重要部分を承継させようとするものに限る）の当該分割の対象部分に係る国内売上高が100億円を超え，かつ，承継会社およびその属する企業結合集団に係る国内売上高の合計額が50億円を超えるときなどがこれに該当する。分割契約においてこれを効力発生の条件として規定するとともに，必要に応じて届出義務や協力義務を分割契約またはサイドレターに規定することになろう。

第 2 編

M&A 取引契約の具体的内容
〜株式譲渡契約の場合〜

第1章

当事者・構成

1 概　要

　株式譲渡契約の基本的な構造は，対象会社の株式を譲渡する売主と，当該株式を買い受ける買主という二当事者になることが一般的である。もっとも，対象会社の株式を保有する複数の当事者が売主となる形で，売主が二当事者以上となる場合もあれば，複数の当事者が共同で対象会社の株式を買い受ける形で，買主が二当事者以上となる場合もある。

　また，理論的には対象会社も株式譲渡契約の当事者とすることも考えられるが，売主が対象会社株式を100％保有していたり，実質的に対象会社をコントロールしていたりするような場合であると，対象会社にかかる事項であっても売主に義務を負わせれば足りることが多く，対象会社を独立して契約当事者に加える意義は乏しいことが多いであろう。また，対象会社が売主からある程度独立して運営されているようなケースであると，売主と買主の間の株式譲渡契約の条件を全て対象会社に開示することが望ましくない場合もある。そのため，実務上，対象会社が株式譲渡契約の当事者となる例はほとんど見られない。

2 契約の当事者

(1) 当事者の類型

契約当事者となる主体の類型は、法的な観点からの属性に応じて大きく分けると、①法人、②法人以外の法主体（組合、パートナーシップなど）、および③自然人（個人）がある。このうち、③の自然人が株式譲渡契約の当事者となるケースは、たとえば、対象会社の株式を保有する創業家一族が売主となる場合、対象会社の役員または従業員株主が売主となる場合などが典型的であろう。

上記のような類型の整理のほかに、契約当事者の設立準拠法や国籍・居住国等に応じて分けて、(a) 契約当事者が国内当事者（日本法人、日本の民法上の組合または投資事業有限責任組合法に基づいて組成された投資事業有限責任組合、国内居住または日本国籍の自然人）であるか、(b) 海外当事者（海外法人、海外の準拠法に基づいて組成されたファンドやパートナーシップ、海外居住または外国国籍の自然人）であるかという分け方もある。

図表2-1-1 当事者の類型

法的属性に応じた区分：	① 法人 ② 法人以外の法主体 　　組合、パートナーシップなど ③ 自然人
設立準拠法等に応じた区分：	(a) 国内当事者 　　日本法人、日本の民法上の組合または投資事業有限責任組合法に基づいて組成された投資事業有限責任組合、国内居住または日本国籍の自然人 (b) 海外当事者 　　海外法人、海外の準拠法に基づいて組成されたファンドまたはパートナーシップ、海外居住または外国国籍の自然人

契約当事者が上記のいずれの類型に該当するかという点が，契約ドラフトに影響を及ぼす場面として，典型的には，表明保証条項における契約当事者自身についての表明保証の内容がある。表明保証条項における売主または買主自身についての表明保証として，たとえば，売主または買主が株式譲渡契約を締結し，また履行する法律上の能力，権限等を有しているというものがあるが，当然ながらこの点の記載方法は売主または買主の法律上の属性によって異なることになる。当事者の属性に応じた契約締結・履行の能力等にかかる表明保証条項のサンプルは記載例1-1のとおりである。

記載例1-1　表明保証条項（契約締結・履行の能力等）のサンプル

サンプル①――売主が国内の自然人である場合
　売主について，後見開始，保佐開始及び補助開始の審判はいずれも開始されておらず，売主は，本契約を締結し，履行するために必要な行為能力を含めて，成年として完全な権利能力及び行為能力を有していること。

サンプル②――売主が日本法人である場合
　売主は，日本法の下で適法に設立され，有効に存続する株式会社であり，本契約を締結し，履行するために必要な権限及び権能を有しており，そのために必要な法令，定款その他社内規則上必要とされる一切の手続を履践していること。

サンプル③――売主が民法上の組合である場合
　売主は，日本法に基づき適法に組成され，有効に存続する組合であり，本契約を締結し，履行するために必要な権限及び権能を有しており，そのために必要な内部手続を全て履践していること。

　上記の表明保証の記載例のうち，当事者が日本法人である場合において，当該法人が契約締結・履行に必要な能力を有しているということは，厳密には，契約の締結・履行が，当該法人の定款上の事業の目的の範囲内にあるというこ

とを意味する。法人の場合には，民法上は権利能力の範囲だけが問題となるところ，法人の権利能力の範囲は事業の目的の範囲によって画されているためである。これに対して，当事者が民法上の組合である場合には，組合は法的には独立した権利能力の主体となることはできないことから，表明保証において確認が必要となるのは，契約の締結による法律効果などを有効に組合に帰属させることができるかという点の確認となる。このことを具体的に言うと，組合の業務執行組合員が有効に組合を代表する権限を有しており，当該業務執行組合員が組合内部の手続に従って有効に契約締結・履行を行っていること，また，契約締結・履行が全て組合契約の定める目的の範囲内にあるということになる。もっとも，実務上は，法人，組合などの性質に応じてこれほど具体的なレベルで表明保証のドラフトがなされることは少なく，このような意味合いを含めて，**記載例1-1**のように，「本契約を締結し，履行するために必要な権限及び権能を有しており」という簡潔な表現をしてしまうことが多い。

コラム　行為能力と準拠法

　株式譲渡契約の当事者に海外の自然人が含まれている場合には，当該自然人の行為能力の有無を判断するための準拠法が問題となる。この点について，法の適用に関する通則法（以下「通則法」という）4条1項は，「人の行為能力は，その本国法によって定める。」と規定しており，当事者の本国法（国籍を有する国の法律）によって，その者に行為能力があるか否かが判断されることになることから，契約の相手方当事者が海外の自然人であるときには，当該自然人の本国法に照らして，その者が行為能力を有しているか否かを確認することが必要となる。

　もっとも，通則法4条2項は上記の例外を定めており，「法律行為をした者がその本国法によれば行為能力の制限を受けた者となるときであっても行為地法によれば行為能力者となるべきときは，当該法律行為の当時そのすべての当事者が法を同じくする地に在った場合に限り，当該法律行為をした者は，前項の規定にかかわらず，行為能力者とみなす。」としている。すなわち，当事者がいた地と法律行為が行われた地が同じ法域にあることを要件として，たとえ法律行為をした者がその本国法によると行為能力の制限を受けるときであっても，当該法律行為が行われた法域によ

れば行為能力者となるときには，その者は行為能力者とみなされることになる。たとえば，株式譲渡契約の相手方当事者が20歳の海外の自然人であり，その者の本国法では22歳を成人年齢としているときには，通則法4条1項により原則として，当該自然人は行為能力に制限を受けることになるものの，株式譲渡契約の締結が日本国内で行われ，かつ契約締結を行う者が全員日本国内にいたときは，通則法4条2項によって行為地である日本法に照らして，当該自然人も行為能力者とみなされることになる。

　上記は契約ドラフトへの影響という点であるが，契約当事者の類型の相違によって，契約ドラフトのみならず，契約締結や取引実行にかかる実務面にも影響が生じることになる。

　第一に考えられる影響としては，当事者本人の存在や契約締結・履行の能力等の確認という点がある。上記のとおり表明保証条項においてもこれらの点について各契約当事者が相手方当事者に対して表明保証を行うことになるが，取引実行後にこの点の重大な表明保証違反があったことにより取引の効力に影響が生じる場合には，補償請求では相手方当事者の救済として十分ではないことが多い（詳細は第5章8(2)参照）。また，そもそも，当事者本人が存在しなかったり契約締結のために必要な能力を有していなかったりしたような場合には，契約自体が成立しておらず，契約に基づく請求自体が不可能であって，救済手段として不法行為や不当利得に基づく請求に頼らざるを得ないリスクもある。そこで，当事者本人の存在や契約締結・履行の能力等の確認という重要な事項については，上記の表明保証条項での対応のみならず，実務上，何らかの確認手続をとることが検討される。たとえば，日本法人が当事者となる場合には，契約締結時に，当該法人の商業登記簿謄本，契約締結に使用された会社代表印の印鑑証明書，契約締結を承認する取締役会議事録や代表者による決議証明書等の交付を求めてこれによって確認することになるが，実際にどこまでこれらの書面の交付を求めるかはケース・バイ・ケースであり，実務上かかる確認書面の交付を求めないケースもある。ファンドが当事者となる場合には，商業登記簿謄本の存在する投資事業有限責任組合法に基づいて組成された投資事

業有限責任組合であれば商業登記簿謄本の交付が可能であるが，かかる商業登記簿謄本のない民法上の組合の場合にはかかる商業登記簿謄本またはこれに相当する書面の交付は難しいであろう。海外のファンドについて確認書類として何を求めるかは，当該ファンドの設立準拠地の法令や実務によって異なるが，日本における印鑑証明書等に相当する書類の交付を求めることが検討されることもある。当事者が自然人である場合には，日本において実印登録をしている者であれば契約締結に使用される実印についての印鑑証明書，また，日本において実印登録をしていない外国人の場合にはCertificate of Signature（当該外国人が国籍を有する国の公証人等による公証がなされたもの）などが交付されることがある。さらに，自然人の場合には権利能力や行為能力に制約がないかの確認が実務上容易ではないことが多いので，この点の検討も必要となる[1]。

コラム　Certificate of Good Standing

　実務上，米国法人や米国で組成されたファンドなどの海外の法主体について，当事者の確認書類のひとつとして，Certificate of Good Standingという書類が徴求されることがある。Good Standingとは，当該法主体が登記・登録されている行政当局に対して，法令上求められている書類の提出，手数料の納付など必要な一切の手続を行っているという状態を意味し，かかる手続が全て行われている場合に行政当局から発行されるものがCertificate of Good Standingである。すなわち，Certificate of Good Standingが意味しているものは，上記のとおり行政当局との関係で求められる一定の手続を履践してきているということに過ぎない。

---

[1] 国内の自然人が当事者となる場合に実務上問題となり得る権利能力や行為能力の制約としては，民法の成年後見制度のもとで，後見開始，補佐開始および補助開始の審判がなされていることがある。契約相手方である自然人についてかかる審判がなされていないかを確認する方法としては，後見登記等ファイルを確認することが考えられるが，プライバシー保護のため直接このファイルを確認することはできないため，この点の懸念がある場合には，相手方当事者に登記事項証明書（後見登記等ファイルに記載がなければその旨が証明される）の交付を求めるなどの対応を検討することになる。

第二に，エスクローの要否の検討がある（エスクローの詳細については第2章3(5)参照）。契約当事者が外国法人または海外の準拠法に基づいて組成されたファンドである場合には，将来の補償請求がクロスボーダー訴訟となり，補償請求権行使の実効性確保が必ずしも容易ではないことから，エスクローを積極的に活用することも検討することになると思われる。また，法人や組合が当事者となる場合と比べると，自然人が当事者となる場合には，自然人の死亡によって相続が生じるなど，同様に補償請求権の行使の実効性確保に問題が生じることが考えられることから，エスクローの活用を検討すべき場面があるように思われる。

　最後に，契約当事者に海外当事者が含まれている場合には，外為法の対内直接投資の届出，支払報告の提出などが必要とならないか，対象会社に適用のある業法上，外国投資家による株式保有について一定の規制がないかなどを検討する必要も生じる。

(2) SPCの利用

　M&A取引においては，買主となる当事者自らが契約当事者となって対象会社の株式を取得するのではなく，買主が買収目的で設立した法人が契約当事者となって，対象会社の株式を取得することがある。このように専ら買収目的で設立・利用される法人（買収受皿会社）は，SPC（Special Purpose Company）またはSPV（Special Purpose Vehicle）などと呼ばれる。

　具体的にSPCが利用される場面としては，プライベート・エクイティ・ファンドによる買収の場合がある。通常，プライベート・エクイティ・ファンドは，投資家から調達するエクイティに加えて，金融機関からの借入によって買収資金を調達するが，この場合，買収目的でSPCを設立し，当該SPCが金融機関から買収資金の一部を調達し，かかる借入を担保するために，SPCが取得する対象会社の株式や対象会社の資産に対して担保を設定する（このような買収対象会社の資産を担保とした資金調達手法による企業買収を，Leveraged Buy-Out（LBO）と呼ぶ）。そして，かかるLBOのケースでは，SPCが調達した借入の

返済は対象会社がその事業から生じるキャッシュ・フローによって行っていくことになることから，買収後にSPCと対象会社が合併することによって，金融機関からの借入債務を対象会社が包括承継することが多い。

　それ以外の場面でも，税務上の観点その他買主の株式保有戦略などのストラクチャー構成によっては，買主自らが対象会社の株式を取得せずに，海外の特定の国に持株会社となるSPCを設立して，当該SPCによって対象会社の株式を保有することがある。いずれの国にSPCを設立するかは，当該国における税制や法令・会計制度，日本との間の租税条約の有無や内容，買主の株式保有にあたっての世界戦略などによって異なると思われるが，この種のSPCの設立に実務上利用されることが多い管轄は，ケイマン，バミューダ諸島，ブリティッシュ・バージン・アイランド，アイルランド，オランダなどがある。

(3) 親会社等による保証

　株式譲渡契約において，売主または買主の親会社その他の第三者が，売主または買主の株式譲渡契約上の義務の履行を保証することがある。このような親会社等による保証については，株式譲渡契約とは別に保証をする親会社等から保証の相手方となる売主または買主への保証書の差入という形で行われることもあるが，親会社等も株式譲渡契約の当事者となって，株式譲渡契約において親会社等による保証の条項を設けることもある。後者の場合には，保証を行う親会社等も契約当事者となる。

　かかる親会社等による保証が行われる典型的な場面として，売主または買主がSPCである場合に，資力が限定的であって，かつ将来的に存続の継続性の見込みが高くない（すなわち，簡単に解散・清算することができる）SPCの信用を補完するために，当該SPCの親会社が保証を提供する場合がある。事業会社による企業買収の場面でSPCが利用されるケースでは，契約の相手方当事者として，当該SPCと取引をしているというよりも，当該SPCの親会社自身が実質的な契約の相手方であると認識・期待している場合もあり，また，かかる親会社も自らが実質的には対象会社を買収しているという認識で対象会社のデュー

デリジェンスを実施し，また自ら契約交渉を行っている場合があると思われるので，そのような場面ではSPCの親会社の保証が提供されることにも一定の合理性があるが，もちろん，最終的に親会社による保証が提供されるかどうか，またその保証の範囲については，当事者間の交渉によって決まるものである。一方，プライベート・エクイティ・ファンドによるLBO取引のケースにおいては，たとえSPCが買主となる場合であっても当然にファンドによる保証が提供されるということはないであろう。

　親会社等が保証を行うために株式譲渡契約の当事者となる場合において，保証を受ける相手方当事者が最終的に期待している点は，他方当事者の株式譲渡契約上の義務の不履行に基づく損害賠償責任（表明保証違反による補償責任や特別補償条項に基づく補償責任を含む）について，資力のある親会社等に支払いの保証をしてもらうことにある。これに加えて，親会社等に対して誓約条項における作為・不作為の義務を直接的に課すこともできる（たとえば，売主の親会社等について，対象会社の役員・従業員を勧誘・引き抜きしない義務を課すなど）。さらに，親会社等が保証を提供している子会社等（契約上の売主または買主）に対して株式保有や取締役会の構成を通じて実質的なコントロールを有している場合であれば，当該子会社等が株式譲渡契約の誓約条項において負っている一定の作為・不作為にかかる義務について，親会社等は，当該子会社等をして，当該行為を行わせる義務または当該行為を行わせないようにする義務を負うという規定[2]を設けることも可能である。

　親会社等が株式譲渡契約の当事者となる場合において，株式譲渡契約の条項上影響が生じることがある条項としては，図表2-1-2に記載のものがある。親会社等にどの範囲で義務を負わせることができるかは当然ながら交渉事項である。また，図表2-1-2に記載した条項のうち表明保証条項に関連して，契

---

[2] 親会社等が子会社等に対して実質的なコントロールを有していないものの，一定程度の影響力を行使できる場合には，親会社等は，子会社等が株式譲渡契約の誓約条項において負っている一定の作為・不作為にかかる義務について，当該子会社等をして，当該行為を行わせるよう合理的な努力をする，または，当該行為を行わせないよう合理的な努力をする，という形で努力義務の規定を設けることもある。

約当事者となる親会社による親会社自身についての表明保証だけではなく，たとえば，当該親会社の子会社（契約上の売主または買主）に関する事項についても親会社に表明保証をさせたり，売主の親会社である場合には対象会社に関する事項についても親会社に表明保証をさせることも理論的には考えられる。しかしながら，親会社による保証の帰結として，親会社は，契約当事者となる子会社（契約上の売主または買主）が契約上負う一切の義務（当該売主または買主による表明保証違反に基づく補償責任を含む）について保証責任を負うことから，かかる保証責任とは別に，別途親会社自身による上記のような表明保証まで求める実益はないであろう。

図表2-1-2　親会社等が契約当事者となる場合に影響のある条項

表明保証条項：	保証を行う親会社等についての，契約締結・履行の権限その他の表明保証の規定
誓約条項：	①　親会社等自身の作為・不作為 　　親会社等自身が直接相手方当事者に対して一定の作為・不作為にかかる義務を負う ②　子会社等による義務履行についての誓約 　　子会社等の誓約条項における作為・不作為の義務について，親会社等が当該行為を行わせる義務または行わせない義務を負う
保証条項：	保証を行う親会社等が，子会社等の契約上の義務の履行について（連帯）保証を行う旨の規定

(4) 売主または買主が複数存在する場合

上記のとおり，株式譲渡契約の売主および買主はそれぞれ一当事者であるとは限らず，対象会社の株式を保有する複数の当事者が売主となる形で，売主が二当事者以上となる場合もあれば，複数の当事者が共同で対象会社の株式を買い受ける形で，買主が二当事者以上となる場合もある。たとえば，対象会社が合弁形態で設立されて，合弁パートナーの企業にも株式を保有されている場合，対象会社の創業家や役員，従業員などの関係者が株主として存在している場合，

その他対象会社に複数の株主がいる場合で，買主が1名以上の株主から対象会社株式の譲渡を受けるときが考えられる。また，比較的大規模な買収案件で複数のプライベート・エクイティ・ファンドが共同で買収を行ったり，あるいはプライベート・エクイティ・ファンドといわゆるストラテジック・バイヤーと呼ばれる事業会社が共同で買収を行うような場面も珍しくなく，このような場合には買主が複数存在することになる。

上記のとおり売主または買主が複数存在する場合には，契約書の作成方針として，①全ての売主および買主を一つの株式譲渡契約の当事者とする方法，ならびに，②売主が複数の場合には各売主ごとに，また，買主が複数いる場合には各買主ごとに，個別に株式譲渡契約を作成する方法（したがって，各株式譲渡契約の当事者は売主1名および買主1名となるようにする方法）[3]が考えられる。

上記①のように全ての売主および買主を一つの株式譲渡契約の当事者とする方法によった場合において，株式譲渡契約のドラフト上検討が必要となる事項としては，図表2-1-3に記載の事項がある。

一つの株式譲渡契約において複数の売主または買主が契約当事者となっている場合には，かかる複数の売主または買主が他の売主または買主と連帯して契約上の義務を負うのか，また，契約上の権利を行使するにあたって共同で権利を行使しなければならないのか，といった点について検討が必要となる。たとえば，売主が複数存在する場合において，売主の義務が連帯とされ，かつ権利行使を共同で行わなければならないとされると，売主全員が買主に対して契約上の補償責任を履行する義務を負うことになることから，ある売主は他の売主

3　個別に株式譲渡契約が作成される場合には，全ての当事者との関係で同じ株式譲渡契約フォームが作成・利用されることもあれば，当事者の属性や譲渡対象株式のボリュームなどに応じて異なった株式譲渡契約が作成・利用されることもあり，また，各当事者間の交渉の結果最終的に締結される契約内容が異なることも多い。実務上，売主が複数存在するもののその中に対象会社株式の少数部分のみを保有する少数株主が含まれているような場合には，かかる少数株主は対象会社をコントロールしていないことから，少数株主については，対象会社についての表明保証や誓約条項の内容を簡略にした簡易な株式譲渡契約が使用される例も見られる。

図表2-1-3　契約当事者が複数の場合に検討を要する条項

義務：	複数当事者の義務を連帯債務にするか，または分割債務とするか
権利：	複数当事者の権利を共同行使とするか，または独立した権利行使を認めるか
クロージング前提条件：	各株式譲渡のクロージング前提条件の充足を個別に判断するか（個別のクロージング実行を認めるか），あるいは一体として判断するか（常に各株式譲渡は同時に実行されることとするか）
契約解除：	いずれかの当事者に債務不履行があった場合に，契約全体の解除を認めるか，当該債務不履行当事者にかかる株式譲渡についてのみ解除を認めるか

全員の信用リスクを負担することになる。また，売主が買主に対して契約上の補償請求を求めるにあたっては，売主全員が共同で権利行使をしなければならなくなるため，かかる補償請求について売主の間での合意が必要となる。

　契約のドラフトにあたって，たとえば複数の売主を一括して「本件売主」のように定義をして，各条項において単純に「本件売主」を義務を負う当事者，または権利を行使する当事者のように記載をすると，連帯債務とする意図であるか，また共同の権利行使を必要とする意図であるかが不明確となり，後日の疑義・紛争を招くおそれがあることから，この点に十分配慮しながらドラフトをする必要がある。個別の権利行使や義務負担を意図しているのであれば，その条項においては，「各本件売主は…」のように記載したり，適宜，「それぞれ」，「個別に」のような各当事者の個別性が明確となる文言を加えるべきであるし，反対に連帯義務や共同権利行使が意図されているのであれば，「連帯して責任を負う」，「共同して通知する」のように記載して各当事者の連帯性が明確となる文言を加えるべきである。また，複数の売主・買主の権利義務の連体性・個別性について，契約内における原則のルールを定める条項を独立して設けて，その例外条項のみ別途規定するという対応も実務上見られる。かかる独立した条項のサンプルは記載例1-2のとおりである。

なお，売主または買主が複数存在する場合における当該当事者の義務の連帯性については，契約上連帯性を排除する旨明記しない限り，商法511条1項の適用または類推適用によって，連帯債務になると考えられないかが議論となり得る。商法511条1項は，「数人の者がその一人又は全員のために商行為となる行為によって債務を負担したときは，その債務は，各自が連帯して負担する。」として，民法の分割債務の原則（民法427条）の例外を定めている。この点については，売主または買主が複数存在する場合であっても，かかる株式譲渡取引が当該複数当事者全員にとって直ちに「商行為」に該当するとは判断されないことも多いと思われ，また，株式譲渡契約のドラフトや交渉経緯など具体的事実関係も踏まえて考えると，当事者の合理的意思解釈として商法511条1項の適用は排除されていると考えられる場合が多いように思われる。もっとも，当事者にとっての「商行為」は非常に広い概念であり，また，商法511条1項は複数の当事者間に組合のような関係の存在まで求めていないことから，具体的な事例によっては商法511条1項の適用または類推適用がなされる場合もあり得るであろう。いずれにしても，この点の疑義を避けるためにも，売主または買主が複数存在する場合には，債務の連帯性・個別性について明確な規定を設けるなどこの点を意識してドラフトをすることが望ましい。

> **記載例1-2** 権利義務が連帯しないことを明記する条項（売主が複数の場合）

> 第○.○条 （契約当事者の権利義務関係）
> 　本契約に別段の定めがある場合を除き，本契約に基づき各本売主が買主に対して負担する義務及び責任は分割債務とし，本契約に基づき買主が各本売主に対して有する権利は分割債権とする。

各株式譲渡のクロージング前提条件の充足を個別に判断するか（個別のクロージング実行を認めるか），あるいは一体として判断するか（常に各株式譲渡は同時に実行されることとするか）という点や，いずれかの当事者に債務不

履行があった場合に，契約全体の解除を認めるか，当該債務不履行当事者にかかる株式譲渡についてのみ解除を認めるか，という点は，いずれも契約に含まれる複数の株式譲渡を関連する一体の取引と考えるか，あるいは別個独立の取引と考えるかによって異なる。たとえば，売主がAおよびBの2名おり，買主がC1名の場合には，たとえ一つの株式譲渡契約に規定されていても，売主Aと買主Cの間の株式譲渡と売主Bと買主Cの株式譲渡の二つの株式譲渡が構成要素として含まれていることになる。買主Cの立場から見て，売主AおよびB両方から株式の譲渡を受けられなければ対象会社の株式を取得しても意味がないと考えているケースであれば，両株式譲渡を一体の取引と考えて，クロージング前提条件の充足については必ず両方の株式譲渡が同時に実行されるようにすること，また，契約解除についても両株式譲渡について契約全体の解除をできるようにすることを求めることになるであろう。

3 契約の構成（フレームワーク）

(1) 概　要

　対象会社が非上場会社である場合における一般的な株式譲渡契約の構成は図表2-1-4のとおりである。本書においては，原則として，以下の株式譲渡契約の構成に沿って解説を行う。

　なお，株式譲渡契約の条項の番号のふり方（ナンバリング）に関して，図表2-1-4の構成では，各条項について，「[章の番号].[章の中の順番]条」というルールに従って番号をふっている。たとえば，第2章の三つ目の条項は，2.3条になる。これに対して，章の有無にかかわらず，契約書のはじめの条項から最後の条項まで通して番号をふっていく方法もあり，この場合には，冒頭から1条，2条，3条とはじまり，契約書の最終条項（たとえば，45条）まで通し番号がふられる。後者の方法によった場合には，たとえばドラフト段階や契約交渉の過程で，途中に条項の追加や削除があったときに，そのたびに契約書全体について条番号の調整が必要になるという事務負担が生じることにな

る。かかる観点からは，途中での条項の追加・削除による他の条項の番号への影響を少なくすることができる前者の方法の方が優れていると言えよう。

図表2-1-4　株式譲渡契約の構成

　第1章　総則
　　第1.1条　定義
　　第1.2条　解釈の通則
　第2章　譲渡の基本条件
　　第2.1条　譲渡の合意
　　第2.2条　譲渡価格
　　第2.3条　価格調整
　第3章　取引の実行（クロージング）
　第4章　取引実行条件
　　第4.1条　売主の義務に関する前提条件
　　第4.2条　買主の義務に関する前提条件
　第5章　表明及び保証
　　第5.1条　売主の表明及び保証
　　第5.2条　買主の表明及び保証
　第6章　誓約
　第7章　補償
　第8章　解除・終了
　第9章　一般条項
　　第9.1条　秘密保持
　　第9.2条　公表
　　第9.3条　救済方法の限定
　　第9.4条　費用負担
　　第9.5条　準拠法
　　第9.6条　管轄
　　第9.7条　言語
　　第9.8条　正本
　　第9.9条　分離可能性
　　第9.10条　完全合意
　　第9.11条　通知
　　第9.12条　修正及び放棄
　　第9.13条　譲渡
　　第9.14条　見出し
　　第9.15条　誠実協議

図表2-1-4の第2章以降に挙げられている各契約条項の解説については，本編第2章以下において行うが，以下では図表2-1-4の第1章およびその他契約に関連する事項について解説する。

(2) 前文等

　株式譲渡契約に限らず，契約の冒頭には，まず，契約当事者，契約日および契約名を特定する文言が記載されるのが通常である。契約日については冒頭に記載せず，署名欄のみに記載する例もある。契約の効力に影響する問題ではないためいずれでも構わないが，冒頭に記載する方が事後的に契約日を特定するのが容易になる。ただし，締結日が流動的な場合には署名欄に記載する方が取扱いが簡便な場合もあり，いずれを選択するかは状況に応じて判断することになろう。

　さらに，米国等で作成される英文の株式譲渡契約においては，契約書冒頭の前文として，各契約当事者の事業内容や契約を締結しようとする意図についての説明，契約当事者間の交渉の経緯（特に最終契約締結以前に基本合意書が締結されている場合には，かかる基本合意書についての言及），その他契約締結の背景事情が記載されることが多く，これはPreamble，RecitalまたはWhereas Clauses（それぞれの文章が"WHEREAS"で始まる場合が多いため）などと呼ばれる。国内当事者のみが契約当事者となる株式譲渡契約においても，かかる前文が記載されることがある。かかる契約締結の背景事情は，契約締結時の当事者の意思・意図を推測するための資料となるものであり，契約の具体的条項の解釈を巡って後日疑義・紛争が生じた場合には，前文の記載が一定の解釈指針として斟酌されることが期待される。

　前文については，契約当事者の義務や権利を前文にのみ記載して，契約内の条項で規定をしなかったときに，前文の記載のみに基づいて請求・執行を行うことができるか，という点で，上記の契約解釈の指針という位置づけを超えて，前文にどこまで法的拘束力が認められるかが問題となる。この点について，日本の判例上は必ずしも前文の効果は明らかではなく，契約の構成，前文の記載

方法や締結時の事情などによって一定の法的拘束力が認められる場合もあり得ると思われるが，一般的に前文の記載内容の法的効果については疑義が残ること，また，海外準拠法によっては前文には法的拘束力が認められない可能性もあることから，（特に海外当事者が契約当事者に含まれているような場合には）後日の紛争回避のために，契約当事者の権利・義務にかかる記載は，前文のみに記載するのではなく，契約内の条項で規定するべきである。

(3) 定 義

　株式譲渡契約において，繰り返し使用される用語は定義されることが一般的であるが，定義の方法としては，①契約内で最初に定義されるべき用語が出てくるところその他適切な箇所で，「（以下「○○」という。）」という形で定義をして，その他の箇所では定義した用語を用いる方法，また，②契約の冒頭部分に独立した定義条項を設けたり，当該条項内に定義語を列挙するのではなく，別紙として定義語リストを添付してそこに定義語を列挙する方法などもある。上記①の方法は，分量の少ない契約であれば問題ないが，分量が多い契約になると，ある条項で使用されている用語がどこで定義されているか契約全体を探す必要が生じる不都合が考えられる（そのため，契約内の定義語の発見を容易にする目的で，定義をする箇所において，定義語に下線を引いたり，定義語を太字にするなどの対応をすることもある）。これに対して，上記②の対応であれば，分量の多い契約であっても適宜定義語を参照することができるので，後日契約を参照するときに便宜である。特に株式譲渡契約と併せて，株主間契約など取引に関連する契約が作成・締結されるような場合において，複数の契約にまたがって同じ定義語が使用されるようなときには，別紙として作成した定義語リストを他の契約においても参照したり，添付することによって，各契約における定義作成の負担を軽減することができる。

　定義を作成する場合の留意点としては，契約の他の箇所で定義語が使用されたときに，それが定義語であることがわかるようにするということが挙げられる。たとえば，対象会社の子会社のうち事業上重要な特定の子会社のみをまと

めて定義したいときに，これを単に「子会社」と定義してしまうと，契約書の中で子会社という言葉が定義語として使われている場合に，読み手としてはこれが定義語だと分からずに，対象会社の子会社全てを指していると誤解するおそれもあるし，実際に契約において対象会社の子会社全てを指したいときの用語としての使用と混乱が生じることになる。そこで，このような場合には，特定の子会社については「本件子会社」や「本重要子会社」などと定義して，契約条項の他の箇所で使用されたときに，それが定義語であることが読み手にとって明らかになるような定義を行うことが重要である。

　また，定義の中で，当事者の権利または義務を規定しないということにも配慮すべきである。このような例としては，売主と対象会社の間で事業上の取引契約が存在する場合に，これについて，「『本件売買基本契約』とは，売主および対象会社の間で締結された平成〇年4月1日付の売買基本取引契約を意味する。ただし，本契約締結日以降，買主の事前の書面による同意なく，本件売買基本契約の内容の変更，解除又は解約を行うことはできないものとする。」という定義を設ける場合が考えられる。この定義のような但書の記載を設けても，当該但書の法的拘束力が直ちに否定されることはないと思われるが，当該但書は本来的には売主の誓約事項として整理されるべきものである。したがって，これは契約の誓約条項に独立した条項として規定されるべきであり，このように定義語の中に規定を設けると，後日，当該但書に定められた義務を当事者が見落としてしまうおそれもあることから，避けるべきである。

(4) 解釈の通則

　米国等で作成される英文の契約では，契約の冒頭に，契約全体の解釈にかかる通則を設けることが多く，日本国内の取引に関する契約の場合にも，かかる通則が設けられることもある。かかる解釈の通則は，一般的な通則の内容であれば，たとえ解釈通則にかかる規定がなかったとしても当事者の合理的意思としてそのような解釈のルールを設ける意図があったと解される場合も多いと思われる。なお，契約の冒頭に解釈の通則が設けられなかった場合であっても，

この内容の一部が一般条項に規定されることもある。

　実務上，規定されることが多い解釈の通則の例としては，①別紙も契約の一部とみなされるという規定（(5)参照），②条項の見出しの効力（第9章15参照），③売主または買主が複数存在する場合における，売主にとっての相手方当事者の範囲（買主側の全ての当事者を意味することが多い），また，買主にとっての相手方当事者の範囲（売主側の全ての当事者を意味することが多い）についての規定，④契約内の法令や規則の言及は，法令や規則の改正がなされたときには改正後のものも含むという確認の規定などがある。また，契約書が英文を原本として作成される場合には，契約の文脈に応じて同じ単語でも適宜単数形または複数形と解釈するということや，契約内で"including"（…を含む）という表現が使用されるときは別途定めがない限り"including but not limited to"（…を含むがこれに限らない）の意味を有することなどが規定されることがある。

(5)　別紙等

　契約書には，契約条項を含む契約本体部分に加えて，契約書に添付される書面があることもあり，これらは「別紙」，「別添」，「別表」，「添付」，「付属書」などと呼ばれることが多い。日本の契約実務においては，これらの名称の意味合いを厳密に区別して用いていないことが多いと思われるが，一般的な実務感覚としては，「別紙」が英文契約の"Schedules"に，また，「別添」「添付」「付属書」が英文契約の"Exhibits"に対応していることが多いように思われ，かかる観点からは，「別紙」は，通常は契約本体の一部分を構成するものであって，契約本体の条項の一部に記載することも可能であるが，作成・参照の便宜等の理由によって，別の頁に記載されるものであると言えよう（英文契約の"Exhibits"と"Schedules"の相違についてはコラム「英文契約におけるAttachments（ExhibitsとSchedulesの相違）」参照）。

　上記のように，別紙が本来的には契約本体の条項の一部に記載することができるものであるにもかかわらず，別の頁に記載される理由としては，たとえば，

表明保証の例外となる事項を定めた別紙（Disclosure Schedule）についてみると，大量な情報や細かい情報を契約本体に直接規定すると契約本体の構成のバランスが崩れること，このような別紙の作成責任者・担当者は一次的な契約のドラフティング担当者と異なることもあり，また，契約本体の交渉と並行してこれとは別のルートで情報の記入・確認がなされることが多いことから（Disclosure Scheduleの場合には，対象会社の実務担当者が作成し，これを売主が確認するというプロセスを経ることが多い），これについては契約本体とは切り離した別紙の形にした方が実務上の便宜が図れるということが挙げられる。

> **コラム** 英文契約におけるAttachments
> （ExhibitsとSchedulesの相違）
>
> 英文契約においては，契約書本体に添付される書面について，Exhibits, Schedules, Annexure, Appendicesなどが利用される。この中でも一般的に使用されるExhibitsとSchedulesにはどのような違いがあるのであろうか。
>
> Exhibitsは，契約に関連するものの，必ずしも契約本体部分と一体となって同一の書面を構成するものではない独立した書面（"stand-alone"な書面）を，参照の便宜のために契約書に添付する際に使用されることが一般的である。これは既に効力を有している書面であることもあれば，今後別途関係当事者間で締結されることによって効力を有することになる書面もあるであろう。たとえば，対象会社の定款，対象会社の経営陣と締結される予定の経営委任契約のフォームなどが考えられる。
>
> これに対して，Schedulesは，通常は契約本体の一部分を構成するものであって，契約本体の条項の一部に記載することも可能であるが，作成・参照の便宜等の理由によって，添付書面とされるものであることが一般的である。たとえば，表明保証の例外となる事項を定めたDisclosure Schedule，表明保証の対象となる対象会社保有の資産をリストにしたSchedule，定義語をリストにしたScheduleなどもあるし，表明保証条項の量が多いときは表明保証条項全体をScheduleにすることもある。

別紙，添付等が複数存在する場合には，それに番号をふる必要があるが，そ

の方法としては，別紙等が契約本体で参照される順に番号をふる方法（例：別紙1，別紙2，別紙3…とする方法）と，はじめに当該別紙等が参照される契約条項の番号をそのまま当該別紙等に使用するという方法（例：3.1条において参照されている別紙は別紙3.1，5.3条で参照されている別紙が二つある場合には別紙5.3①と別紙5.3②などとする方法）がある。別紙等の番号を確定しやすく，別紙の数の増減に応じて番号を変更する必要性が低いことから，別紙等の数が多いときには後者の方法が便宜であることが多い。また，契約本体において，別紙等が参照されている箇所が直ちに特定できるように，別紙を参照している部分に下線を引くこともある（例：「別紙3.1に規定される場合を除き…」）。

(6) サインページ

　株式譲渡契約の締結の方法については，日本法上特段の要請はなく，契約当事者の意思の合致が確認できるような形で契約が締結されていれば足りる。実務上は，国内の法人が契約当事者となる場合には会社代表印の押印がなされることが多く，また，海外法人やファンドが当事者に含まれている場合には代表者その他契約締結権限のある者による署名が使用されることが多い。実際の契約締結にあたっては，関係者が一同に会してその場で押印または署名を行うこともあるが，実務上は，製本した契約書を持ち回りで押印または署名をしていくこともある。また，契約当事者の一部が海外など遠隔地に所在する場合には，サインページに署名をしたものをファクシミリやPDFによって交換することで契約締結とすることもある（同一のページに署名がなされなくても良いことについて，正本（Counterpart）に関する第9章9の記載参照）。

　契約書はサインページ（記載例1-3）を含めて全体を袋とじなどの方法で製本することが多い。厳密には，後日契約書の一部の頁のすり替えなどの不正がなされることを防ぎ，また，当事者の合意した契約内容の一体性を担保するために，契約書の全頁に当事者が署名またはイニシャルの記載を行うこともある。もっとも，実務上は，そこまで行わずに，契約書の袋とじの箇所に割印や

割サインを行うことで済ませることもあるし，そもそもそのような対応を特に行わないことも珍しくない。

(7) 印紙税

　日本で作成される株式譲渡契約は，通常の株式譲渡にかかる条項しか含まれていなければ，日本における課税文書には該当しないことから，印紙の貼付は不要である。ただし，株式譲渡契約の中に，たとえば取引実行後の売主および買主の間の継続的な取引関係を定める条項や，債権譲渡・債務引受にかかる条項など，株式譲渡以外の取引が併せて規定されている場合には，当該取引との関係で課税文書に該当する可能性がないかについては別途検討が必要である。

　また，取引実行にあたって交付される書面については，印紙の貼付が必要とならないか別途確認が必要である。たとえば，取引実行にあたって，交付された株券について買主から売主に対して株券受領証が交付される場合，また，支払われた売買金額について売主から買主に対して売買代金の領収証が交付される場合には，これらの書類が国内で作成されると課税文書に該当することになる（印紙税法別表第一17号)[4]。

　また，株式譲渡取引と併せて締結される関連契約についても，課税文書に該当しないかについては個別の検討が必要となる。

4　印紙税法は日本の国内法であるため，その適用地域は日本国内に限られることになり，課税文書の作成が国外で行われる場合には，たとえその文書に基づく権利の行使が国内で行われるとしても，また，その文書の保存が国内で行われるとしても，印紙税は課税されない（法人税基本通達49条）。ただし，たとえば国税庁のウェブサイトにおける解説（http://www.nta.go.jp/shiraberu/zeiho-kaishaku/shitsugi/inshi/06/02.htm）によれば，印紙税法の課税文書の作成とは，単なる課税文書の調製行為ではなく，課税文書となるべき用紙等に課税事項を記載してこれをその文書の目的に従って行使することをいい，相手方に交付する目的で作成する課税文書はその交付の時に作成されたことになるとされており，どのような場合に国内で作成されたと解されるかについては状況に応じた検討が必要である。

記載例1-3　サインページ

　上記を証するため，各本当事者は冒頭記載の日をもって本契約書を2通作成し，それぞれ各1通を保有する。

　　　　　　　　売主：　　東京都千代田区〇〇
　　　　　　　　　　　　　〇〇株式会社
　　　　　　　　　　　　　代表取締役社長　〇〇　〇〇　㊞
　　　　　　　　買主：　　東京都千代田区〇〇
　　　　　　　　　　　　　株式会社〇〇
　　　　　　　　　　　　　代表取締役社長　〇〇　〇〇　㊞

第2章

譲渡の合意・譲渡価格

1 概　要

　株式譲渡契約は，対象会社の株式を売買することを目的とする契約であることから，売主が譲渡対象となる対象会社の株式を買主に譲渡し，買主がこれを譲り受け，その対価として譲渡価格を支払うことを合意するという点は，株式譲渡契約の中核をなす部分ということができる。そのため，譲渡対象となる株式の範囲（対象会社の発行済株式のうち全部を譲渡対象とするかまたは一部のみを対象とするかなど）や譲渡価格については，株式譲渡取引における経済条件として，当事者間では最も重要な交渉事項となる部分であるが，株式譲渡契約の作成という技術的な観点からは，かかる経済条件が当事者間で合意されれば基本的にその合意内容を記載するのみであり，条項としてはあまりバリエーションのないシンプルなものとなることが多い。

　もっとも，実務上，譲渡価格について価格調整のメカニズムが設けられる場合や，譲渡価格の支払方法について一部後払いやエスクローのアレンジメントなどの合意がなされる場合もあり，このような場合には，価格調整の条項や譲渡価格の支払いにかかる条項についての検討が必要となり，相当に複雑な条項が規定されることも珍しくない。

2 譲渡の合意

　譲渡の合意は，売主が譲渡対象となる対象会社の株式を買主に譲渡し，買主がこれを譲り受けることを合意するものであり，株式譲渡契約における合意事項の中核をなすものである。当事者間においては，譲渡についての基本的な合意があることから株式譲渡の交渉が行われているのであって，通常は譲渡の合意について実質的な交渉が行われることはなく，**記載例2-1**のようなシンプルな条項が規定されることが多い。

記載例2-1　譲渡の合意のサンプル

> 第2.1条　（譲渡の合意）
> 　売主は，本契約の規定に従って，本株式を買主に譲渡し，買主は，本契約の規定に従って，売主から本株式を譲り受けるものとする。

　譲渡の合意の条項において検討が必要となる事項としては，譲渡対象となる目的物の特定の問題がある（ただし，譲渡の合意の条項においては，記載例2-1のように，譲渡対象については「本株式」や「本譲渡株式」のような定義が使用されることも多いことから，その場合には譲渡対象となる目的物の特定は，かかる譲渡対象の定義の作成にあたって検討されることになる）。

　特に譲渡対象の特定が問題となるのは，対象会社の発行済株式のうち一部だけが譲渡対象となる場合であり，この場合の特定方法としては，(1)「対象会社の発行済株式総数のうち〇株」という特定方法（具体的な株式数で特定する方法），(2)「対象会社の発行済株式総数のうち〇％に相当する株式」という特定方法（株式数の割合によって特定する方法）に加えて，(3)対象会社が株券発行会社であれば，株券番号によって株券を特定したうえで，当該株券によって表章される株式〇株という形で特定する方法も考えられる。上記の特定方法に

よって相違が生じる点として，上記(1)および(2)の特定方法によった場合には民法上の制限種類物売買となるのに対して，上記(3)の特定方法によった場合には民法上の特定物売買となることから，理論的には民法上の取扱いが異なり得るという点があるが，この差異は民法改正によって基本的に解消されることになる[5]。

さらに，理論的には，対象会社の実際の発行済株式総数が株式譲渡契約において売主が表明保証していた発行済株式総数よりも多かった場合の帰結にも相違が生じると解する余地がある。たとえば，売主が対象会社の発行済株式総数は1万株であると表明保証していた場合に，クロージング後に対象会社の発行済株式総数が1万2000株であったことが判明したときには，株式譲渡契約で上記(2)の特定方法で発行済株式総数の80％に相当する株式が譲渡対象とされていれば，当事者の意思としては具体的な発行済株式総数にかかわらず，あくまで対象会社の発行済株式全体の80％を合意された譲渡対価で譲渡することが合意されていると解することができるようにも見える。その場合には，買主としては，8000株（1万株の80％）ではなく，9600株（1万2000株の80％）について引渡請求ができることになる。これに対して，上記(1)の具体的な株式数で特定されていた場合や(3)の株券番号によって特定されていた場合には，発行済株式総数にかかる表明保証の誤りがあったとしても，当初特定されていた具体的な株式数または特定された株券で表章される株式についてのみ引渡請求が可能であって，買主の救済としては，発行済株式総数の誤りの点での表明保証違反の補償請求によることになる，というのが素直な契約解釈のようにも思える。しかしながら，実務的には，上記(1)ないし(3)のいずれの特定方法によった場合であっても，譲渡価格が合意された過程その他契約交渉の経緯などに鑑みると，

---

[5] 改正前の民法のもとでは，売買目的物が売主の責めに帰すことができない事由によって滅失した場合について，特定物売買であれば買主が危険を負担することになるが，制限種類物売買について目的物が特定されるまでの間は売主が危険を負担することになるという差異が生ずる可能性がある（改正前民法534条1項・536条1項）。ところが，改正後の民法のもとでは，特定物売買に関する買主の危険負担の規定（改正前民法534条）が削除されることから，いずれの場合についても売主が危険を負担することになる。

発行済株式総数が表明保証されていた発行済株式総数よりも多かった場合の譲渡対象の範囲についてまで意識して交渉されていることはほとんどないと思われ，譲渡対象となる株式数が実際の発行済株式総数に応じて当然に増加することが当事者の合理的意思であると直ちに解することができるとは限らないように思われる。したがって，実際に発行済株式総数が表明保証されていた発行済株式総数よりも多かったという事態が生じたときには，買主としては，表明保証違反に基づく補償請求などの救済によることを前提として，譲渡対象株式数を変更する新たな合意を売主との間で目指すことになるのが通常であろう。

また，対象会社が新株予約権や新株予約権付社債などの潜在株式を発行しており，売主がかかる潜在株式も保有している場合には，株式譲渡契約において，これらの潜在株式の譲渡についてもあわせて合意されることがある。その場合には，株式譲渡契約における譲渡対象として，かかる潜在株式も規定されることになる。

3 譲渡価格

(1) 譲渡価格の合意

譲渡価格は株式譲渡契約における最も重要な経済条件ということができ，当事者間における中心的な交渉事項となる。買主としては，対象会社の上場・非上場，事業内容や規模その他対象会社の状況に応じて，市場株価平均法，ディスカウンテッド・キャッシュ・フロー法（DCF法），時価純資産価額法，類似会社比較法などの算定方法によって，対象会社の企業価値や株価の評価を行い，それをもとに売主と交渉をして，対象会社株式の譲渡価格を合意することになる。もっとも，上記の対象会社の企業価値や株価の評価の方法や価格交渉の経緯にかかわらず，通常は株式譲渡契約における譲渡価格の規定はシンプルであり，次頁の記載例2-2のような条項が一般的である。

> **記載例2-2** 譲渡価格の条項サンプル
>
> 第2.2条 （本株式の譲渡価格）
> 　本株式の譲渡価格は，一株当たり〇〇円，総額で〇〇〇〇円とする。

　もっとも，譲渡価格についてクロージング日以降に価格調整を行うことが合意されることがあり，その場合はかかる価格調整について詳細な規定が設けられることになる。また，譲渡価格の支払方法についても特段の合意がなされることもある。(2)以下では，かかる合意がなされる場合について解説する。

(2) 価格調整条項

　クロージング日以降に価格調整が行われる目的としては大きく分けて二つ考えられる。

　一つは，株式譲渡契約において規定されている譲渡価格について，クロージング日までの対象会社の企業価値の変動を反映して，事後的に価格調整を行うという目的があり，この場合には，株式譲渡契約に規定した譲渡価格算定の前提となった対象会社の財務数値と，クロージング日を基準として作成された対象会社の財務数値を比較して価格調整が行われることになる。

　もう一つの目的としては，株式譲渡契約締結時において期待されていた対象会社の企業価値を実際に達成することができるか不確定な場合に，クロージング日以降一定期間における対象会社の売上や利益などの一定の財務指標を基準として，かかる財務指標が達成されるか否かによって追加的な譲渡価格の支払いがなされるというものが考えられ，このような価格調整条項は一般にアーン・アウト（Earn-out）条項と呼ばれる[6]。

　この項目では前者の目的で規定される価格調整条項について検討することとし，アーン・アウト条項については以下の(3)において解説する。

　なお，対象会社の事業規模や事業内容，事業の季節変動の有無・程度によっては，譲渡価格算定の前提となった対象会社の財務数値の基準日からクロージ

ング日までの期間における対象会社の純負債，運転資本や純資産の変動などの価値変動がそれほど大きくないということも考えられる。そして，価格調整は各当事者に相当の事務負担を生じさせるのみならず，場合によっては調停・仲裁にあたっての会計事務所の報酬を含めて費用負担も発生することになるため，価格調整の条項を規定せずに一定の固定された譲渡価格によって取引を実行することを当事者が希望することも当然考えられるところであり，実際にも価格調整の条項が規定されない例は多い。価格調整の条項を規定しない場合には，たとえば，誓約条項において，株式譲渡契約締結日以降クロージング日までの対象会社の事業運営についての売主の善管注意義務その他の義務を負わせたり，また，表明保証条項において，上記財務数値の基準日以降の重大な後発事象が発生していないことを表明保証させるなどの対応によって，可能な限り，買主として当該基準日以降の対象会社事業・資産の重大な変動によるリスクを軽減しようとすることが多い。

　これに対して，価格調整を行う場合の基本的な考え方は以下のとおりである。すなわち，譲渡価格を検討・交渉するにあたっては，その前提として，各当事者による対象会社の計算書類または財務諸表の検討が必要となるが，一般的には，株式譲渡契約締結前の検討・交渉時点で入手可能な最新の対象会社の計算書類または財務諸表が使用されることが多い（たとえば，直近の事業年度の監査済財務諸表や中間の財務諸表が入手可能であれば，これらが使用されることになる）。この場合，これらの計算書類または財務諸表の基準日（以下「評価基準日」という）から株式譲渡契約締結日までの間に一定の期間があくことに

6　その他の場面として，たとえば，対象会社が販売する商品が第三者からのライセンスに基づいて販売されているものであり，関連するライセンス契約についていわゆるチェンジ・オブ・コントロール条項が含まれているような場合において，クロージング後も商品の販売を継続できるか否か（ライセンサーの承諾を得られるか否か）によって価格調整が行われる場合がある。より具体的に言えば，かかるライセンスの対象となっている商品が複数存在するような場合において，販売を継続できなくなった商品の数に応じて譲渡価格の減額を行うという規定が設けられることもある。このように契約に定めた条件の成就または不成就を譲渡価格の変動にひも付ける条項も，一種の価格調整条項と呼ぶことができよう。

なることから，この間の対象会社の純負債の変動，運転資本の変動や純資産の変動などによる対象会社の価値変動についても，別途考慮が必要となる可能性がある。実務上は，買主が実施するデューデリジェンスによって評価基準日以降の価値変動を調査したり，また，株式譲渡契約における対象会社の事業，資産その他財務状況にかかる表明保証によって一定の担保を確保する方法がとられることも多いが，かかる方法によっても，評価基準日以降，株式譲渡契約締結日までの対象会社の価値変動を完全にかつ効果的に譲渡価格に反映することは困難である。さらに，株式譲渡契約締結日以降，クロージング日までの期間においても，当然対象会社は事業運営を行っており，これによって同様に純負債の変動，運転資本の変動や純資産の変動などが生じることになることから，対象会社の支配が買主に移転するクロージング日における対象会社の価値を譲渡価格に反映しようということを志向すると，かかる対象会社の価値変動を譲渡価格に反映する方法の検討も必要となる。

　上記の評価基準日からクロージング日までの期間における対象会社の価値変動を譲渡価格に反映することを目的として，事後的に価格調整を行うこととする場合であっても，対象会社の財務数値や資産・負債のいずれに着目して価格調整を行うかによって，価格調整方法には様々なバリエーションが存在する。そして，各調整の方法に応じて，株式譲渡契約においては，クロージング日における対象会社の財務情報の作成方法や具体的な調整の数式なども規定することが必要となる。

　対象会社の価値評価にあたって，いわゆるDCF方式（将来の予想キャッシュ・フローを一定の割引率で現在価値に換算して企業価値を算定する方法）やマルチプル方式（金利・税金・償却前利益（EBITDA）等の営業利益に一定の倍率を乗じて企業価値を算定する方法）が用いられた場合には，企業価値から純負債を控除することによって株主価値（株式の譲渡価格）を算定するのが通常であることから，価格調整にあたっても対象会社の評価基準日の純負債とクロージング日の純負債の差額によって調整する方法（純負債による価格調整）を採用する例が実務上はよく見られる（この場合に，売主による純負債の

金額の操作が行われることを回避するために，純負債に加えて，運転資本も価格調整の対象に加えることも多い）。このように純負債によって価格調整を行う場合であれば，クロージング日における対象会社の貸借対照表（の少なくとも一部）を作成する必要があることから，当該貸借対照表をいかなる会計方針によって作成するのか（対象会社が従前から採用している会計方針，特定の国における一般に公正妥当と認められた会計原則（GAAP），国際財務報告基準（IFRS），また，特定の項目についてのみ当事者で別途の会計方針の合意をするかなど）を明確にする必要があり[7]，また，対象会社の評価基準日の貸借対照表における純負債とクロージング日の貸借対照表における純負債を比較するにあたって，その前提となる「純負債」の定義についても具体的な規定を設けることが必要となる（たとえば，現金・預金に加えていわゆる現金同等物をどの範囲まで含めるかはしばしば争点となる）。もっとも，これらは会計上の概念・検討を含むものであることから，実際の価格調整の場面において疑義が生じることを回避するためにも，株式譲渡契約においてクロージング日における対象会社の財務情報の作成方法や具体的な調整の数式などの条項を作成するにあたっては，財務アドバイザーの主体的な関与が不可欠である[8]。その他，対象会社の価値評価の方法などによっては，対象会社の評価基準日の純資産とクロージング日の純資産の差額によって調整する方法（純資産による価格調整）とい

---

[7] 東京地判平成20年12月17日（判タ1287号168頁）では，M&A取引（優先株式の譲渡契約）において純資産額による価格調整が合意されていたが，価格調整条項においては，価格調整の前提となる貸借対照表は「日本において一般に公正・妥当と認められる会計基準に従い，かつ，基準日貸借対照表と同一の会計処理の原則及び手続を適用して作成されなければならない」ものとされ，また買キが譲渡対象会社をしてかかる価格調整の前提となる貸借対照表を作成させる義務等を負っていた。しかしながら，譲渡対象会社が買主グループの会計基準に準拠し基準日貸借対照表とは会計処理を変更して価格調整の前提となる貸借対照表を作成したことから，裁判所は，合意されていた基準日貸借対照表と同一の会計処理の原則および手続を適用して作成されたものとは言えないとして，買主が価格調整にかかる条項に定める債務の履行をしなかったことにより，売主は本来価格調整によって得られるべき調整差額相当額の損害を被っているとして買主の損害賠償責任を認めた。上記判例は，その他にも価格調整手続に関する合意の解釈などについても論じており，M&A取引契約における価格調整条項について公刊されている判例は少ないことから，価格調整条項のドラフトにあたって参考になる貴重な判例であると思われる。

う価格調整の枠組みが採用されることもある。

　実際の価格調整の大まかなプロセスは，①買主によるクロージング日における対象会社の財務情報の作成および当該財務情報と買主提案の売主への提出，②売主による当該財務情報の検証および買主提案に対する同意または反対の通知，③売主が反対する項目について売主および買主の間での協議，④協議によって合意に至らない場合には，対立項目についての第三者による調停・仲裁などの解決手続という流れになることが一般的である。かかるプロセスを規定した価格調整条項のサンプルは記載例2-3のとおりである。

> 記載例2-3　価格調整条項のサンプル

第2.3条　（クロージング時貸借対照表の確定及び本譲渡価格の決定）
1.　買主は，クロージング日後速やかに，クロージング時貸借対照表(*1)案の作成を開始する。クロージング日から60日以内に，買主は，買主のクロージング時貸借対照表案及びかかるクロージング時貸借対照表案に基づく本譲渡価格(*2)の案を売主に提示する。
2.　売主は，買主によるクロージング時貸借対照表案及び本譲渡価格案の提示を受けた後速やかに，かかる案の正確性を確認するため，検証作業を行う権利を有する。かかる検証作業のために売主が合理的に要請するところにより，買主は，売主に対し，買主によるクロージング時貸借対照表案及び提示された本譲渡価格案の正確性を確認するための合理的資料の提供とその説明を行なうとともに，通常の業務時間内に，検証作業の目的のために合理的に必要な方法及び範囲で，対象会社の取締役，監査役及び従業員並びに帳簿類，コンピュータ・ファイル，記録，契約

8　価格調整の結果，一方当事者から他方当事者に支払われる金銭について利息を付すことも可能であり，実務上かかる規定が設けられることがないわけではない。もっとも，契約締結時点においては調整の要否や調整金額を知ることができないことから，利息の対象となる金額を把握することができないまま利息支払いの合意をすることになるという点に留意が必要である。

書，議事録，書類，資料，情報，事務所等の施設及び資産へアクセスし，調査することを認める。

3．売主は，買主のクロージング時貸借対照表案及び本譲渡価格案の提示を受領後30日以内（かかる30日目の日を，「本通知期限」という。）に，買主のクロージング時貸借対照表案及び提示された本譲渡価格案を承認するか否かを書面で通知する。本通知期限までに，売主が承認する旨の通知をした場合，又は第2.3条4項に従って承認しない旨の通知をしない場合には，クロージング時貸借対照表及び本譲渡価格は，買主の提示したところに従って確定する。

4．買主が提示したクロージング時貸借対照表案又は本譲渡価格案を承認しない場合には，売主は，本通知期限までに，不同意であるすべての事項を買主に書面で通知（以下「不同意通知」という。）する。不同意通知は，不同意の各対象事項を特定したうえでそれぞれについて不同意の理由又は根拠を合理的かつ具体的に述べるとともに，提示された本譲渡価格案に対する変更の額の合計を特定するものとする。売主及び買主は，両者の相違点を解消するため誠実に交渉するものとし，クロージング時貸借対照表及び本譲渡価格について合意するように合理的な努力をする。クロージング時貸借対照表及び本譲渡価格は，売主及び買主がクロージング時貸借対照表及び本譲渡価格について書面で合意した時に確定する。

5．売主の不同意通知受領後30日以内に，売主と買主がクロージング時貸借対照表及び本譲渡価格について合意できなかった場合には，売主及び買主のいずれも，○○会計事務所又は売主及び買主が別途書面で合意する会計事務所（以下「本会計事務所」という。）に対し，クロージング時貸借対照表及び本譲渡価格の確定を求めることができる。本会計事務所は，売主及び買主のそれぞれに対しその考えを説明する合理的な機会を与えたうえ，30日以内にクロージング時貸借対照表及び本譲渡価格

の決定内容を売主及び買主に書面で通知するように合理的な努力をするものとし、売主及び買主は本会計事務所がかかる期間でクロージング時貸借対照表及び本価格についての決定ができるように、本会計事務所に協力する。売主及び買主は、本会計事務所の報酬及び費用を等分に負担する。計算間違い等の明確な誤りがない限り、本会計事務所によるクロージング時貸借対照表と本譲渡価格の決定は最終的なものとして売主及び買主を拘束する。事前に第2.3条4項に定める売主及び買主の間の合意が成立しない限り、クロージング時貸借対照表及び本譲渡価格は、本会計事務所の決定内容に関する報告書が売主及び買主に交付された時点で確定する。

*1 「クロージング時貸借対照表」とは、対象会社が継続的に適用している会計原則に従い、対象会社の会計年度がクロージング日に終了するものと仮定して作成される、クロージング日終了時現在での対象会社の貸借対照表を意味する。
*2 「本譲渡価格」の定義においては、売主及び買主の間で合意された具体的な価格調整のための計算式が規定され、当該計算式によって算出される譲渡価格をもって、「本譲渡価格」と定義される。

上記①のプロセスにおけるクロージング日における対象会社の財務情報は、いかなる財務数値に着目して価格調整を行うかによって異なるものの、純負債や運転資本による価格調整の場合には通常はクロージング日における対象会社の貸借対照表が作成されることになる。かかる対象会社の財務情報は、売主および買主のいずれが作成する取決めも可能であるが、クロージング日以降は対象会社のコントロールは売主から買主に移転していることから、買主が財務情報作成の主体となることが多い。次に、②の売主による検証プロセスにおいては、通常はクロージング日以降は売主は対象会社に対するコントロール・アクセスを失っていることから、かかる対象会社の財務情報の検証を行うために必要な範囲で、対象会社の情報へのアクセスの権利が規定されることが多い。そして、③のプロセスにおいて、クロージング日における対象会社の財務情報の内容やそれに基づく価格調整の結果を踏まえて、具体的な対立項目について当

事者間で協議が行われることになるが，かかる協議が行われる前にさらに各当事者の主張・見解の内容について書面でのやりとりが規定されることもある。最終的に協議によっても対立項目の解消ができない場合には，④の最終プロセスとして，当事者が株式譲渡契約において指定した会計事務所などによって，対立項目の調停・仲裁を受けることになる[9]。

　なお，価格調整条項のもとの価格調整は，その調整事由によっては，表明保証違反に基づく補償請求と同時に問題となることがある。たとえば，対象会社の在庫品の会計上の処理について問題があった結果，価格調整が必要となる場合において，対象会社の在庫に関する表明保証（在庫に関する表明保証の詳細については第5章8(6)参照）が規定されていたときには，同時に当該表明保証違反に基づく補償請求も可能な場面が想定される。かかる場合には，買主としては，価格調整の請求または補償請求のいずれかについて，権利行使の容易さ，また権利行使にかかる制約の有無などを考慮して，いずれか買主にとって有利な請求を行うことになるであろう。

コラム　ロックド・ボックス（Locked-Box）方式

　特にヨーロッパを中心に最近使用されることが多い売買価格の決定方法として，ロックド・ボックス方式という方法がある。これは，直近の事業年度末などの一定の基準日における財務書類をベースに買収価格を決定し，事後的な価格調整は行わないことにする一方で，対象会社から売主やその関係者に現金の移動（leakage）があった場合には，売主が買主に対して当該金額を補償するというものである。

　日本における一般的な株式譲渡契約においても，たとえばクロージング前の配当等は禁止する誓約が定められているのが通常であり，この誓約に違反した場合には補償条項が適用されるため，ロックド・ボックス方式を採用した場合と同様の結果

9　株式譲渡契約においてあらかじめ会計事務所の指定をしておくか，あるいは少なくとも会計事務所がある程度機械的に選定できるだけのルールを定めておかないと，実際に対立項目の解消の必要が生じて会計事務所に依頼しようとするときに，いずれかの当事者がかかる指定手続に協力しないことによって，手続を進めることができないという問題が生じる可能性があるので留意が必要である。

がもたらされることも多いと考えられる。もっとも，これはあくまで義務違反に基づく損害の補償の問題であり，損害を立証する必要があるほか，たとえば上限や下限などの制限に服する可能性もあるのに対して，ロックド・ボックス方式の場合の現金の移動（leakage）については，その全額が常に補償という行為を通じて実質的な価格調整の対象となることが想定されている点が異なる。また，一般的には補償の対象となる現金の移動（leakage）が個別具体的に明示されているのが通常であり，日本における一般的な株式譲渡契約において定められている誓約事項よりは広い範囲をカバーしている傾向にある。

　たとえば，ロックド・ボックス方式が採用された案件において，対象会社から売主の関連会社に対して業務委託料等の名目で支払いがなされた場合に，かかる支払そのものが補償対象となる現金の移動（leakage）に含まれていれば，かかる業務委託料が不当に高いか否かにかかわらずその全額が補償対象となることになる。一般的な誓約との関係では，独立当事者間の条件で業務委託を行う限りにおいては違反がないまたは損害がないと考えられる場合が多いことを考えると，この例を前提とすれば，ロックド・ボックス方式の採用により，実質的な価格調整の対象となる行為の範囲が広がっていることになる。

　現時点では日本における実務として一般的になっているとは言えないが，今後は，日本においてもロックド・ボックス方式の導入が進む可能性があり，実務の動向に注視する必要があろう。

(3)　アーン・アウト（Earn-out）条項

　アーン・アウト条項は，クロージング日において一定の譲渡価格を支払うことに加えて，クロージング日以降一定期間における対象会社の売上や利益などの一定の財務指標を基準として，かかる財務指標の目標が達成された場合には，追加で譲渡価格の支払いがなされることとする規定である。アーン・アウト条項は，対象会社の将来の事業計画の合理性や達成見込みについての見解の相違などから，売主および買主の間で，対象会社の企業価値（譲渡価格）の主張に乖離があって合意に至らないような場合に，かかる両者の意見の不一致を埋めるための対応として取られることがあり，通常は，小規模の非公開会社の買収にあたって採用されることが多い。売主にとっては，譲渡価格をめぐる主張の

乖離を埋めて取引を成立させることができるというメリットがあるが，それ以上に買主にとっては，将来の事業計画を達成できないことによるリスクを一部売主に転嫁することができること，当初買収時に必要な資金を軽減することができること，また，クロージング後も売主（個人）が対象会社の経営陣として残るような場合にはクロージング後の対象会社の経営陣にインセンティブを付与することができることなどのメリットがある。

　アーン・アウト条項において実務上使用されることが多い財務指標は，基準として明確に観察できる会計上の数値であり，かつアーン・アウト条項の趣旨に沿ったものが好まれ，具体的には，純利益，売上高，営業利益，金利・税金・償却前利益（EBITDA），営業キャッシュ・フロー，フリー・キャッシュ・フローなどがある。アーン・アウトのメカニズムは，たとえばEBITDAによるアーン・アウトが利用される場合には，クロージング日が属する事業年度末におけるEBITDAが〇億円を超えていたときには，当該超過金額の〇％について，買主は売主に対して追加で支払うといったものになる。実際のアーン・アウトの設計にあたっては，各案件に応じて，選択する財務指標の定め方（いずれの指標を使用するか，当該指標の計算方法，いかなる会計方針を使用するかなど），アーン・アウト金額の計算方法，アーン・アウト期間の設定など非常に複雑な契約条項が規定されることになり，会計上の概念・検討も伴うことから，財務アドバイザーの主体的な関与が不可欠となる。また，アーン・アウトの支払いについて税務上どのような評価がなされるかという点を含めて，税務の観点からの検討も必要となる。

　さらにアーン・アウト条項が規定される場合には，アーン・アウトの対象となる期間における対象会社の事業運営についても配慮が必要となる。たとえば，クロージング後に対象会社のコントロールを取得した買主がアーン・アウトの対象期間だけに着目して，アーン・アウトの財務指標となった数値を買主に有利に誘導するための事業運営を行うインセンティブを持つ可能性があり，もっぱらかかる観点から対象会社の設備投資のタイミングや仕入債務のサイトを変更したり，棚卸資産の処分をするなどの操作を行う可能性も否定できない。そ

こで，財務指標の設定やアーン・アウト金額の計算方法の中で，かかる買主のインセンティブを排除する設計となるように工夫をしたり，また，端的に株式譲渡契約のクロージング後の誓約事項において事業運営についての取決めや制約を設けるなどの対応がとられることもある[10]。さらに，クロージング日以降の不可抗力事由によって対象会社の事業に生じた影響を，アーン・アウトの計算上どのように取り扱うかなどについても検討が必要となる場合もあるであろう。

(4) 譲渡価格の一部後払い（支払いの一部留保）

譲渡価格の支払いは，譲渡価格の全額についてクロージング日に一括して買主から売主に支払われることが通常である。もっとも，譲渡価格の一部については後払い（支払いの一部留保）とされることもあり，たとえば，譲渡価格のうち10％はクロージング日から1年経過した日に支払われるというような規定が置かれることもある。買主が譲渡価格の一部後払いを求める理由としては，①株式譲渡契約に基づく補償請求の実効性の確保，②実質的に売主から買主に対する信用供与（seller's finance）の目的などが考えられる。

①については，売主による表明保証違反や売主の誓約事項の違反などがあったときには，買主としては，株式譲渡契約の規定にしたがって補償請求をすることになるが，その時点において，売主はクロージング日に受領した譲渡価格をすでに事業資金や金融機関への返済などの目的で使用してしまっていて，その他に見るべき資産がないという可能性もあるし，倒産状態にある可能性もある（売主の信用リスク）[11]。また，補償請求をするにあたっては，訴訟・仲裁などの提起や判決・仲裁判断などの執行の場面で相当の費用・期間を要することになる（特に売主が海外の法主体である場合において，紛争解決手段として海

---

10 売主（個人）がクロージング日以降の対象会社の経営陣に残って経営に関与する場合には，反対に，売主が対象会社の経営陣としてアーン・アウト対象期間の事業運営を操作するインセンティブを持つ可能性があることから，これについて買主にとってのリスクという観点から検討が必要となる場合もある。

外での訴訟・仲裁が合意されているときには，クロスボーダー訴訟などの手続的負担は非常に大きいし，また，売主の所在国での執行の問題も生じる）。また，売主がファンドである場合には，補償請求の時点では，クロージング日に支払われた譲渡価格の相当部分はファンドの投資家などに分配されている可能性が高く，場合によってはファンド自体が解散してしまっている可能性もあるであろう。このように考えると，譲渡価格の一部を後払いとすることによって，将来売主が買主に対して負う可能性のある補償責任の担保とすることの意義は大きいと考えられる。なお，かかる目的で後払いが合意される場合には，一般的には，買主としては，株式譲渡契約における表明保証や補償条項の条件に応じて，譲渡価格の一部後払いの条件の交渉をすることになるであろう。たとえば，株式譲渡契約において，売主の補償責任の上限が譲渡価格の20％とされており，また，補償請求が可能な期間はクロージング日から1年間とされている場合には，買主としては，少なくとも譲渡価格のうち20％を後払いとして，かつ，当該後払いの時期はクロージング日から1年経過後とすることを求めて交渉すると思われる。

②については，本来であれば，買主が譲渡価格の全額を自らの手元資金で支払えない場合には，金融機関からの借入や買主の増資などによって資金調達をすることになる。もっとも，株式譲渡取引の条件の一部として，売主から買主に売買代金の一部についての信用供与がなされることもある。かかる場合には，実質的には，売主は後払いとされた金額相当額について，クロージング日から後払いがなされる日までの期間，買主に対して融資をしていると評価できることになる。

なお，上記いずれの目的の場合であっても，譲渡価格の一部後払いが行われ

---

11 支払いの一部留保によって売主の信用リスクに対応するという意味は，将来買主が売主に対して取得する可能性のある補償請求権については，支払留保した譲渡価格をもって相殺することによって，その回収を図るという点にある。もっとも，実際にクロージング後に売主が倒産した場合において，買主が相殺によって補償請求にかかる回収を図るにあたっては，補償請求権が現実化するタイミングや破産法などの倒産法制のもとでの相殺の制約との関係などにも留意が必要であり，実際にいかなる範囲で相殺をすることができるかについては慎重な検討が必要になる。

る場合においては，売主が買主から後払いの部分について一定の利息相当額を徴求することがある[12]。

(5) エスクロー (escrow)

上記(4)の譲渡価格の一部後払いが行われることとすると，売主は，買主がクロージング日以降に後払い部分の支払能力を失うリスクを負担することとなる（買主の信用リスク）。そのため，買主が上記(4)に記載したような理由により譲渡価格の一部後払いを求める場合において，売主として買主の信用リスクを回避することを求めるときには，エスクローというアレンジメントがとられることがある。

エスクローとは，譲渡価格の一部について，買主はクロージング日にエスクロー・エージェント（escrow agent）と呼ばれる中立的な第三者に支払いを行い，売主および買主が合意した一定の期間，エスクロー・エージェントが譲渡価格の一部を保管し，当該一定期間経過時点で，株式譲渡契約の表明保証違反など売主の補償責任を惹起させる問題が発生していないことなど売主および買主が合意した条件が充たされることを条件として，売主がエスクロー・エージェントから保管されていた譲渡価格を引き出せるようにするアレンジメントである。エスクローのアレンジメントは，もともとは海外の取引において，海外の金融機関等がエスクロー・エージェントとなって行われることが多かったが，現在は日本の信託銀行などの金融機関もエスクロー・エージェントのサービスを提供しており，国内の取引においても利用されることがある。

具体的なエスクローのアレンジメントとしては，買主を委託者（兼第二受益者），売主を（第一）受益者，エスクロー・エージェントとなる銀行を受託者として，支払いを留保される譲渡価格の一部を信託財産として信託する方式が一般的である。この場合，エスクロー・エージェントにおいて，売主への支払

---

12 譲渡価格の一部の後払いがなされる場合には，税務上の観点から，当該後払い部分について売主から買主に対する融資と評価される可能性がないか，また，その場合に利息相当部分の税務上の取扱いなどについて別途の検討が必要となる。

条件の成就を実質的に判断することは困難であることから，できる限り客観的な条件によって譲渡価格の引き出しがなされるように設計されることが多い（たとえば，信託期間の満了日までに，委託者である買主から受託者であるエスクロー・エージェントに対して，買主から売主に対する補償請求を行う旨の通知がなされない限り，原則として，エスクロー・エージェントは信託財産たる留保金を受益者である売主に支払うことができるようにするなど）。

　なお，当然ながらエスクローのアレンジメントが採用される場合には，エスクロー・エージェントに対する報酬や費用の支払いが必要となる点で，譲渡価格の一部後払いのアレンジメントと比較すると，当事者に追加の費用負担が発生することになる。

第3章

取引の実行（クロージング）

1 概要

　株式譲渡契約において，取引の実行（クロージング）に際して行われる最も重要な行為は，売主から買主への株式の譲渡（権利の移転）と，買主から売主への株式譲渡代金の支払いである。民法の原則に従えばこの2つの行為は同時履行の関係に立つことになる（民法533条）が，株式譲渡契約においては，クロージングに関する条項において，この両者が同時に行われるものであって，それぞれ引換給付の関係に立つものである旨が明記されることが多い（記載例3-1の1項参照）。もっとも，M&Aとしての株式譲渡の場合には，少額の動産の売買とは異なり，多額の株式譲渡代金を振込によって支払う場合がほとんどであることから，振込の開始から完了までに要する時間とその間のリスクに対応するという観点により，3(1)および(2)で後述するとおり，関連する規定の具体的記載方法および具体的手続については一定の工夫が必要になる。

　また，クロージングに際して，単なる株式の売買に加えて，対象会社のリファイナンスや，新たな担保権の設定が行われる場合には，それらの手続についても同時または同日に行われる場合が多く，これらについてクロージングに関する規定において定める場合がある。そのほか，これは厳密には株式譲渡の効力発生後に行われるものであるが，株主名簿の書換や，新たな役員の選任に

第3章　取引の実行（クロージング）　◆ 119

> **記載例3-1**　取引の実行（クロージング）に関する規定のサンプル
>
> 第3.1条　（本件取引の実行）
> 1．売主及び買主は，本契約の規定に従い，クロージング日に，○において，以下の行為を同時に行うことにより本件取引を実行するものとする。
>   (1) 買主は，売主に対して，売主から本株式の引渡しを受けることと引換えに，売主が別途指定する銀行口座に本件譲渡価格全額を振込送金する方法により支払う。なお，当該振込送金に係る手数料は買主が負担するものとする。
>   (2) 売主は，買主に対して，買主から本件譲渡価格全額の支払を受けることと引換えに，本件株式の全部を表章する株券を交付する。
> 2．本件株式は，前項各号の行為の全ての完了と同時に，売主から買主に移転する。
> 3．買主は，前項の規定に基づき本件株式が移転した直後に，本件対象会社をして，各本件対象会社の株主名簿上の本件株式の名義を売主から買主に書き換えさせるものとし，売主はそれが可能になるために必要な合理的協力を行う。

関する手続についても，広い意味でクロージングに含めて考え，同じ規定に入れる例もある（記載例3-1の3項参照）。

2　クロージングの日時と場所

(1)　クロージングの日時

　M&Aとしての株式譲渡が行われる場合には，株式譲渡契約の締結日とクロージング日の間に一定期間がおかれることが多い。たとえば，株式の譲渡に先立ち国内外の独占禁止法・競争法・外資規制法その他の法令に基づいて届出

その他の一定の手続を完了する必要がある場合には，当該手続完了に要する時間をあらかじめとっておく必要があるし，取引実行条件として事前に第三者の同意などを得ることが定められている場合には（第4章3(7)③参照）これを得るために一定の時間が必要になる。また，買主が譲渡代金を準備または調達するために一定の時間を要することも多い。日本の独占禁止法のもとでは，対象会社および関係当事者が一定の売上規模要件を満たす限り原則としてクロージング日の30日前の届出が必要とされることから，契約締結前に届出を行う場合や届出要件を満たさない場合を除き，原則として株式譲渡契約の締結日とクロージング日の間には30日以上の間隔をあける必要があることになる。

　また，特に多数の取引実行条件が定められている場合など，予定されていたクロージング日に取引を実行することができなくなり，クロージング日を延期させる必要が生ずる場合もある。実務的には，クロージング日を「XXXX年XX月XX日又は別途当事者が合意した日」などと定義して，当事者間の合意によって変更するものとすることも多いが，厳密に言えば，このような定義のもとでは，一旦予定されたクロージング日を経過してしまった場合に確実に取引が実行されるか否か分からなくなるという問題が生じ得る。なぜなら，契約書上，取引を実行すべき日をクロージング日であると特定することにより，クロージング日が到来して初めてその時点における取引実行条件の充足が問題となるような規定がおかれることが多い（記載例3-1の1項参照）うえ，取引実行条件の中にはクロージング日を迎えて初めて充足されたか否か確認できる項目（典型的には，たとえば，表明保証の正確性など）が含まれることが多い（第4章3(1)参照）が，もともと予定されていたクロージング日を経過したにもかかわらず新しいクロージング日が合意されていない場合には，以後は新しいクロージング日が合意されない限り取引実行条件を充足すべき日がいつまでも到来しないことになり，当事者が取引を実行する義務を負う日も到来しないということになってしまうからである。このような問題を回避するという観点からは，クロージング日の定義について，「①XXXX年XX月XX日，②同日以後に前提条件が全て充足され若しくは放棄された日（ただし，性質上クロージ

ング時において初めて充足されるべき前提条件についてはこれを除き，かかる前提条件についてはクロージング日において充足または放棄されれば足りる。）からXX営業日が経過した日，または③別途当事者が合意した日」などと規定することが考えられる。ただし，このような定義をおいた場合には，取引実行条件が充足するタイミングに応じてクロージング日が変動することになるため，当初予定されていたクロージング日までに履行を完了しなければ債務不履行になるべき誓約事項などを定めるにあたっては，具体的に日付を特定するか，上記でいう①の日を「当初クロージング予定日」などと定義した上で，具体的に期限を定める必要があることに留意すべきである。

　クロージングについては，日付にとどまらず時刻を定める例もある。もっとも，実際にクロージングを行う会場に当事者が集合する時刻を定めるにとどまるのであれば，これを具体的に規定する意義はそれほど重要なものではない。また，実際に株券の交付や代金の振込が行われた時刻にかかわらず譲渡の効力が発生した時刻をその日の午前0時1分とみなす旨の規定などをおく例も見られるが，譲渡の効力発生時刻を遡らせる合意の有効性には疑義がある。価格調整などの関係でクロージングが行われた日の午前0時（クロージングの前日）を基準として資産や負債を計算する必要がある場合もあろうが，その場合であっても効力発生時刻を遡らせる必要はなく，価格調整との関係で基準となるタイミングを価格調整条項において明示すれば足りると考えるべきであろう。

コラム　クロージング日とクロージング時の違い

　取引はクロージング日に実行されるが，通常であれば1日かけて行われるわけではないため，取引が実行された時点としてのクロージング時はクロージング日とは別に観念し得る。また，特に，クロージング日が「実際に取引が実行された日」ではなく，「取引が実行されるべき日」として定義されることも多く，一方でクロージング時は「実際に取引を実行された時点」として定義されることが多いため，このような場合には特に，最終的に取引が実行されるか否かにかかわらず履行されるべ

き義務と，取引が実行されて初めて履行すべき義務を峻別するという観点から，両者の区別が重要になる。

　たとえば，取引実行後に売主が一定の競業避止義務を負う場合には，その義務が発生するのはクロージング日（取引が行われるべき日）ではなくクロージング時（取引が実際に行われた時点）であるべきであるし，対象会社に関する情報が売主による秘密保持義務の対象となるのも（第9章2(2)参照），クロージング日（取引が行われるべき日）ではなくクロージング時（取引が実際に行われた時点）からであるということになろう。

　このように，クロージング日とクロージング時は似て非なる概念であり，また，クロージング日の定義が契約ごとに異なり得ることは，ドラフティング上注意すべきポイントの一つである。

(2) クロージングの場所（クロージング会場）

　クロージングの場所について契約書で明示的に定めることは必須とはいえないが，あらかじめ手続を明確化しておくという観点からこれを規定する例もしばしば見られる。株券の保管場所やその他クロージング日において行われる手続の関係で都合の良い場所を定めることになり，各種書類が保管されている対象会社やクロージング直後に株券を担保として預かる銀行が指定される場合（5(2)参照）もあるが，当日に急遽書類を作成する必要が生ずる可能性とそれに対応するための便宜という観点から，買主または売主の代理人である法律事務所がクロージング会場として指定されることも多い。

コラム　株券の輸送・移動に関するリスク

　株券発行会社の場合，クロージングの際に株券が物理的に交付される場合がほとんどであり，株券をクロージング会場にどのように持ち込むか，また，クロージング後の保管場所にどのように持ち運ぶかが常に問題となる。当然ながら，輸送・移動中に事故・盗難などの不測の事態が生ずる可能性は否定できないことから，可能な限り輸送・移動は行わないことが望ましい。そのような観点から最もリスクが少

ない保守的な対応は，クロージング直前まで株券は不所持にしておき，クロージング直前にクロージング会場において対象会社から売主に対して株券を発行するとともに，クロージング直後に買主が対象会社に対して株券の不所持申立を行って株券を無効にしてしまうことであろう。クロージングが対象会社以外の場所で行われる場合であっても，株券は株主に対して交付された時点で成立するとされている（最判昭和40年11月16日民集19巻8号1970頁）ことから，クロージング会場に株券となる前の株券用紙を対象会社が持ち込み，その場で対象会社から売主に対して交付することにより，株券を物理的に輸送・移動せずにこのような取扱いを行うことが可能になる。

　もちろん，常にこのような取扱いが可能とは限らず，特に当該株式上に担保権が設定されている場合・設定される予定である場合には，担保権者による株券の占有が必要となる関係上，株券を不所持にすることは困難である。そのような場合には，輸送・移動の都合もクロージング会場選定の一要素として考慮され，これが最小限となるような会場を選択する場合も多い。また，売主または買主が海外に住所を有しており，株券の保管場所も海外になるような場合には，郵送・クーリエなどの手段による輸送も検討することになるが，その場合には運送約款上有価証券の運送が許されているか確認する必要があるほか，保険の金額をいくらにするか（特に譲渡制限付株式の場合などであれば，株券喪失登録に要する金額のみを対象とするという考え方があり得よう）などの問題を検討する必要がある。

3　クロージングの手続

(1)　株式の譲渡に要する手続

　1ですでに述べたとおり，クロージングに行われるべき行為の中心は，売主から買主への株式の譲渡と，買主から売主への株式譲渡代金の支払いであるが，前者については対象会社が株券発行会社か否かによって必要とされる手続が異なることになる。株券発行会社であれば株券の交付が株式譲渡の効力発生要件であることから，必然的に株券の交付がその行為の中心となるが，株券不発行会社の場合には，意思表示のみで権利が移転することから，クロージング時に特別な行為は必要ないため，売買代金の支払いと同時に権利が移転する旨を単

に記載しておけば足りるということになる。もっとも，株券不発行会社の場合には，株券発行会社の場合よりもさらに株主名簿の書換が重要であり，また，買主が単独では書換を請求できないことから，売主が対象会社を完全に支配しているような場合であれば，売主と買主が対象会社をして名義書換を行わせる旨の規定をおくことが考えられる（記載例3-2のサンプル①）。一方，対象会社の独立性が高い場合であれば，株券の交付にかえて，株主名義書換請求書など，株主名簿の書換を対象会社に対して請求するために必要な書面の交付を規定することも考えられる（記載例3-2のサンプル②）。また，上場会社の振替株式が譲渡の対象となっている場合には振替申請に関する規定をおくことになる（記載例3-2のサンプル③）。

記載例3-2 株券不発行会社の場合の株式譲渡に関する規定のサンプル

第3.1条 （本件取引の実行）
1. ［記載例3-1に同じ］
 (1) ［記載例3-1に同じ］
<u>サンプル①</u>―名義書換の実施を規定する場合
 (2) 売主及び買主は，対象会社をして，その株主名簿に登録された株主の名義を売主から買主に変更させる。
<u>サンプル②</u>―名義書換に必要な書面の交付を規定する場合
 (2) 売主は，買主に対して，本件株式の株主名簿上の名義を売主から買主に書き換えるために必要な書面を交付する。
<u>サンプル③</u>―上場会社の振替株式に関する規定
 (2) 売主は，社債，株式等の振替に関する法律第132条第2項に定める振替申請を行い，買主に対し，同法第140条に従って本件株式について買主の口座における保有欄に本件株式の数の増加の記載又は記録を受けさせる。

(2) 同時履行の確保

　株式の譲渡に要する手続は，株券の交付が必要か否かにかかわらず，一瞬で行うことができるものであるが，株式譲渡代金の支払いについてはある程度の時間がかかる場合が多い。M&Aとして行われる株式譲渡に際して支払われる譲渡代金は多額になることが多く，現金の授受は適切とは言い難いことから，銀行振込によって行われることが多いが，振込のための送金指示を行ってから着金が確認されるまでの間に一定の時間がかかってしまうことはやむを得ないからである。

　しかしながら，M&Aとしての株式譲渡に際しても株式の譲渡と株式譲渡代金の支払いは同時履行とされることが多く，代金支払いのために要する時間とこれに伴うリスクをどのように取り扱うかが実務的には問題となる。あくまで同時履行を確保する場合には，具体的には，契約の文言としては送金と株券等の交付を同時に行う旨を単純に明記した上で（記載例3-1の1項参照），クロージングにおいて実際に行われる手続として，株券等の交付についてはそれが可能であることを両当事者が確認し，両当事者の目の前に株券を置いた状態で買主が送金指示を行い，売主が着金を確認したと同時に実際に買主が株券を自らの支配下におくという手順を経ることによって同時履行を確保することになる。

　なお，上記のような取扱いは国内の取引であれば実現可能であるが，海外への送金や海外からの送金を伴う取引においては，必ずしも現実的ではない。時差の関係もあり，海外への送金や海外からの送金については，送金指示を出してから着金確認までに半日以上の時間がかかる場合も多いからである。日本国内の非居住者口座を用いることによって可能な限りその時間を短くするなどの工夫も考え得るところであるが，どうしてもそのようなアレンジが取れない場合には，送金指示のみで支払いがなされたとみなして，送金指示書の写しの交付と引換に株式譲渡を行うことによりクロージングを行うか，またはある程度早めに送金指示を出すことによってクロージング時に着金を確認できるように

するほかはない。もっとも，その場合でも，相手方が義務を履行せず，訴訟に持ち込まれる可能性などを考えると，仮に履行を強制する判決が出る場合であっても引換給付判決が得られることとなるのが公平と考えられることから，契約上は二つの行為は同時に行われるものであって引換給付であることを明示する文言を定めた上で，あくまで実務的な取扱いとしてこれを行うことが多い。

その他，休日など銀行営業時間外にクロージングを行う目的や，海外への送金や海外からの送金を避けるという目的から，預手（銀行振出小切手）などを用いた支払いを行う例もないわけではないが，預手の紛失リスクや運搬時の盗難リスクは大きな問題であり，必ずしも一般的ではない。

4 プレ・クロージング

クロージング日の数日前に関係者が集まり，クロージング条件の充足および必要書類などが揃っていることを確認する会議を行うことがあり，これを一般的にプレ・クロージングと呼んでいる。プレ・クロージングについては契約上規定する場合もあるが，契約上は規定せず，事実上当事者間で合意の上これを開く場合が多い。プレ・クロージングにおいては，クロージング時に確認すべき事項を列挙したクロージングチェックリストやクロージングメモをあらかじめ作成した上で，これを一つ一つ確認する手続を経るのが一般的である。特にクロージング条件やクロージング時に交付する書類の数が多い場合には，必要な書類や手続に漏れが生じている場合も多く，あらかじめプレ・クロージングを行う必要性が高い。

> **コラム** クロージングチェックリスト・クロージングメモ・クロージングバインダーの作成

　多数のクロージング条件が定められた取引を実行するにあたっては，クロージングチェックリストの作成は事実上必須と言ってよい。事前の準備において取引実行条件の充足のために必要な手続に漏れがないことを確認するとともに，クロージングの当日においてもその充足を確認するにあたり，リストなしにこれを確認するのは非現実的である。契約書の作成に際しては，クロージング条件の一項目としてクロージング書類の一覧を具体的に規定することも多いが，常に網羅的に作成できるとは限らず，結局は当該規定の抜粋などをベースに独立したリストを作成することになることが多い。さらに，クロージングの際に行われる手続とそこで授受される書類などを時系列に沿って全て列記する書類（クロージングメモ）を作成することも多い。特にクロージングにおいて複数の送金が行われたり複数の取引が同時に行われたりする場合には，実際に行われる手続の内容とその順序を明確化しておくことに意味があり，クロージングメモを作成する必要性が高い。

　また，クロージング時には契約書以外にも多数の書類が授受されることから，契約書およびクロージング時に授受された各種書類を全て含むクロージングバインダーを作成することも多い。表明保証違反などが発覚して紛争が生じた場合のみならず，取引実行後の統合作業（いわゆるポスト・マージャー・インテグレーション）などに関連して，事後的にこれらの書類が必要になることはままあるが，その際に担当者の変更などによって収集に困難をきたす場合も多いことから，そのような事態に備えてあらかじめクロージングバインダーを作成することは一般的に有用と言える。

5　クロージングと同時に行われるその他の行為

(1)　リファイナンスのための手続

　売主が対象会社に対して貸付その他の形式によりファイナンスを供与している場合には，クロージングと同時にこれを解消し，買主が自らの責任で新たにファイナンスを供与する（リファイナンスを行う）ことになる例が多い。売主

と対象会社が親子関係にあるることを前提として供与されているファイナンスについては，親子関係が解消されると同時に解消されるべきであるし，一方で，対象会社としてはこれに代替するファイナンスが必要となるが，これは新たに親会社となる買主が提供する例が多いからである。売主の属する企業グループからの離脱に伴い必要となる手続の一つという意味では，これはいわゆるStand-Alone Issueの一つである（第5章8(9)②および第6章3(3)参照）。

具体的なリファイナンスの方法としては，買主またはその指定する第三者が売主の有する貸付金債権を買い取る方法や，新たに対象会社に対して貸付を行うことによって売主に対する弁済原資とする方法，対象会社のために売主に対して代位弁済を行う方法などが考えられる。債権を買い取る場合には債権のデューデリジェンスが必要となる面で煩雑であるものの，既に設定されている担保権が存在するような場合には当初設定時に遡って対抗要件を主張できるというメリットもあり，いずれの方法を取るかは案件によって異なり得る。いかなる手法を用いるにせよ，観念的にはリファイナンスは株式譲渡が実行された直後に行われるべき行為であり，よって契約上も株式譲渡のクロージングを前提として同時またはその直後に行われる行為として規定されることが多いが，実務的には，いずれの場合についても，全ての送金がほぼ同時に行われ，着金も同時に確認される場合が多い。

(2) 担保権の解除・設定

対象会社の株式に質権その他の担保権が設定されている場合には，クロージングの直前にこれを解除する必要がある。また，LBO取引の場合など，クロージングの直後に株式上に質権その他の担保権を設定しなければならない場合もある。厳密には前者はクロージング前の誓約事項に過ぎず，後者はクロージング後に買主が行う事項に過ぎないため，これがクロージングに関する条項において規定されるとは限らない。しかしながら，時間的にクロージングに近接して行われることに加えて，特に前者（クロージング直前の担保権の解除）については売主・買主間の合意事項であることもあることから，クロージングに関

する条項において関連する手続についても規定されることがある。

　既存の担保権の解除については，通常であれば売買代金の全部または一部が売主が負担している被担保債務の弁済にあてられ，弁済と同時に担保権が解除され，その直後に買主への譲渡が行われることになる。厳密には，買主は担保権が解除されなければ売買代金を支払わない一方で，担保権者は弁済を受けなければ担保権を解除しないという関係にあることから，両者は鶏と卵のような関係にあり，いずれかが先履行であることを明確化しようとすると交渉は行き詰ってしまう。したがって，実務的には，これらが全て同時に行われることを契約上明確にした上で，上記3(2)の場合と同様に，クロージング会場において関連当事者が株券を目の前にして送金を開始し，着金確認と同時に担保権の解除と株券の交付を行うことによって対応することが多い。

　また，LBO取引の場合における担保権の設定についても，株式譲渡契約においてそこまで厳密に明記されない場合が多いものの，実際には，クロージング会場に担保権者となる予定の貸付人が待機し，送金が完了して着金が確認されたと同時に株券の交付も受け，ほぼ同時に担保権を設定することが多い。その後株券を担保権者が保管する場合には，担保権者のオフィスでクロージングを行うことが合理的といえ，LBO取引においてはレンダーとなる銀行の支店・営業所においてクロージングが行われる例も多い。

(3)　株主名簿の書換および役員の選任等

　クロージングによって買主は新たに対象会社の株主となるが，厳密には，株主名簿を書き換えなければその株主としての地位を会社に対して対抗できないため，クロージングの直後に株主名簿の書換手続を行う必要がある。対象会社の役員が全員辞任し新たに買主が指名する役員が選任されるような場合には，理論的には，全役員が辞任することによって対象会社を代表して株主名簿の書換請求を受け付ける者がいなくなってしまう（厳密には会社法346条1項に基づき従前の役員が引き続き役員としての権利義務を有していることになるが，その協力を得られない）という問題が生ずる可能性がある。この問題が顕在化

するか否かは売主と対象会社の独立性や売買の対象となっている株式の割合に応じて事案ごとに異なるが，これが問題となり得るような取引においては，クロージングに引き続き行う事項として，売主が株主名簿の書換に協力する義務または売主と買主が共同して株主名簿の書換を行う義務を定めることもある（もっとも，このような明文規定がなかったとしても，売主は名義書換に合理的範囲内で協力する義務を負っていると考えるのが合理的であり，実務的にはこの点が問題となることは少ないであろう）。

　また，クロージングの直後に，売主が指名していた対象会社の役員は辞任し，買主が指名した役員が新たに選任されることが多い。もっとも，前者については辞任届の提出で足りるほか，後者についても特に100％買収の場合には買主が単独で株主総会を開催すれば足りることから，実務的にはクロージング直後に同じ場所で株主総会が行われる例も少なくないため，株式譲渡契約においてこれらの役員の選任手続について詳細な規定をおく必要は低い。ただし，新役員の選任を迅速に行わず，法令上必要とされる役員の人数を満たさなかった場合には，旧役員が引き続き権利義務を負い（会社法346条1項），選任までの間に対象会社に生じた問題に関連して善管注意義務違反を問われる理論的可能性が残るほか，旧役員の辞任登記がなされるまでは辞任を善意の第三者に対抗できず，これを理由に責任追及が認められる可能性も否定できないと考えられる（会社法429条1項，908条1項および不実の就任登記が行われた場合に関する判例として最判昭和47年6月15日民集26巻5号984頁参照）。これらを理由に旧役員が予想外の責任や債務を負担する可能性を否定することはできないことから，買主に自らまたは対象会社をして新役員の選任およびその登記を迅速に行う義務を規定させることには売主にとって一定の意味がある。

　一方，100％買収ではなく少数株主が残る取引においては，クロージング後に改めて株主総会を招集して新たな役員を選任するには一定の時間を要することから，招集に関する売主の協力義務を定めたり，場合によってはクロージングにあわせてあらかじめ株主総会を招集しておく義務を定めたりしておくことに意味があると言える。もっとも，特にクロージング条件の充足が不確実であ

る案件においてクロージング日にあわせて株主総会を招集することにした場合には，株主総会を招集した日にクロージングが実際に行われるとは限らないことから，株主総会開催日とクロージング日がずれてしまった場合の対応について，少数株主の人数と性質も考慮に入れた上であらかじめ検討し，規定しておく必要があるということになろう。

第4章

取引実行条件

1　概　要

　多くの株式譲渡契約において，一定の前提条件（取引実行条件[13]）が充足された場合にのみ株式譲渡という取引が実行される旨が合意される。株式の処分または取得のために許認可の取得や官公庁への届出などが必要になるような場合など，一定の手続の完了などの条件が充足されなければ取引を実行できない事情がある場合は多いが，取引実行条件を定めることにより，これらの条件が充足されるまでは取引を実行しなくてすむようにするというのが，このような合意が行われる主目的である。さらに，これが解除条項（一定の期日までに取引が実行されなかった場合に各当事者が解除することができる旨の規定）と組み合わされることにより，各当事者は，一定の時期までにこれらの条件が満たされなかった場合にはこの取引から離脱する権利を有することになる。

　これらの条件の充足を取引実行条件とせず，これらの条件が充足した段階で初めて契約を締結することによっても上記の目的は達成可能であるが，その場合，逆に，これらの条件が充足しなかった場合に限らず，別の理由によっても（場合によっては，何らの理由なしに）各当事者は契約の締結を拒否すること

---

[13]　英語ではCondition Precedentと呼ばれ，CPと略されることもある。

が可能になってしまう。契約締結を拒否された当事者としては，相手方に対して契約締結上の過失などの理論により一定の損害賠償請求などを行う余地があるとはいえ，本来であれば実行されたはずの取引が実行されず，履行を請求できたはずの義務について履行を強制できなくなってしまうリスクが生ずることになる。このリスクは取引実行条件を定めた上で契約を締結することによって回避することが可能であり，言い換えれば，取引実行条件を定めた上で契約を締結することには，各当事者が取引から離脱できる場合を限定するという意味もあることになる。

コラム　取引実行条件の法的性質

　取引実行条件が日本法上いかなる意味を有するかについては議論があり，条件不成就を知らずに行った給付について不当利得返還請求を認めるべきではないことなどを理由に，停止条件（民法127条1項）ではなく，義務の履行条件であるとの説も主張されている[14]。確かに，単なる停止条件であると考えた場合には，取引実行条件の一部が実際には成就していないにもかかわらず取引が実行され，事後的にその事実が判明した場合に問題が生ずることは否めないため，そのような解釈は十分合理的と考えられる。

　しかしながら，停止条件であると解釈したうえで，取引を実行した場合には以後停止条件の不成就は主張しえないというのが当事者の意思であると解釈することにより，あえて履行条件という必ずしもその内容が明確でない概念を持ち出す必要はないとも考え得るのではなかろうか。たとえば，「売主の表明保証が真実かつ正確であること」という買主の義務の前提条件について言えば，この前提条件は，厳密には「売主の表明保証が真実かつ正確であるか，又は，実際にそうであるか否かにかかわらず，買主が本件取引を実行しても良いと認めたこと」という停止条件が規定されていると考えることにより，民法上の停止条件であって，かつ，取引が実行された以上は以後条件不成就の効果を主張できないという二つの要件を同時に満たすことが可能ではないかと考えられる（さらに，上記のとおり解することにより，2で後述する放棄の可能性についてもこれが可能であるという結論を導き得る）。

　14　青山大樹「英米型契約の日本法的解釈に関する覚書（上）」NBL894号9頁参照。

いずれにせよ，当事者の意図としては，取引実行条件が充足されない場合には取引を実行する義務を負わず，取引が実行された以上は取引実行条件の充足・不充足によって取引自体の効力に影響が及ばないという結論が意図されていることはほぼ明らかであるから，法的性質がどのようなものであるにせよ，このような当事者の意図が実現されるような解釈がとられるべきであろう。

2　具体的規定および売主の条件と買主の条件の関係

多くの場合，取引実行条件は，売主の義務の前提条件と，買主の義務の前提条件に分けて規定される。これは，取引実行条件が取引が実行されないという重大な結果を導くものである以上その数は最低限にすべきである一方で，売主にとって重要な条件と買主にとって重要な条件が異なるのが通常であることから，それぞれの当事者が自らにとって重要な条件のみを前提条件とするのが合理的だからである。

たとえば，売主の義務の前提条件については，以下のような規定がおかれることが多い。

記載例4-1　取引実行条件に関する規定のサンプル①－売主の義務の前提条件

第4.1条　（売主の義務の前提条件）

　第3.1条第1項の売主の義務の履行は，以下の全ての条件が充足されていることを前提条件とする。但し，売主は，その任意の裁量により，以下各号に掲げる条件を放棄することができる。

(1)　第5.2条に規定する買主の表明及び保証が，本契約締結日及びクロージング日において，重要な点において真実かつ正確であること。

(2)　買主が，本契約に基づきクロージング日までに履行又は遵守すべき買主の重要な義務を全て履行又は遵守していること。

(3)　買主が独占禁止法第10条第2項に基づく届出を行い，同条第8項に

定める待機期間が満了したこと。
(4) 売主が本条各号記載の条件の充足を確認するため合理的に要求する書面が，買主から売主に対して交付されていること。

　記載例4-1の本文但書は，売主がその任意の裁量によって放棄した条件については，仮に当該条件が充足されなかった場合であっても，充足されたのと同様に取り扱うことを可能にする規定である。このような規定が明示的におかれていなかった場合であっても，当事者の合理的な意思としてはそのような趣旨であると解すべき場合が多いであろう。しかしながら，法的性質を停止条件と考えるか義務の履行条件と考えるかにかかわらず，このような規定がおかれていない場合には，相手方の同意なく条件を放棄できるか否かについて争いが生じ得る面は否定できないことから，但書のような規定を設けることが望ましいと言える。なお，「放棄」という言葉は請求権の放棄と混乱しやすく，当該条件を放棄することによって当該条件が充足されなかったことに関連して相手方に債務不履行がある場合にも補償請求権を放棄しているのではないかという疑義が生ずる可能性がある。したがって，実務的には，必須とまではいえないものの，放棄可能である旨を明記した上で，前提条件の放棄がその他の権利義務に影響を与えない旨（たとえば，「売主がいずれかの前提条件を放棄した場合であっても，買主は当該放棄がなされた条件に関連する義務及び責任を免れるものではない。」といった条項）もあわせて規定することが望ましいと言えよう。
　一方で，買主の義務の前提条件については，以下のような規定がおかれることが多く，一般的には売主の義務の前提条件よりもその数が多い。売主にとっては売却代金が受け取れさえすればそれ以上確認すべき点がないのが通常であるのに対して，新たに会社を買収する買主にとっては実際に代金を支払う前に事前に確認しておくべき点が多々あるのが一般的であるからである。これらの個別の項目については，3で後述する。

記載例4-2　取引実行条件に関する規定のサンプル(2)－買主の義務の前提条件

第4.2条　（買主の義務の前提条件）

　　第3.1条第1項の買主の義務の履行は，以下の全ての条件が充足されていることを前提条件とする。但し，買主は，その任意の裁量により，以下各号に掲げる条件を放棄することができる。

(1)　第5.1条に規定する売主の表明及び保証が，本契約締結日及びクロージング日において，重要な点において真実かつ正確であること。

(2)　売主が，本契約に基づきクロージング日までに履行又は遵守すべき売主の重要な義務を全て履行又は遵守していること。

(3)　対象会社の取締役会が，売主から買主への対象株式の譲渡を承認していること。

(4)　買主が独占禁止法第10条第2項に基づく届出を行い，同条第8項に定める待機期間が満了したこと。

(5)　本契約締結日からクロージング日までの間に，対象会社の運営，資産又は財務状況に重大な悪影響を及ぼす事項が発生していないこと。

(6)　買主が本条各号記載の条件の充足を確認するため合理的に要求する書面が，売主から買主に対して交付されていること。

　なお，**記載例4-1および4-2では，売主の義務の前提条件と買主の義務の前提条件が別々に規定されているが**，実際に取引が実行されるためにはその両方が充足される必要があり，たとえば，売主の義務の前提条件が全て充足された場合であっても，買主の義務の前提条件が充足されていなければ，売主が株式を買主に移転させる（株券を買主に交付する）義務を負わないのは当然である。その旨は，売買に関する合意の規定において株式上の権利の移転と売買代金の支払いが同時履行であることを明記したり，クロージングに関する規定において，売主の義務の前提条件と買主の義務の前提条件の両方が充足されなければクロージングが行われないことを明記することによって示されることが多

い。

　しかしながら，売主の義務の前提条件と買主の義務の前提条件がそのような意味を有しているのだとすれば，実際には，これらの前提条件は各当事者の義務の前提条件ではなく，あくまで取引実行の前提条件であって，むしろ放棄することができる当事者（当該条件が充足されなかった場合に取引を実行するか取引から離脱するかを決定する当事者）がどちらかを明示することにこそ真の意味があると考えるべきであろう。かかる観点からは，各当事者の「義務の前提条件」ではなく，放棄可能性に着目して，単に「本件株式譲渡を実行するための前提条件のうち，売主／買主が放棄し得るものは，以下のとおりとする。」といった規定をおく例も見られる。

3　個別の条件

(1)　表明保証の正確性

　株式譲渡契約における各当事者は，相手方当事者が行った表明保証が正確であることを前提として取引を実行する意思決定を行っており，特に買主は，売主が行った対象会社に関する表明保証が正確であることを前提に売買価格を決定している場合が多い。したがって，相手方当事者が行った表明保証が正確であることは，各当事者の義務の前提条件として規定される典型的な項目の一つである。

　特に対象会社に関する表明保証について，その対象となる事項が広範におよび，全ての個別の事項について正確であることを完全に確認することが事実上困難な場合も多いが，そのような場合に，非常に些細な点において表明保証が不正確であるからといって取引を実行しないというオプションを買主に与えるのは必ずしも合理的ではない。したがって，表明保証の正確性に関する前提条件については，「重要な点」または「重大な点」において正確であることという限定が付されることも多い。また，この点に関連して，表明保証の条項においてすでに「重要な点」または「重大な点」という限定が付されている項目に

については，「(但し，これらの事項のうち，第○条各号において「重要な」「重大な」「重要な点において」等の重要性による限定が付されているものについては，かかる事項が真実かつ正確であること。)」などという規定をおくことにより，前提条件としては重要性・重大性の限定の対象外とする場合がある。これは，重要性・重大性の限定が表明保証の適用に加えて前提条件の該当性判断において重ねて行われることにより，重要性・重大性によって通常の場合よりもさらに限定されてしまう可能性があるという問題（いわゆるDouble Materialityの問題）を回避するための工夫である。実際に訴訟等で争われた場合に二重に限定がかかっていることによって結論が本当に変わるのか否かは必ずしも明らかではないが，少なくともそれぞれの限定を議論・主張のとっかかりとして用いることが可能であることは確かであり，取引の内容および交渉の経緯によってはこの点に配慮することに一定の意味がある場合もあろう。

　また，表明保証については契約締結日とクロージング日の2回にわたって行われる（それぞれのタイミングにおいて正確であることを表明し保証する）ことも多いが，契約日において正確だったがクロージング日において不正確であった事実，特にその間に新たに生じた事実によってやむを得ず不正確となった事実の取扱いについてはいくつかの対応方法があり得る。表明保証自体の内容（主に補償と関連する）と前提条件の内容とで区別して検討する必要があるが，大別すれば，①表明保証違反による補償の対象となり，前提条件は充足されないとするか，②表明保証違反による補償の対象とはせず，前提条件も充足されないとするかのいずれかの対応方針をとる例が多い。買主は，全ての表明保証が少なくとも重大な点において正確であることを前提として売買価格を決定し，取引を実行するという意思決定を行っているのであって，それがクロージング日に重要な点において不正確であることが判明しているにもかかわらず，取引の実行を強制されるのは受け入れ難いことが多いからである。一方で，補償の対象とするかどうか（上記①と②のいずれにするか）についてはリスク分担の問題であって，第5章6で検討するとおり，いくつかの考え方があり得る。①の場合は，買主に対して，その裁量によってクロージングを行うが生じた損

害について売主に補償を求めるというオプションが与えられることになるが，②の場合には，買主はクロージングを行うかどうかを判断し得るものの，売主に対して補償を求めることはできないことになる。

(2) 義務の遵守

クロージング日までに相手方当事者が履行すべき義務を全て履行しており，違反がないことも，各当事者が取引実行の当然の前提としている事項であり，各当事者の義務の前提条件として規定されることが多い。実際に義務違反が生じ得るような規定がどの程度おかれるかは案件によりけりであるが，些細な義務違反を理由に取引が実行されないという事態は合理的とはいえないため，表明保証の場合と同様に重要性・重大性の限定が付されることもある。もっとも，意図せずして不正確であることが十分にあり得る表明保証の場合と異なり，義務違反については各当事者が留意することによって基本的に防ぎ得る事項であるうえ，契約上明示的に規定されている義務の中に重要性が低いものがどの程度あるのかは疑問である場合も多いことから，表明保証に関する前提条件については重要性・重大性の限定が付されているにもかかわらず義務違反に関する前提条件についてはこれが付されていない例も多い。

また，契約上の義務の中で特に重要なものについては，一般論としての契約上の義務の履行（違反がないこと）とは別に，条文を特定した上でその遵守（履行の完了など）が前提条件であることを独立の項目を立てて明記することも多い（下記(3)参照）。さらに，実務的には，クロージング前に一定の行為が完了していること（例：チェンジ・オブ・コントロール条項を含む契約の相手方からの同意の取得）が前提となっている場合であっても，それを完了させることが義務となるのか，完了させるべく努力することが義務となり，完了したことが前提条件となるのかは，交渉の最終局面まで確定しない場合もあることから，そのような場合には，最終的に当該行為の完了が義務付けられた結果，一見すると二重に前提条件が設定されているような規定が出来上がることもある。

(3) 株式譲渡の承認（譲渡制限会社の場合）

いわゆる譲渡制限会社が対象会社である場合には，クロージング前に譲渡承認決議がなされていることは当然の前提とされる。これはあくまで買主のための前提条件であり，譲渡承認決議が取れていないことを理由に売主が取引から離脱するのは不合理であることから，買主の義務の前提条件（買主が放棄し得る前提条件）のみとして規定されることになる。また，売主が100％親会社である場合など，対象会社をコントロールしている場合には，この譲渡承認決議は必ず取れるものであることから，その取得は義務として誓約事項に規定されることが多いが，事柄の重要性に鑑み，あえて独立の前提条件として規定されることも多い（上記(2)参照）。

(4) 許認可の取得・競争法上の届出等

対象会社の行っている事業が許認可の対象となっており，株主の交代が届出・承認などの対象となっている場合には，その届出・承認の完了・取得が取引の前提条件となる。また，日本の独占禁止法のもとでは，対象会社および関係当事者が一定の売上規模要件を満たす限り原則としてクロージング日の30日前の届出が必要とされることから，契約締結前に届出を行う場合や届出要件を満たさない場合を除き，原則として株式譲渡契約の締結日とクロージング日の間には30日以上の間隔をあけた上で，待機期間が満了したことが前提条件とされることになる（第1編第3章1(3)参照）。なお，独占禁止法上は，待機期間が満了しさえすれば取引の実行は禁止されないため，このような規定をおいておけば足りる場合がほとんどであるが，公正取引委員会が待機期間中に詳細調査のための報告等を求めた場合には，待機期間の満了後であっても公正取引委員会が排除措置命令の事前通知を行う可能性がある（独占禁止法10条9項）ことに注意が必要である。事前通知がなされる可能性があるような取引であれば，単に待機期間が満了したことではなく，「買主が独占禁止法第10条第2項に基づく届出を行い，同法第50条第1項に定める通知がなされることなく同法第10

条第9項に定める措置期間が終了したこと。」などと，措置期間が終了したことを前提条件とする規定をおくことも考えられる。

　これらの項目については，これが成就していないにもかかわらず買主がこれを放棄して取引を実行したということになれば売主にも一定のリスク（法的なものに限らず，レピュテーション上の問題も看過できない）が生ずることから，売主の義務の前提条件（売主が放棄し得る前提条件）としても規定する例が多い。

コラム　CFIUSによる米国外資規制とM&A契約

　米国のDefense Production Act of 1950（国防生産法）第721条（通称「エクソン・フロリオ修正条項」）において，米国大統領は，米国外投資家が米国企業を支配することになる取引（「対象取引」）について審査を行い，米国の国家安全保障を害するおそれがあると認める場合は，取引を停止または禁止するために適切な措置を取ることができるものとされている。実際には，財務省を初めとする複数の省の横断で構成される委員会であるCFIUS（the Committee on Foreign Investment in the United States，対米外国投資委員会）が大統領に代わって対象取引の審査・調査を行っている。CFIUSは職権で対象取引の審査・調査を行うことができるが，対象取引の取引当事者は，任意にCFIUSに対する事前届出を行って，取引実行に国家安全保障上の懸念がないことについて事前にクリアランスを取得することが可能である。CFIUSへの事前届出を行った場合，30日間の審査期間を経て，CFIUSが国家安全保障上の懸念が解決していないと判断した場合はさらに45日間の調査期間が設けられる。調査の結果を踏まえてCFIUSは大統領に対して取引中止等の勧告を行い，当該勧告から15日以内に大統領は適切な措置を取るものとされている。なお，国家安全保障上の懸念があると判断された場合も，常に取引が禁止されるわけではなく，米国人を会社の重要な地位に置く，外国企業による情報・技術へのアクセスを制限するなど，国家安全保障上のリスクを軽減する措置を取る旨の契約を米国政府機関との間で締結することで，CFIUSからのクリアランスを取得することができる場合もある。

　近年，CFIUSの勧告に基づき大統領が取引の禁止を命じるケースが相次いでいる。また，CFIUSから取引中止勧告が出た場合，大統領がそれを覆すことは想定されないため，事前届出においてCFIUSからクリアランスを得られない可能性が高まった

場合は当事者が取引実行を断念するのが通常であり、実際に取引実行を断念したケースも増加している模様である。このような経緯から、上記のとおりCFIUSへの事前届出は任意ではあるものの、CFIUSは職権で対象取引の審査・調査を行うことができるため、CFIUSから突然取引禁止の勧告が出るリスクに鑑み、CFIUSへの事前届出の件数は大幅に増加している。

　なお、対象取引の範囲は広範に解釈されており、米国外投資家が米国企業の10％以下の議決権を取得するかつ受動的な投資のみが明示的に除外されている。また、大統領が措置を取ることができる「米国の国家安全保障を害するおそれ」がある場合というのも、明確な定義はなく、複数の考慮要素（取引が米国の基幹技術に与える国家安全保障に関連する潜在的な影響等）、が列挙されているのみであり、「大統領又はCFIUSが適切と認める他の要素」というキャッチオール条項も存在している。実際、CFIUSが審査した取引は、防衛産業のみならず、情報、通信、輸送インフラ、バイオテクノロジー、化学、食品製造、エネルギー等様々な分野にわたる。加えて、買収対象会社自体が米国の会社でなくとも、対象会社に米国の子会社や資産があれば管轄権が及ぶものとされている。

　このように、エクソン・フロリオ修正条項の対象はかなり広範囲に及ぶことから、米国の国家安全保障上の懸念があり得る取引については、任意にCFIUSへの事前届出を行って取引実行前にクリアランスを取得しておくことが考えられる。この場合、まず、CFIUSからのクリアランスを取得するまでに十分な期間を考慮して取引の日程を組む必要がある。上記のとおり、CFIUSによる審査・調査には期間制限が設けられているが、事前届出の正式受理前にCFIUSとの間で事前相談が行われることが通常であり、近年の届出件数の増加と相まって正式受理までに相当の期間を要するケースもある点に留意が必要である。また、M&A契約上の対応としては、各国競争法ファイリングに関する手当てを応用し、CFIUSからのクリアランス取得を取引実行の前提条件とすること、CFIUSからのクリアランス取得の努力をクロージング前の誓約事項とすること、CFIUSからのクリアランスを得られず取引中止に至った場合に買主から売主に対してリバース・ブレークアップ・フィー（reverse break-up fee）を支払う旨定めることなどが考えられる。

(5) 重大な悪影響を及ぼす変化

　契約締結後クロージング日までの間に対象会社に重大な悪影響が及ぶような変化（Material Adverse Changeを略してMACまたはMaterial Adverse Effect

を略してMAEと呼ぶことが多い)が生じた場合または判明した場合には,買主としては,取引の前提が崩れてしまうことから,取引からの離脱を希望することになる。MACの取扱いについては,その発生・判明したタイミングに応じて,表明保証と取引実行条件のいずれの問題として処理するか整理する必要があり,その整理の方法は取引ごとに異なるが,単純化すれば,以下のような整理が行われることが比較的多いと考えられる。

図表2-4-1　MACの発生・判明のタイミングと典型的な取扱い

	契約締結時の表明保証違反に基づく補償	クロージング日の表明保証違反に基づく補償	取引実行条件
最終の貸借対照表の基準日〜契約締結日に発生・判明	対象外	対象外	充足
最終の貸借対照表の基準日〜契約締結日に発生,契約締結日〜クロージング日に判明	対象となる	対象外	不充足
契約締結日〜クロージング日に発生・判明	対象外	対象外	不充足
契約締結日〜クロージング日に発生,クロージング後に判明	対象外	対象となる	充足

　以上のような整理が行われた場合には,たとえば,契約締結後クロージング日までの間に発生し判明した事項については表明保証の例外とされることになり,この場合にも少なくとも取引を実行しないというオプションを買主に与えるために,MACがないことが買主の義務の前提条件(買主が放棄し得る前提条件)として表明保証の正確性とは別に独立した規定として定められることになる。

　事柄の性質上,何がMACかを厳密に定義することは難しく,その定義はどうしても抽象的にならざるを得ない。また,日本においてどのような場合に重大な悪影響が生じたといえるかを判断する上で参考になるような先例(裁判例)も見当たらず,実際にMACに該当し得るような事情が生じた場合にその判断が当事者ごとに異なるリスクは否定できない。事後的な紛争を回避すると

いう観点からは、具体的に対象となる事実を限定列挙したり、金額要件などを設けることも一つの考え方であるが、かえってその交渉が紛糾する可能性が高いほか、予期し得ない事態や金額に換算しづらい事項についてはそのような対応が困難であるという問題がある。案件の内容によりけりではあるものの、結局のところは、抽象的な定義に加えて当事者が特に想定しているような事象については例示列挙しておき、判断基準についてもあくまで例示列挙の形で定めておくといった対応が現実的に可能な最大限の対応である場合も多いと考えられる[15]。

コラム　クロスボーダーM&A契約における前提条件

　海外におけるM&A契約の構成も、日本におけるM&A契約の構成と大きく異なるものではないため、クロスボーダーのM&A契約を検討する際に、日本におけるM&A契約の実務もある程度参考になる。しかしながら、M&A契約にどのような条項が含まれるかは、多分に各国におけるM&A実務の状況次第であり、日本において比較的規定されることが多い前提条件が、外国におけるM&A契約においても同様の傾向であるとは限らないことは注意が必要である（前提条件に限らず、他の条項についても同様に外国における傾向と日本における傾向が必ずしも合致するものではないことは言うまでもない）。たとえば、前提条件にMACが含まれるかどうかについて言えば、アメリカでは多くの場合が前提条件に含まれているとされている一方で、ヨーロッパでは、MACが前提条件に含まれていないことの方が多いとされ（ただし、アメリカのMACには多数の例外が定められることが通常であるため、ヨーロッパの実務との差違は実質的にはそれほど大きなものではないとも評価できる）、同様に、アメリカでは、（いずれの時点かはさておいても）表明保証の正確性が前提条件に含まれることが多いのに対して、ヨーロッパでは、含まれないことの方が多いとされている（ヨーロッパにおいては伝統的に前提条件に多くの事項を含めず、契約締結によってリスクが買主に移転するという考え方が強いようである）。各国におけるM&A契約の実務を理解しないままに交渉に臨むと相手方との議論が全くかみ合わないということになりかねず、クロスボーダー取引においては、事前に現地の弁護士等に当該国におけるM&A契約の実務を十分に確認しておくことが望ましい。

(6) 各種書類の提出

　クロージングと同時に当事者間で授受されるべき書類は多々あるが、その中でも取引を実行するにあたって前もって確認すべき書類があれば、その提出・交付は前提条件として記載されることになる。典型的には、クロージングと同時に辞任することが予定されている対象会社の取締役・監査役の辞任届や、チェンジ・オブ・コントロール条項が含まれる契約の相手方から取得した取引実行に関する同意書などがその例である。これらの多くは買主の義務の前提条件（買主が放棄し得る前提条件）ということになる。

　また、クロージングに際して、各当事者が、「①自らの表明保証が正確であること、②自らが果たすべき義務は全て履行していること、および③自らの義務の前提条件が放棄したものを除き全て充足されていること」などを証する証明書を相手方に交付する例もある。厳密にはこのような証明書がなくとも契約書上の文言のみを根拠としてクロージング日付で各当事者が表明保証を行ったと解することは可能であるし、実際に取引が実行されたのであればそれは各当事者が前提条件が充足されていたか放棄されたということを示していることから、証明書は必須とはいえないが、あらためて証明書を作成するにあたって再度表明保証の正確性や義務の履行の完了を厳密に確認するという事実上の効果が期待されるほか、当事者の理解を明確にするという意味はあり、特に前提条件の一部を放棄するような場合には、証明書によって放棄したことを明確にしておくことに一定の意味があると言える。

　クロージングに際して各当事者の法律顧問たる弁護士・法律事務所が相手方当事者に対して契約の有効性や締結のための内部手続の完了等に関して法律意見書を提出する例もあり、その提出が前提条件とされている例もある。しかし

15　米国のM&A実務においては、MACの例外を多数列挙することにより、MACの範囲の一定の明確化が図られることが一般的であり、例えば、案件の公表に起因するもの、法令の変更、経済状況・金融市場の不況などがMACの例外とされることも多い。もっとも、日本においては、MACの例外を多数列挙するということは必ずしも一般的ではない。

ながら、LBOローンなどのファイナンス取引と異なり、日本国内におけるM&A取引において法律意見書の提出が前提条件とされるのは例外的な場合に限られ、少なくともこれが実務慣行であるとは言いがたい。なぜこのような慣行が構成されているのかは必ずしも明らかではないが、契約締結者の権限については資格証明書・印鑑証明書の提出と実印の押印によってある程度の確認が可能であることに加えて、担保権やその優先順位の有効性が重大な問題となり得る担保契約などと異なり契約の有効性について特に考慮すべき点が多くないこともその理由であろうか。日本国外の法主体が当事者に含まれるクロスボーダーの案件においては、契約締結者の権限について確認が容易でないということを反映して、比較的法律意見書が要求される例があるが、（かつては法律意見書を求めることが多かったと思われる）米国においても法律意見書が要求されることはまれになってきているようである。

　また、前提条件が多数規定される取引においては、実際上個別の前提条件が充足されたか否かについて相手方から書面の提出を受けることによって事前に確認する必要があることが多いが、契約締結の時点では、具体的にどのような書面の提出を受ければこれが確認できるか特定できないことも多い。**記載例4-1の(4)号、記載例4-2の(6)号で規定されている「本条各号記載の条件の充足を確認するため合理的に要求する書面」**は、そのような書面をカバーするという趣旨でおかれているいわばキャッチ・オールの規定である。どのような書面かが特定されていないという面において前提条件が過度に広がってしまうリスクが理論的には存在するが、前提条件自体は各号に規定されたものに限定されており、「その充足を確認するために合理的に要求する」という文言によって要求し得る書面の範囲が過度に広範なものと解されるリスクはそれほど高くないと考えるべきであろう。

(7) その他

　取引実行の前提条件は、事柄の性質上、個別の取引の内容に応じて異なるのが当然であり、一般論としてどのような条件が定められるべきかを論ずること

がそもそも難しいものであることは否定できない。しかしながら，上記(1)から(6)で論じたもの以外に，取引実行の前提条件として定められることが比較的多いものとしては，以下のものがあげられよう。

①　関連契約の締結

取引実行後にいわゆるStand-Alone Issueに対応する目的でITシステムや総務・会計に関連する移行サービスに関する契約が売主と対象会社の間で締結される場合や，売主が引き続き一部の株式を保有し続ける場合に株主間契約が売主と買主の間で締結される場合など，株式譲渡契約に付帯して関連契約が締結される例は多い。株式譲渡契約の締結後クロージングまでの間にこれが締結される場合には，合意されていない契約の締結を義務とすることはできず，その締結を取引実行の前提条件とせざるを得ないことになるが，関連契約の内容についてタームシートさえも作成されていないような段階で株式譲渡契約が締結される場合には，これを取引実行条件にすることにより，最終的に関連契約の内容について合意できないことを理由に取引が実行されないリスクが生じ，さらにうがった見方をすれば，取引実行条件に規定されていない理由によって取引から離脱したい相手方当事者によって便法として利用されてしまうリスクが生じることに注意が必要である。また，関連契約が株式譲渡契約と同時に締結される場合であっても，これが有効に存続していること（解除などにより終了していないこと）はやはり前提条件にする必要があることになろう。

②　ファイナンス・リファイナンス（買収資金の調達）

株式譲渡契約の締結時点で買収資金のファイナンスや対象会社が売主から借りている資金のリファイナンスの具体的調達先および調達条件が確定していない場合には，最終的に資金調達が可能であったことが買主の義務の前提条件（買主の放棄し得る前提条件）とされることもある（いわゆるファイナンスアウト）。しかしながら，これを前提条件とした場合には，ファイナンスの調達に関する努力を怠ることによって事実上買主に取引から離脱する権利を与える

結果になる可能性があることから，売主としては受け入れがたい場合が多い条件である。売主の立場からは，少なくとも，ファイナンスの調達に向けて努力する義務を買主の誓約事項とするべきであり，また，株式譲渡契約の締結に先立ち金融機関等から買主あてにコミットメントレターを提出させ，その写しを確認する（その際には，存在を確認するだけでなく，コミットメントレターに定められた融資実行条件と，株式譲渡の取引実行条件に乖離がないか確認すべきであろう）などの対応を取るべきということになろう。仮にこれを前提条件とする場合には，最終的に資金調達が不可能であったがために取引が実行されなかった場合に一定の金銭を支払ういわゆるBreak-up Feeの規定（詳細について第8章4参照）の要否があわせて検討されることになる。

③ チェンジ・オブ・コントロールへの対応

対象会社がいわゆるチェンジ・オブ・コントロール条項を含む契約の当事者となっている場合に，その契約の相手方との関係でどのような手続を経るかは前提条件との関係で重要な問題となる。その数が多く，全てにつき同意を要求することが必ずしも現実的でない場合も多い一方で，重要な契約がチェンジ・オブ・コントロール条項を理由に解除されたのでは取引を実行する意味がなくなってしまうような場面もあり得るからである。

この論点については，該当する契約の重要性や数にもよるものの，(i)チェンジ・オブ・コントロールを含む全ての契約について，売主が対象会社と協力して，契約の相手方から取引実行に異議を述べない旨の同意書を取得するべく努力する義務を定め，(ii)チェンジ・オブ・コントロールを含む契約のうち特に重要なものについて，契約の相手方から取引実行に異議を述べない旨の同意書が取得できたことを買主の義務の前提条件（買主が放棄し得る前提条件）とする例が比較的多い。すなわち，全ての契約について同意を得るべく努力する義務を負わせることにより，売主が努力しない場合には契約の違反を問い得る（よって，損害が生じた場合には補償責任を問われ得る）ものの，努力したにもかかわらず同意が得られなかった場合には契約違反は問われないこととした

上で，結果的に同意が得られなかった場合には買主に取引から離脱するか否か判断するオプションを与えるという考え方である。さらに，後者の買主が取引から離脱するオプションについては，どのような些細な契約であってもこれを理由に取引から離脱可能とするのは不合理といえることから，取引を実行する意味がなくなってしまうような重要な契約に限ってこれを可能とすることになる。

　もちろん，上記の対応方法が全ての案件にあてはまるということはなく，たとえば，チェンジ・オブ・コントロール条項を含む契約の数がそれほど多くなければ，全ての契約について同意が得られていることが前提条件とされることもあるであろう。逆に，前提条件とはせずに，常に取引が実行されるものとした上で，最終的に同意が得られなかった場合の損害を売主が補償する特別補償の規定を設けたり，同意が得られた契約の数等に応じて売買価格の調整を行うということも考えられる（たとえば，販売店舗の賃貸借契約などが対象となっている場合には，同意が得られなかった契約の対象となっている店舗から生ずることが見込まれる売上や利益に応じて売買価格を調整するのは合理的な解決方法である場合もあり得る）。また，同意を書面で得ることには実務上の困難を伴うことも多く，特に株式譲渡契約の締結から実行までという短期間ではこれを達成することが難しい場合もあることから，そのような場合には，売主・買主と当該契約の相手方の間で面談を行うなどして，相手方の同意が得られること（同意を得られる可能性が高いこと）を書面以外の買主が満足し得る態様で確認することを前提条件とすることもある。

④　デューデリジェンスで発見された問題点の改善

　買主が対象会社について行ったデューデリジェンスの結果，コンプライアンス上の問題点などが発見され，これが取引実行前に改善されることを買主の義務の前提条件とすることがある。たとえば，過去において取締役会での承認決議が必要であるにもかかわらずなされていなかった取引などが発見された場合において，その追認を行うことが条件とされる場合などである。内容次第であ

るが，多くの場合には売主の誓約事項としてクロージング前に完了すること自体が契約上の義務としても規定されることになろう。

⑤ 差止訴訟などの不存在

　株式譲渡の取引自体の差止を求める訴訟・仲裁が第三者から提起され，これが係属しているような場面において，取引を実行するのは現実的ではないため，そのような訴訟等が係属していないことを取引実行条件として定める場合もある。売主が株主であることなどの基本的な表明保証の違反が一切無く，また，当該取引が売主や対象会社が当事者となっている重要な契約に違反するものでないのであれば，このような訴訟等が係属する可能性はそれほど高いとは言えないが，株式譲渡以外の形態による取引（たとえば第三者割当による新株発行など）については必ずしも非現実的な状況ではないため，取引形態によってはこのような取引実行条件を定めることの重要性が高い場合もあり得よう。

第5章

表明保証

1 総論

　表明保証とは，一般的に，契約当事者の一方が，他方当事者に対し，主として契約目的物などの内容に関連して，一定時点において一定の事項が真実かつ正確であることを表明し，その表明した内容を保証するものであると解されている。表明保証は，英米法において発展した概念であり[16]，日本の民商法上は元来想定されておらず，実務上の機能概念として持ち込まれたものである。そ

---

[16] 表明保証（Representations and Warranties）は，英米法上のWarranty（担保責任・保証）やMisrepresentation（不実表示）の概念を起源として発展した概念であり（樋口範雄『アメリカ契約法（第2版）』（弘文堂，2008年）186頁以下），米国・英国においては裁判例等の積み重ねにより，既に判例法理が確立している。
　"Representations"は，元来，過去・現在の事実を摘示・表明する場合に用いられ（したがって，単なる事実の摘示・表明に過ぎず，当事者の権利・義務を構成する契約条項には直接該当しない），一方で"Warranty"は現在・将来の事実が真実であることを約束する場合に用いられてきた（したがって，当事者の権利・義務を構成する契約条項を構成する）。しかし，米国においては判例上これらの差異はもはや株式譲渡契約の解釈上有意なものではないとされ（Comittee on Negotiated Acquisitions Section of Business Law of American Bar Association "Model Stock Purchase Agreement with Commentary" 46頁），また，英国においては1976年のMisrepresentation Act（WarrantyとRepresentationの区別を問わず不実表示があった場合の救済を定める）の施行により，これらを区別する意義は少なくなったとされている（髙橋美加「表明保証条項違反に関する雑感」立教法学第76号130頁）。なお，英国においては単に"Warranty"とよばれることが多いようである。

のため，表明保証が有する日本法上の意義については，私的自治に基づく契約当事者の合意であるという点を別とすれば明らかではなく，いかなる法的性質を有し，また，いかなる法令の適用を受けるかという点については，解釈に委ねられる幅が大きい。また，表明保証条項に関する日本の裁判例は比較的少ないため，かかる解釈についての判例法理も確立していない[17]。

したがって，株式譲渡契約において表明保証条項を定めるにあたっては，当該条項に対して当事者が期待している機能を踏まえて，最終的にどのような法的効果を有するものと判断され得るかという点に十分留意する必要がある。その上で，契約当事者の意図する法的効果が得られるよう，その意思内容が明確に読み取れるような規定ぶりにするなどの工夫が必要であると言える。

2 機 能

表明保証という概念が実務上の機能概念として日本法の世界に持ち込まれたものである以上，その法的性質を決定し，合意内容を解釈するにあたっては，表明保証がいかなる機能を有するかを検討する必要がある。そして，表明保証に当事者が期待する機能が案件ごと・取引ごとに異なり得ることは当然ではあるが，日本におけるM＆A取引の実務慣行を踏まえて，関連する当事者が一般的に期待している機能は何かと考えれば，株式譲渡契約において表明保証条項が担う機能は，端的には「リスク分担機能」であると言えるであろう。

M＆A取引にかかる株式譲渡契約を締結するにあたって，契約当事者は，当該取引の契約条件（主として経済的条件であるがこれに限られるものではない）の妥当性を検討した上で，最終的に当該取引の実行自体の是非を判断することになる。この契約当事者の判断は，各当事者および対象会社が一定の状態にあることを前提として行われるものである。その前提が崩れた場合には，契

---

[17] なお，「現代訴訟の論点と法理論の検討─表明保証条項違反を理由とする損害賠償請求訴訟」（論究ジュリスト22号156頁）において，現役裁判官の表明保証に関する発言が記載されており，現時点において裁判所として確立した考え方はないようであるが，各裁判官がそれぞれの意見を述べており興味深い。

約上の各条件の妥当性についての判断に変更が生じるのが通常であり，ひいては取引実行の是非自体に関する判断にも影響を与える可能性がある。少なくとも，この前提が崩れたにもかかわらず従前と同様の条件で取引を実行した場合には，ある当事者は利益を得，他方である当事者は不利益を被ることとなり得る。そこで，契約締結時に両当事者が前提としていた状態が取引実行までの間に変化した場合または前提としていた状態が実態とは異なっていたことが判明した場合に，そのリスクを当事者間でどのように分担するかが問題となる。

このリスクを分担する方法としては，主として，①取引を中止する方法と，②金銭的にリスクを評価することによって取引の条件を修正する方法の2種類があり得る。すなわち，前提となる状態が崩れた場合には取引が実現しない仕組みを作っておけば（①），少なくとも各当事者は合意する前の状態にとどまることができ，場合によってはその時点で仕切りなおして変化した後の新しい状態を前提として条件を再交渉することが可能になる。また，前提となる状態が崩れた場合に当事者が被った損害を賠償・補償する仕組み[18]を作っておけば（②），取引が実行された後に，前提としていた状態の変化によって各当事者に生じたアンバランス（予想外の利益・不利益）を経済的に調整することが可能になる。

そして，株式譲渡契約においても，こういったリスク分担のための仕組みを作るための条項として，表明保証，取引実行条件，誓約，補償等の規定がおかれることになるが，その中で，最も重要な役割を果たすのが表明保証である。

株式譲渡契約において，上記①の仕組み（前提となる状態が崩れた場合には取引が実現しない仕組み）は，取引実行条件を定めることによって基本的に実現される。また，上記②の仕組み（前提となる状態が崩れた場合に当事者が被った損害を賠償・補償する仕組み）は，補償条項を定めることによって基本的に実現される。これらの条項によって，具体的にどのようにリスクが分担さ

---

18 対象会社の財務状況が予想外に良かった場合にアップサイドをシェアする仕組みを作るのも同様の発想であり，価格調整条項やいわゆるアーン・アウト条項がこれにあたる。

れるかは，各条項の具体的な内容によることになるが，表明保証はこれらの条項を通じて重要なリスク分担機能を果たすこととなる。

　表明保証（特に対象会社に関する表明保証）は，対象会社の財務状態など対象会社の企業価値そのものに直接影響を与える事項を中心に，両当事者が前提とした状態の中でも特に重要と思われる事項を網羅する形で作成されるのが通常であり，これらの事項の真実性および正確性は，契約条件の妥当性・取引実行の是非を判断する上で前提とされた事項の中核を占めるものである。この前提事項が維持されていること（表明保証が真実かつ正確であること）を取引実行条件とすることによって，取引実行条件が有しているリスク分担機能の実質的内容が定まることになるし，この前提事項が維持されていなかった場合（表明保証が真実または正確でなかった場合）にはこれに起因して相手方当事者に発生した損害を補償させる旨を規定することにより，補償条項が有しているリスク分担機能の実質的内容が定まることになる。

　もちろん，取引実行条件（第4章）や誓約（第6章），補償（第7章）にて述べるとおり，表明保証以外の取引実行条件や誓約条項もリスク分担機能の一翼を担っているが，表明保証は，買収対象である対象会社の企業価値の変更そのものについてのリスク分担機能を担うため，株式譲渡契約上のリスク分担機能において最も重要な役割を担うものであると言える。この表明保証の機能は，表明保証条項が存在しなかった場合に買主が民法上講じ得る手段によっては，十分には果たされ得ないものと考えられる[19]。

　なお，表明保証の機能としては，このリスク分担機能のほかに，対象会社に関する問題点をいわば「いぶり出す」機能（情報開示を促進する機能）が一般的には指摘されている。すなわち，表明保証内容を構成する各個別項目作成の過程において，売主が表明保証の対象からの除外を求める事項を開示することとなるため（詳細については7(1)参照），これによって買主は対象会社に関する問題点を把握することができるからである。買主としては，かかる問題点を前提として売買価格その他の契約条件を検討し，これを契約に反映させることができることになる。

表明保証の機能が以上のとおりであることを踏まえて検討すれば，対象会社に関する売主の表明保証を網羅的にすることは，買主ではなく売主によりリスクを負わせることを意味しており，逆に，対象会社に関する売主の表明保証を簡略化したり省略したりすることは，売主ではなく買主によりリスクを負わせることを意味していることが明らかになる。なぜなら，対象会社の表明保証が網羅的であればあるほど，買主が取引を中止したり，売主に対して補償を求めたりすることができる事項が増加することを意味しているし，より多くの事項に関連して問題点をいぶり出すことが可能になることを意味しているからである。また，逆に，対象会社に関する表明保証が一切なされない場面を想定すれば，契約締結後取引実行前に新たな問題が発覚しても取引実行条件の不充足を構成せず（よって買主は問題点が発覚しなかった場合と同じ価格で対象会社を

19　たとえば対象会社に存在していた潜在債務が顕在化したことによって企業価値が毀損されたといったケースにおいて，表明保証条項が存在しない場合，買主による売主に対する最終的な責任追及は容易ではない面がある。すなわち，株式譲渡契約における売主の債務は，譲渡対象である株式についての権利移転の義務であるため，権利移転および株主名簿名義書換に必要な書類を交付すれば売主としての義務は完了するといえ，かつ，当該株式自体に瑕疵（担保権の負担があるなど）がある場合を除き，瑕疵担保責任の追及はなし得ないのが原則であると考えられる。したがって，①錯誤（民法95条）や詐欺（同法96条）に基づく取消しの主張（改正前民法では錯誤は無効であるが，改正後民法では錯誤の効果は取消しとなる）や，②情報提供義務等の付随義務違反や③不法行為等の法律構成をもって毀損分にかかる損害賠償請求の主張を行うこととなるが，いずれも主張立証は容易ではないと考えられる。
　　すなわち，①については，売買対象物はあくまで「株式」そのものである以上対象会社の財務に関する事情は必ずしも契約の要素を構成するとはいえず，また，表示された動機（改正後民法では，表示された法律行為の基礎とされた事情）（大判大正3年12月15日民録20号1101頁）として立証するのも容易ではない。②については，ライブドアオート表明保証責任訴訟（買主側の粉飾決算などを告知する義務が問題にされた事案，東京地判平成19年9月27日判時1987号134頁）において「企業買収において資本・業務提携契約が締結される場合，企業は相互に対等な当事者として契約を締結するのが通常であるから，上記の原則（私的自治の原則）が適用され，特段の事情がない限り，上記の原則を修正して相手方当事者に情報提供義務や説明義務を負わせることはできないと解するのが相当である。」と判示している点に鑑みても，対等当事者間におけるM&A取引において私的自治の原則を超えた情報提供義務や説明義務を負わせることは，特段の事情がない限り容易ではないと考えられる。また，③についても，②の各付随義務が認められないことを前提とすると，売主の故意・過失に基づく権利侵害行為の立証は容易でないものと考えられる。

買わなければならない），また，取引実行後に発覚しても表明保証違反[20]の問題は生じず（よって，買主は売主から補償を受けることができない），かつ，問題点がいぶり出される機会もない（よって，買主はあらかじめ問題点を把握する機会を与えられない）ことになるからである。

コラム　表明保証保険

　M&A契約における表明保証に関連する事項として，近時，特に欧米のM&A取引において表明保証保険の活用事例が増えている。表明保証保険とは，簡単に言えば，売主の表明保証に違反があった場合に，買主が，売主に対する補償請求に加えて，保険会社に対しても表明保証違反を理由として保険金の支払い請求ができるという仕組みで，表明保証保険により一定のリスクを追加的に手当てすることが可能となる（特に，売主による補償額の上限が低い場合などに大きな意味を持つ）。欧米においてプライベート・エクイティ・ファンドが売主で，オークションプロセスによって対象会社の売却が進めている場合において，（売主の補償額の上限を低くすることを前提として）表明保証保険を利用することがオークションの条件となっている場合もある。日本国内の案件については，現時点では，表明保証保険の活用事例は少ないと思われるが，日本国内の案件についても今後活用事例が増える可能性がある。なお，表明保証保険を利用する場合，買主は，売主との間で表明保証の条件を交渉するだけではなく，保険会社との間でも保険契約の条件（特に保険の対象となる表明保証の内容や範囲等）を交渉する必要があり，M&A契約作成プロセスが複雑化・長期化することが通常であるため，表明保証保険の利用を検討するに際しては，事前に十分なスケジュールの調整が不可欠である。また，表明保証保険の対象は，案件ごとに保険会社との間の交渉で決まるべきものであるが，一定の事項については表明保証保険の対象から除外されることが一般的であるため，表明保証に関するリスクのすべてを表明保証保険により対応することができるわけではない点に留意が必要である。

20　表明保証はそれ自体は事実の表明とそれに伴う一定の合意であるため違反とは何か必ずしも判然としない面があるが，表明保証が不正確または真実でなかった場合を一般的に表明保証違反というため，本書でもその例によっている。

3 法的性質

　株式譲渡契約における売主による表明保証については，以下のような規定が置かれ，表明保証内容を構成する個別項目が，契約本文または契約別紙に列挙されることが多い。

記載例5-1　売主による表明保証条項のサンプル

第5.1条　（売主による表明保証）
　　売主は，買主に対し，本契約締結日及びクロージング日において（但し，別途時点が明示されている場合にはその時点において），以下の事項が真実かつ正確であることを，表明し，保証する。
1．（売主に関する表明及び保証）
　(1)　［中略］
2．（対象会社に関する表明及び保証）
　(1)　［以下略］

　では，この条項の法的効果をどのように考えるべきであろうか。
　民法上の大原則である契約自由の原則により，ある法律行為の内容は，強行規定に反する意思表示を除き，原則として当事者の意思によって決定される。もっとも，株式譲渡のような売買契約に関する法律関係は，仮に強行法規に反していなかったとしても民法上の多岐にわたる任意規定[21]の適用を受けることから，当事者の合意内容に含まれていなかったり，また，その合意内容が不明確であったりする場合には，これらの任意規定の適用を受けることとなる。し

　　21　あえて注記するまでもないが，任意規定は，当事者の意思の不明な点についてこれを解釈し（解釈規定），また，当事者が取り決めていない点についてこれを補充する（補充規定）（『我妻・有泉コンメンタール民法　総則・物権・債権（第4版）』（日本評論社，2016年）215頁）。

たがって，表明保証条項の法的効果を考えるにあたっては，まず，株式譲渡契約上の表明保証条項の合意を形成する契約当事者の実体的な意思内容を正確に認識するとともに，表明保証条項に適用され得る強行規定および任意規定の範囲・内容を理解しておく必要がある。

2で述べた表明保証が有するリスク分担機能を前提とすれば，表明保証の法的効果についての契約当事者の意思は，①表明保証条項と取引前提条件とを組み合わせることにより，取引からの離脱を可能とする法的効果を与えること，および②表明保証条項そのものに（または表明保証条項と補償条項とを組み合わせることにより），表明保証違反に起因して発生した損害の賠償（補償）請求を可能とする法的効果を与えること，にあると言える。

では，表明保証条項にはいかなる法令上の規定が適用され得るだろうか。表明保証は，前述のとおり，日本の民商法上元来想定されている概念ではないことから，既存の法律行為・概念への近似性およびその解釈がその適用範囲に影響を及ぼし得ることとなる。

株式譲渡契約上の一般的な表明保証条項は，既に述べているとおり，契約本文または契約別紙に列挙する個別事項が，一定時点において真実かつ正確であることを表明し保証する，という内容を有するものである。日本法上，「表明」という用語は直ちに法律行為に結びつかないが，「保証」という用語は，いわゆる保証人の負う債務としての保証債務（民法446条）や，いわゆる製品の品質保証等にいう保証といった法律行為とその表記を同一にすることから，これらの概念との近似性が問題とされ得る。しかし，まずいわゆる保証人の負う債務としての保証債務（原則として主債務者が債務を履行しない場合に当該債務を履行すべき義務）は，表明保証が契約当事者自身の債務に関する規定である点を取ってみても，基本的に異なる性質のものであることは明らかである。

一方で，製品の品質保証と表明保証とは，近似する性質を有する。すなわち，製品の品質保証は，対象製品が有すべき性状・品質を明示してこれを保証するものであり，引き渡した製品がかかる一定の性状・品質を備えていない場合には，修補責任や損害賠償責任等が発生する[22]。表明保証は，売買対象たる株式

そのものや，買収対象たる対象会社が備えているべき一定の事項を明示する点，およびその事項が備わっていない場合には一定の義務を負わせることを内容とする点で，上記各保証と類似する面がある。

　かかる保証概念との近似性から，日本法上の表明保証の法的性質に関する過去の議論においては，表明保証違反が契約違反である点を捉えて債務不履行責任であるとする説[23]もあった。しかし，そもそも想定されている債務の内容が不明確であり[24]，また，表明保証違反に基づく責任は表明保証者の帰責性を問うことなく発生するべき性質のものであると解されることから，債務不履行責任と同一に解することは困難である。また，改正前民法における瑕疵担保責任（民法570条）との関係で，表明保証条項は，瑕疵の範囲を明示し，かつ，これを拡大する旨の特約であるとする説もある[25]。しかし，表明保証に含まれる事項の範囲は，売買対象物である株式そのものに関する事項のみならず，対象会社の企業価値に関する事項が多く含まれるほか，契約当事者に関する事項（当該契約当事者による当該契約の締結が適法かつ有効であることなど）までを含むのが通常であるため，表明保証全体を売買目的物（株式譲渡契約の場合には直接的には株式）に関する瑕疵担保責任と構成することは困難な面がある。な

　22　引き渡した製品が一定の性状・品質を備えていない場合に適用があり得る法的概念としては，債務不履行（不完全履行）責任や瑕疵担保責任がある。瑕疵担保責任の法的性質について法定責任説と契約責任説の伝統的な議論が存在することは周知のとおりであり（前掲 我妻・有泉1086頁参照），不特定物への瑕疵担保責任規定（570条）の適用を否定する法定責任説に立てば，別途の特約が存在しない限り，売買対象製品が不特定物であれば原則として債務不履行（不完全履行）責任が発生し，売買対象製品が特定物であれば瑕疵担保責任が発生することとなる（ただし，いずれについても商法526条の適用がある点は周知のとおりである）。なお，改正後民法においては，瑕疵担保責任の法的性質は，契約責任説とされ，特定物，不特定物問わず契約内容不適合という債務不履行として整理された。もっとも，一般的な品質保証契約においては，その要件や効果について詳細な特約がなされることが多い。

　23　たとえば，岡内真哉「表明保証違反による補償請求に際して，買主の重過失は抗弁となるか」（金判1239号2頁）。

　24　株式譲渡契約において売主が負担する主たる義務は，あくまで対象株式の引き渡し義務である。

　25　たとえば，江平亨「表明・保証の意義と瑕疵担保責任との関係」『現代企業法・金融法の課題（初版）』（弘文堂，2004年）82頁）。

お，この議論は，改正後民法における契約内容不適合による債務不履行責任についても，その責任の対象はあくまで売買の目的物にかかる契約不適合であることから，同様に当てはまる。

　製品の品質保証契約のうち，売買契約当事者ではないメーカーが消費者と締結する保証契約は，損害担保契約，すなわち，一定の事実から他人に生じる損害を填補することを他人に約束する契約であると解されている[26]。株式譲渡契約における表明保証は，表明保証の対象である一定の事項が不正確であったという事実から相手方に生じる損害を填補することを約束する契約であることから，この損害担保契約のカテゴリーに含めるべきであるとするのが近時の議論の主流である[27]。この損害担保契約自体も，日本の民商法上，明文規定を有する概念ではないことから[28]，その法的効果は必ずしも一義的に明確ではない点には注意を要するが[29]，そもそも損害担保契約は，義務や過失がなくとも責任を負う契約類型を念頭に置いた整理であるから[30]，その法的効果の性質は，「一定の結果（事故）が生じた場合には，契約内容（合意）に従って担保（金銭補償）の履行請求権（損害賠償請求権ではない）が発生する旨の合意である」と

26　潮見佳男『債権総論（第4版）』（信山社出版，2012年）593頁。
27　たとえば，潮見佳男「消費者金融会社の買収に際しての表明・保証違反を理由とする売主の損害補填義務」金融法務事情1812号67頁，松尾健一「株式売買契約における表明・保証条項違反について売主が損害補償義務を負うとされた事例」商事法務1876号51頁，青山大樹「英米型契約の日本法的解釈に関する覚書（下）」NBL895号73頁等。また，東京高判平成8年12月18日金融法務事情1511号61頁は，売主による対象会社の資産である債権の債務者の財務内容が健全であることなどを保証する旨の特約について，その回収が不能である場合には買主に生ずる損害を填補する旨の特約であると解している。
28　鶴井俊吉「損害担保契約の概念は，どのような内容のものとして有用ないし必要か」現代契約と現代債権の展望③担保契約39頁は，損害担保契約はドイツにおいて発展している概念であるが，日本においてもいわゆる保証債務に隣接する契約として身元保証契約や金融取引上の様々な形態で利用されている旨を指摘している。
29　青山大樹ほか「第1回　不実表示等と表明保証」NBL919号9頁は，表明保証事項が真実であるという状態（結果）を実現すべき債務（結果実現債務）を観念し，補償条項はその不履行を理由とする不履行責任を規定するものという整理（不履行責任説）が存在すると指摘する。
30　滝沢昌彦「損害担保契約」法学セミナー559号246頁。

解する[31]のが素直であるように思われ，こと株式譲渡契約の表明保証については，かかる解釈が契約当事者の通常の意思に合致するといえよう。

　この点，改正民法により改正前民法における瑕疵担保責任の法的性質が契約責任説であることが明確化され，契約内容不適合という債務不履行責任として整理されたことに伴い，損害賠償の範囲が信頼利益に限られず履行利益を含むようになったという意味では，表明保証と性質が接近した面がある。もっとも，契約責任説の立場から，帰責性が必要となったと解される一方で，表明保証違反については原則として帰責性を問わないという考えが実務的に一般的と思われるため，この点においては表明保証と性質が乖離したと言える。いずれにしても，民法改正にかかわらず，表明保証の法的性質は，瑕疵担保責任（改正民法においては契約内容不適合による債務不履行責任）とは区別されるという実務的に支配的と思われる考え方に影響はないと思われる。

　なお，仮に表明保証違反に基づく補償を上記のように解するとしても，これはむしろ補償条項が表明保証と組み合わされて初めて生ずる効果であり，補償条項が定められていない場合（単に表明保証条項のみが定められている場合）にはその法的性質が異なるという議論はあり得るところである[32]。しかしながら，日本のM&A取引実務において，補償条項が存在しないからといって，表明保証違反に際して相手方に生じた損害について違反当事者がなんらの経済的負担を負わないという考え方は受け入れられているとは言いがたい。上述のとおり「保証」という文言は「製品保証」と類似した概念を示唆するものと考えられることも踏まえて，私的自治の原則に立ち戻って考えれば，表明保証条項を定める契約を締結する当事者は，違反発生時には表明保証している当事者が一定の経済的負担を負うことを当然の前提としていると考えるべきであり，補償条項の有無によってこの点で性質が大きく異なると解すべきではなかろう。補償条項は，あくまで，補償義務（損害担保義務）の内容をさらに明確化し，

31　浜上則雄「品質保証の法的性質」ジュリスト494号14頁，前掲滝沢。
32　たとえば金田繁「表明保証条項をめぐる実務上の諸問題（上）―東京地判平18.1.17を題材として」金融法務事情1771号50頁。

補償条項が存在しない場合と比べて因果関係や損害の種類に関してその範囲を拡大したり，上限や下限・期間制限を定めることによってその範囲を限定したりすることにその主眼があるものと解すべきであろう。

　以上のとおり，株式譲渡契約の表明保証は，いわゆる保証債務（民法446条），債務不履行責任（改正後民法における契約内容不適合の責任を含む），または改正前民法における瑕疵担保責任とは異なる損害担保契約の性質を有し，その法的効果は契約内容によって定まるものであり，一定の事実（事故）が生じた場合には一定の担保（金銭補償）の履行請求権が発生する，という内容を有するものであると解するのが妥当であると考えられる。ただし，既に述べたとおり，表明保証の法的性質に関する解釈は確立しておらず，かつ，債務不履行責任や改正前民法における瑕疵担保責任といった近接概念が存在することから，個別の紛争における最終的な裁判所の判断において，たとえば瑕疵担保責任（改正民法における契約内容不適合による債務不履行責任）に関する任意規定が類推適用などされる可能性は否定できない。したがって，株式譲渡契約を作成するに際しての実務上の対応としては，表明保証は損害担保契約であるとの解釈に依拠しつつも，上記の責任にかかる規定や枠組みが何らかの形で適用される可能性を念頭に置き，その適用によって議論が生じ得る論点については，契約上明確な定めを置いておくことを含めて適切な対応を行っておく必要がある。

コラム　表明保証と錯誤

　株式譲渡契約の表明保証違反があった場合，契約当事者は，錯誤に基づく契約の無効を主張することができるだろうか。動機の錯誤も，動機が表示されて意思表示の内容となった場合には，法律行為の要素になる場合があるが（改正後民法では，法律行為の基礎とされた事情が表示されれば錯誤の対象となる）（大判大正3年12月15日（民録20輯1101頁）等），表明保証の対象事項は，契約上の各経済的条件等の決定の前提をなした事項として表明されることから，株式売買の意思表示にかかる

動機として表示されていると言えるようにも思われる（もちろん，かかる動機が法律行為の内容とされていたことまで必要とされるかについては従前から議論のあるところであり，また，仮に意思表示の錯誤に該当し得るとしても，錯誤による無効を主張するためには（なお，改正後民法では，錯誤の効果は取消しとされている），当該錯誤と意思表示との因果関係および重要性の要件を充足する必要がある）。もっとも，契約当事者の意思としては，表明保証違反事実を錯誤の内容とする錯誤無効の主張は認めない意思であることが通常であろう。このことは，契約解除権発生場面をクロージング前に限定すること，かつ，解除権発生事由として重大な表明保証違反を入れることがあること（第4章3(1)参照）からも明らかである。

　（表明保証と類似する面がある）改正前民法における瑕疵担保責任と錯誤無効の関係について，判例は錯誤無効の主張を制限していないものの（最判昭和33年6月14日民集12巻9号1492頁），学説上は瑕疵担保責任を優先適用すべきとする説が有力である（前掲 我妻・有泉1090頁等参照）。表明保証と錯誤の関係についてもこの有力説と同様の考えに立ち，表明保証違反の責任が追及可能な場合には錯誤無効より表明保証違反が優先すると解することには一定の合理性があると考えられるが，特に契約上明示されていない場合には錯誤無効の主張を封じることができない可能性も否定できないことから，救済方法の限定に関する規定をおき，この点を契約上明示しておくことが望ましい（第9章4参照）。もっとも，錯誤について救済方法限定の規定の効力が否定され得ることは第9章4にて述べるとおりである。

　なお，錯誤に関する民法95条は，民法改正により，その表現が大きく変わっており，「表意者が法律行為の基礎とした事情についてのその認識が真実に反する錯誤」につき，「その事情が法律行為の基礎とされていることが表示されていた」場合に，取消しが可能とされている（改正後民法95条1項2号・2項）。この点，改正前の民法において，動機の錯誤も動機が表示されて意思表示の内容となった場合には，錯誤による無効を主張しうるとしていた上記の判例における表現と比べると，改正後の文言については，買主にとって，重要な表明保証事項が正しくないことが事後的に明らかになったような場合には，「その事情が法律行為の基礎とされていることが表示され」，その認識が真実に反しているとして，錯誤に該当するようにも読める。しかしながら，民法95条の改正は，動機の錯誤の要件や内容を実質的に変えることは意図していないというのが立法担当者の立場であり，民法の改正によって，表明保証違反の場合に錯誤主張が可能になったと解するべきではないと思われる。

4 契約当事者の主観的態様とその影響

　表明保証責任は，前述のとおり，損害担保契約の性質を有するものであり，契約中に明確に帰属性が必要であることを定めない限り，表明保証を行う当事者の故意または過失を責任発生の要件としない無過失責任であると解すべきであろう。このことは，表明保証の対象となる事実について，表明保証を行う当事者の主観的態様に応じて責任の有無を定める場合には，個別に「知る限り」「知り得る限り」といった文言を追加するのが通例であることからも明らかである。表明保証の有する最大の機能がリスク分担であるとする考え方からも，表明保証を行う当事者の主観的要件にかかわらず責任が発生すると考えるのが当然かつ妥当である。特に表明保証を行う当事者の相手方の立場に立ってみれば，表明保証に記載された事実そのものがリスク分担の分水嶺であることを期待しているのであって，表明保証を行う当事者の主観的要件という自らのあずかり知らない事情によってその境界線が変動することは基本的に予想していないはずだからである。

　一方で，表明保証の相手方の主観的態様が法的効果に及ぼす影響については議論がある。東京地判平成18年1月17日判時1920号136頁（株式売買契約上の表明保証違反の責任が問題となった事案）は，「原告が被告らが本件表明保証を行った事項に関して違反していることについて善意であることが原告の重大な過失に基づくと認められる場合には，公平の見地に照らし，悪意の場合と同視し，被告らは本件表明保証責任を免れると解する余地があるというべきである。」と判示した。

　同判例は，表明保証の相手方が悪意の場合には表明保証違反責任を免れると解しているようであり，かつ，相手方に重過失が存在する場合にも同責任を免れると解する余地があるとしている[33]。

　同判例については賛否両論があり，また，同判例が表明保証の法的性質を明示しなかったように，この論点は必ずしも表明保証違反の責任の法的性質論か

ら結論が導かれる問題ではないと考えられる[34]。実務上は，仮に契約締結前に買主が売主の表明保証違反に該当する事実を発見したとしても，当該事項による損害発生の有無や損害額が不確定であるため譲渡価格に反映することが不可能である場合[35]や，当該事実に関する法律上の解釈が一義的でないために表明保証違反に該当するか否か自体の判断が困難であるような場合[36]があり，譲渡価格に反映するのは困難であることが多い。また，発見時期が契約締結の直前であるなどの時間的制約がある場合に，そのまま表明保証事項とし，損害発生時には表明保証違反に基づく補償にて調整を行うことが当事者双方の利益に資することもある。したがって，実務上，表明保証の相手方の主観的態様によって表明保証違反責任追及が制限されることは不合理である場合が多い。また，表明保証のリスク分担機能を強調すれば，買主・売主が一定の事実関係が正確であることを前提として取引を行う旨の意思決定を明示的に行っているのであるから，当該事実関係が不正確であった場合には，買主の主観的態様の如何にかかわらず，合意されていたとおりのリスク分担を行うのが合理的な場合が多

---

33 東京地判平成23年4月15日（金融法務2021号71頁）は，財務諸表の作成基準日以降の重大な悪影響の不存在に関する表明保証条項の趣旨は，「開示された財務諸表の作成基準日以降に生じ，財務諸表に反映されていないため，原告が知り得ない，A社の財政状態等に悪影響を及ぼし，またはそのおそれのある事由若しくは事象についての危険を被告が負担することにあると解され，財務諸表の作成基準日以降に何らかの債務が発生すれば直ちに同文違反となると解されるものではないから，同文にいう『事由若しくは事象』とは，原告が認識し得ないものに限られる」と判示し，表明保証の対象を買主が認識し得ないものに限定している点で，上記平成18年判決と基本的に同様の判断をしている。

34 たとえば，前掲潮見「消費者金融会社の買収に際しての表明・保証違反を理由とする売主の損害補塡義務」は，同判例を「表明・保証の独自性を強調することなく，我が国の民法の一般法理に則して」すなわち，いわゆる禁反言の法理（解釈準則）や権利濫用・信義則に則して処理をしたものと評価している。

35 たとえば，対象会社に対して提起されていた訴訟の存在が判明したが，当該訴訟の帰趨が不明であるため，対象会社が最終的に財務的な悪影響を被るか否かの判断が困難である場合などが考えられる。

36 たとえば，「従業員に対する未払賃金債務は存在しない」旨の表明保証をしている場合において，業務委託契約による個人事業主等の稼働者の労働者性の判断要素となる事実関係自体を認識しているが，最終的に労働関連法規上その労働者性が肯定されるか否か，結果として未払割増賃金債務の存在が肯定されるか否かの判断が困難である場合などがある。

いであろう[37・38]。したがって，契約上特段の定めがない限り，表明保証違反の責任追及が表明保証の相手方の主観的態様に左右されるべきではないと考えるが，仮に影響を受けるとした場合においても，かかる影響を排除する旨の当事者間の特約はその有効性を認められるべきである。

以上のとおり，契約上特段の定めがない限り，表明保証違反の責任追及が表明保証の相手方の主観的態様に左右されるべきではないと考えるが，上記のような裁判例が存在することもあり，実務上は，個別紛争における裁判所による最終判断の予測が困難であることから[39]，表明保証違反の責任の成否について相手方の主観は影響を与えない旨の確認条項を定める方法（いわゆるsand-bagging条項，記載例5-2参照）や，判明事項を表明保証違反の枠から外した上で，当該特定の事実に基づいて損害が発生した場合にはその損害を補償する旨の特別補償条項（第7章5参照）を定めるなどの方法で，何らかの対応を行っておくことも少なくない。逆に，相手方が認識した条項については，表明保証の範囲外であることを明確にする場合もある（いわゆるanti-sandbagging条項，記載例5-3参照）。

---

37 改正民法においては，改正前民法570条における「隠れた瑕疵」（＝買主の善意無過失）を削除し，かつ，「瑕疵」を「契約の内容に適合していない」と改正されており，当事者の目的物の性能や品質等についての合意内容を重視しているという点で，上記の考え方と整合するものである。

38 買主が表明保証違反について悪意の場合には，売主も買主も当初から表明保証が正確でないことを知っていたことになる場合が多く，仮にそうだとすれば，当事者間の合意としても，書面上の合意とは異なり，両者が認識している（実態を反映した）事実を表明保証することについての黙示の合意があるという考え方があり得ないわけではない。このように考えれば，リスク分担の観点からも，契約上に表明保証の内容として明記された事実ではなく，両当事者が黙示に合意している実態こそが基準とされるべきであるという結論に至る可能性がある。もっとも，両者が実態を認識しつつそれとは異なる表明保証を行うことの意味と理由を検討すれば，本文に記載しているとおり，契約上明記された事実を基準にリスク分担することが当事者の意図である場合が多いであろう。

39 米国においても，契約に明示的な定めがない場合に，表明保証の相手方の主観的態様に左右されるかどうかについては，州によって裁判所の考え方が異なるようである。

記載例5-2 買主の主観的認識が表明保証違反の責任に影響を与えない旨の確認条項のサンプル

> 第5.○条
> 　本取引の実行を検討するために買主又はそのアドバイザーが対象会社に対して行った事業，法務，会計，税務その他の分野に関する調査（デューデリジェンス）及びそれに基づく買主又はそのアドバイザーの認識は，本契約に規定され若しくは本契約に従ってなされた表明若しくは保証又は本契約に関連する補償若しくは救済措置の有効性，範囲及び効果その他の事項につき，いかなる意味においても影響を及ぼさない。

記載例5-3 買主が認識していた事項については表明保証の対象外とする条項のサンプル

> 第5.○条
> 1．（表明保証の条項）
> 2．前項の定めにかかわらず，買主が本契約締結日までに知っていた又は知りえた事項（本件取引のために買主が実施した対象会社に対するデューデリジェンスにおいて開示された事項を含むが，これに限られない。）については，前項に基づく売主による表明及び保証の違反を構成しないものとする。

5　表明保証を行う当事者

　M&A取引の株式譲渡契約における表明保証の主眼は，売主が買主に対して行う対象会社に関する表明保証にある点は上述のとおりであるが，一般的な株式譲渡契約には，かかる対象会社に関する事項に加え，契約当事者自身に関する事項（当該契約当事者による当該契約の締結が適法かつ有効であることな

ど）に関する表明保証が含まれる（かかる事項について表明保証を行う意味については，8(2)以下の個別事項の解説を参照されたい）。したがって，表明保証の主体は，売主（対象会社に関する事項および自らに関する事項）および買主（自らに関する事項）の双方であり，複数の売主または買主が存在する場合にはその全てが各々表明保証主体となる。

　その他，保証人などの売主・買主以外の当事者が存在する場合に，売主・買主とは別に表明保証を行うか否かは案件によりけりであるが，契約当事者としての表明保証は同様に行うことも多い。一方，対象会社が自ら表明保証を行う例は少ない。対象会社が表明保証を行うとすればそれは買主に対するものであると考えられるが，100％買収であれば，取引実行後は買主の100％子会社になってしまうため，買主としては自らの100％子会社に対して補償請求しても意味がないことは明白である。仮に100％買収ではない場合であっても，結局のところ，補償に伴い対象会社に生じた損失を買主が取得した持分に比例して買主が自ら負担することになってしまうため，対象会社が表明保証を行う例はほとんどない（ただし，上場会社の公開買付け等において対象会社が表明保証を行う場合があることにつき，第1編第3章2(3)③参照）。

6　基準時（時点の特定）

　表明保証は，一定時点において一定の事項が真実かつ正確であることを表明し保証するものであるから，その時点の特定は重要である。そして，前述のような表明保証の機能および法的性質を前提とすれば，表明保証の全ての対象事項の内容は，対象とする時点を含めて契約当事者の合意によって任意に決定することができ，表明保証の対象事項を，契約締結当時ではなく，将来におけるある時点における一定の状態とすることも可能であると考えられる。実務的には，契約締結に際して，①契約締結日を基準日とする表明保証と，②①の表明保証とほぼ同じ内容について，クロージング日を基準日とする表明保証の，2つの表明保証を同時に行うことが多い。

なお，実務的には，クロージング日を基準日とする表明保証については，「クロージング日の到来によって表明保証がなされたとみなす」という文言を定めたり，クロージング日においてあらためて同日付で表明保証が真実かつ正確である旨の証明書を交付したりする場合もある。これは，表明保証は本来その時点または過去の時点についてしか行えないのではないかという疑義（特に「表明」という用語が事実行為を想起させることに由来すると思われる）に対応するためのものである。もっとも，上述のとおり，このような対応は必須のものではなく，単純に契約締結日付でクロージング日付の表明保証を行うことも可能と考えるべきであろう。なお，クロージングが実際に行われなかった場合には，クロージング日付の表明保証も行われなかったことになるべきであることは当然であり，契約書のドラフティングにあたっては注意すべきポイントではあるが，それは上記のようなみなし規定や証明書の交付を伴わずとも実現可能である。

　また，表明保証対象となっている事項の中には，契約締結日もしくはクロージング日のいずれか一方，またはそれ以外の特定の日を当該一定時点と定めるのが適切である事項が存在するため（たとえば，株式に担保権が設定されており，同担保権の解除を取引実行条件とするような場合には，株式に担保権等の負担がないことを契約締結日時点で表明保証することはできないが，クロージング日においては表明保証対象とするべきであろう），記載例5-1のサンプルのように，表明保証条項はそうした例外を許容する表現としておいた上で，個別事項において例外的な時点を特定する方法を取ることが多い。

　表明保証の時点に関連して，契約締結日からクロージング日までに発生または判明した表明保証違反をどのように取り扱うかという問題があるが，表明保証対象からの除外や表明保証違反に基づく補償請求権の範囲について特殊な合意を行わない限り，表明保証違反の法的効果は発生・判明した時点に応じて図表2-5-1のとおりに整理されることが比較的多い。

　次頁の図表はあくまで典型例であるが，バリエーションの一つとして，株式譲渡契約上，契約締結日からクロージング日までに発生または判明した表明保

図表2-5-1 表明保証違反の発生・判明のタイミングと典型的な取扱い

		契約締結時の表明保証違反に基づく補償	クロージング日の表明保証違反に基づく補償	取引実行条件
契約締結日までに発生	契約締結日までに判明	対象外	対象外	充足
	クロージング日までに判明	対象となる	対象となる（注）	重大性により判断[40]
	クロージング後に判明	対象となる	対象となる	充足
契約締結日からクロージング日までに発生	クロージング日までに判明	対象外	対象となる（注）	重大性により判断
	クロージング後に判明	対象外	対象となる	充足

証違反を契約に従って通知した場合には，クロージング日における表明保証違反の補償責任対象から除外する旨を合意しておくことがある。その場合には，上記の図表で（注）と記載した部分については，表明保証違反に基づく補償請求権は発生しないこととなる。また，契約締結日からクロージング日までに判明した表明保証違反が重大であるため，取引前提条件不充足としてクロージングが行われなかった場合も，（注）部分の補償請求権は発生しないこととなる。このように，各当事者によるリスク負担の分配機能を果たす表明保証を利用し，責任対象から除外する範囲を調整したり，重大性によって制限するなどの調整を行ったりすることによって，当事者間のリスク負担の程度を調整することができる。

コラム　表明保証の存続

株式譲渡契約において，「本契約に基づく表明及び保証は，クロージング日以降3年の間に限って存続する。」といった趣旨の規定がおかれることがある。表明保証の

40　取引実行条件については，契約当事者の意思に鑑み，軽微な表明保証違反によって取引から離脱することが許容されてしまわないよう重大性の限定を付する（重大な表明保証違反がないこと）ことも多い（7(2)，第4章3(1)参照）。

存続と表明保証の基準時は，混同しがちな概念であるが，全く異なるものである。すなわち，株式譲渡契約締結時点やクロージング日時点における一定の事項が真実かつ正確であることを表明保証することが，表明保証の基準時の問題であるのに対して，表明保証の存続とは，仮に表明保証違反が事後的に判明した場合，いつの時点まで表明保証違反に基づく補償請求（場合によってはその他の救済手段）をとることができるのかという問題である。したがって，「本契約に基づく表明及び保証は，クロージング日以降3年の間に限って存続する。」という規定があった場合には，当事者がクロージングから3年間の間一定の事項が真実かつ正確であり続けることを継続して表明保証しているわけではなく，これは，クロージング以降3年間に限り表明保証違反に基づく補償請求等が可能であることを意味している。

7 範囲の限定

(1) 別紙（Disclosure Schedule）による除外

　表明保証の範囲を限定するための実務上の工夫として，表明保証を行う当事者が，個別の表明保証事項について，そのまま表明保証したのでは表明保証違反に該当することとなる事実を別紙に記載し，当該別紙において開示した事項については表明保証の対象から除外することが行われている。この別紙による除外のために行われる情報開示は，前述のとおり，表明保証が有する重要な機能の一端（「いぶり出し」機能）を担っており，より具体的には，この開示によって買主は対象会社に関する問題点を把握し，売買価格に反映させるなどの対応をとることができることになる。

　売主は，なるべく多くの事実について除外の対象とするため，たとえば抽象的に「デューデリジェンスにて開示した一切の情報」についての除外を求めることがある。しかしながら，デューデリジェンスにおいては多岐にわたって大量の情報が開示されることが多く，買主としては限られた時間的制約の中でその全てについて完全に内容を把握できないのが通常であるため，買主はこのような除外をこのまま認めずに，交渉のポイントとなることが多い。また，事後的に紛争に発展した場合，開示の有無（当該事実が実際に開示されていたか），

正確性(開示された情報に不正確な部分が含まれていたのではないか)および程度(たとえば,開示されていたのが全体の事実関係のごく一部であり,問題の全体像が明らかでなかったため,実質的に開示されていたとは言えないのではないか)についての紛争を招く原因となる可能性も高い[41]。したがって,仮に抽象的な除外事由を定めるとしても,除外を認めるための条件として,①書面やバーチャルデータルームへのアップロードなど,開示の有無が事後的に明確に確認できる形式で開示されており,②不正確な事実を含んでおらず,③リスクを判断するに十分な量の情報が含まれていることなどが要求される例も見られる。

除外事項を開示する別紙の記載方法としては,各表明保証事項との個別の対応関係を明らかにする形で,番号をふって列記する例が比較的一般的である。もっとも,一つの事実が複数の表明保証事項に関連することも多い(たとえば,訴訟に基づく潜在債務は,訴訟の項目と潜在債務の項目の両方に関連することになるのが通常である)ことから,複数個所に記載または複数の番号を連記することによって対応することが多いものの,表明保証事項との個別の対応関係を明らかにすることなく包括的な除外事項リストが作成されることもある。いずれの方法をとるにせよ,契約当事者の合意内容に齟齬が生じた場合には事後的な争いの原因となるため,別紙の記載事項と表明保証の対応関係については丁寧に確認する必要があるということになる。

別紙にどの程度詳細に事実関係を記載するかも実務上は重要なポイントである。詳細に書けばよいというものではないが,あまりに抽象的な記載では事後的に紛争の原因になりやすいため,事実関係を特定するに足るだけでなく,当該事実がどの程度の経済的インパクトを持ち得る事実なのか,金額までは不明であるとしてもその性質を特定し得る程度の事実を記載しておくことが結局

---

41 なお,開示の程度について,前掲平成23年4月15日判決は,「A社が締結している契約の存在及びその内容等の概要を開示すれば足りるのであって…A社の事業に与える悪影響の内容や程度や度合いなどといった評価的な事項についてまでも一度に明示すること,さらには,書面による開示であることまでもが求められていたとは解されない。」と判示している。

は両当事者の利益になるであろう。また，売主としては，重要性による限定（後記(2)参照）の結果別紙に記載すべきか否か判断を迷う事実についても念のため記載することが考えられるが，その場合には，あくまで念のため記載するものであって，契約書における重要性の判断やその他の権利義務には影響するものではないことを明記することも考えられる。

なお，M&A取引における実際の株式譲渡契約交渉においては，別紙が契約締結間際の最終段階になって一度に開示されることがままあり，買主が問題点を事前に把握するという機能が十分に果たされていない場合がある。したがって，特に買主側に立って契約交渉をする場合においては，早期の別紙の作成・開示を積極的に求めていく必要があるといえよう。

(2) 重要性・重大性による限定

表明保証の範囲については，（特に対象会社に関する事項について）売主側はできるだけこれを限定し，他方買主側はできるだけこれを広げることを望むものである。表明保証範囲の交渉は，もちろん個別の表明保証対象項目そのものを追加しまたは削除することによっても行われるが，さらに，各個別表明保証項目の内容について，重要性や重大性を要求することによって範囲を限定するか否かがしばしば争点となる。

重要性や重大性による範囲限定の種類には，主として，①表明保証対象事項に形容詞的に付することによる限定（たとえば，「重大な紛争は存在しない」），および②当該表明保証対象事項について真実または正確ではないことが許容される範囲を定めることによる限定（たとえば，「各会計年度における対象会社の財政状態および経営成績の結果を，重要な点において正確かつ適正に表示している」）がある。また，②に類似した限定として，「対象会社の事業経営や財務状況に対する悪影響」を使用するもの（たとえば，「対象会社の事業経営や財務状況に重大な悪影響を及ぼすような係属中の訴訟は存在しない」）がある。

補償請求という局面を例にあげれば，重要性や重大性について契約上に定義その他解釈の指針となる合意がない限り，いかなる事由をもって重大性・重要

性を判断するのかについては，表明保証違反に基づく補償請求を行う当事者において主張・立証責任を負担することとなる[42]。責任追及に際して安定性を欠く要素となり得るため留意が必要であるが，定義も同様に困難である場合が多い。その他，重要性や重大性については，表明保証の内容として限定を加えた上で，これに加えて取引実行条件や補償に関する規定においてあらためて限定が加えられるいわゆるDouble Materialityの問題が生じ得ることに留意する必要がある（第4章3(1)および第7章3(2)参照）。

(3) 当事者等の認識による限定

表明保証の範囲の限定に関して争点となる典型的な論点としては，表明保証を行う当事者の認識によって範囲を限定するか否かがあげられる。認識による範囲限定には，通常，「知る限り」や「知り得る限り」という用語を用いる。

認識による範囲限定は，認識主体の主観的態様を表明保証対象に持ち込もうとするものであるから，その主体が誰であるかという点が重要な問題となる。実務上は，契約当事者のみならず対象会社の認識を基準として利用することも少なくない。一見すると契約当事者ではない対象会社の認識を用いることの可否が問題となるようにも思えるが，これはあくまで表明保証違反の有無を判断する基準として対象会社の認識等を利用するだけの話であり，前述のとおりの

---

[42] 表明保証条項に「重大な」または「重要な」という限定が付されている場合に，当該表明保証違反が重大・重要性を充足するかが争点の一部として争われた事例に関する裁判例として，東京地判平成19年7月26日判タ1268号192頁がある。同裁判例は，当事者が特定の表明保証事項のみに重大性の限定を付していたにもかかわらず，表明保証全体について重大性の限定があるかのように解釈した例であり，また，東京地判平成22年3月8日（判時2089号143頁）も，「財政状態に悪影響を及ぼす重要な事実が生じていないこと」という表明保証について，契約文言上，重要性に関する除外事由が定められていないにもかかわらず，社会的な不動産市況の下落のような一般的普遍的な事象については，表明保証違反に該当しないと判断している。また，東京地判平成23年4月19日（判時2129号82頁）は売主（被告）の表明保証が重要な点で正確であったと認められるかという点に関し，「原告が本件契約を実行するか否かを的確に判断するために必要となる……客観的情報が正確に提供されていたか否かという観点から判断すべき」とした。このように，日本の裁判所については，重大性に関し，契約の形式的な文言ではなく，事案の背景・実質面等が重視される傾向が見られる点には，留意が必要である。

表明保証の機能や法的性質に鑑みれば，認識主体を誰とするかについては，契約当事者の合意によっていかようにでも定められると解すべきであろう。むしろ，対象会社は買主の支配下に入ることとなるため，買主の立場から見ると，万が一事後的に紛争となった場合の立証という観点からは，対象会社の認識を問題とした方が立証という点で扱いやすい面もある[43]。

また，単に「売主」や「対象会社」の認識を問題とした場合には，結局個人レベルで誰が認識していれば「売主」や「対象会社」の認識があったと言えるのか不明確な面がある。たとえば代表取締役が認識していれば認識ありという結論は明確であろうが，特に大規模な会社を例にとって考えれば，代表取締役が認識していなかったからといって会社として認識していなかったと考えるのは不合理な場合があり得ることも明確であろう。そこで，「売主の知る限り」や「対象会社の知る限り」という用語について定義を設け，氏名や役職等で具体的な人物を特定した上で，当該人物の認識をもって売主や対象会社の認識とみなすことを明示することも少なくない。

「知る限り」と「知り得る限り」の差異についても，実務的には論点となる。理屈の上では「知る限り」は現に認識を有していることを指し，「知り得る限り」は認識を有していなかったとしても有している可能性があれば足りるということになり，その内容は大きく異なることになる。もっとも，「知り得る」と言った場合に，認識の可能性がわずかでもあれば足りるかといえばそのようにはおそらく当事者は解しておらず，認識するのが通常であったにもかかわらず認識していなかったことが要求されるのではないかと一般的には考えられており，そうだとすれば，「知る限り」と「知り得る限り」の差は，「故意」と「過失」の概念に近いのではないかと考えられる。また逆に，各種状況証拠から当然知っていたはずであるにもかかわらず，本人の怠慢等によってたまたま知らなかった場合に，「知る限り」の要件を満たさないのは不合理な面があり，

---

43 なお，契約文言に含まれない場合であるにもかかわらず対象会社の認識を問題としているようにも読める事例として，東京地判平成24年1月27日（判時2156号71頁）がある。

「故意」に同視すべきような「重過失」が認められる場合には、「知る限り」の要件を満たすとされる可能性もあると考えられよう。そして、ある当事者が「知らなかった」と主張する中で、「知っていたこと」「知り得べきであったこと」を相手方当事者が証明するためにどのような立証活動が必要かを考えていけば、結局は同じような立証活動を行うことになるという点においては両者はそれほど大きく変わらないと言え、一方で、最終的に裁判所が「知っていた」という心証に達しなかった場合であっても表明保証違反が認められる可能性があるか否かという点において、両者には差異があるということになろう。なお、実務的には、どの程度の立証があれば「知る限り」「知り得る限り」の要件を満たすかをより明らかにするという観点から、たとえば「知る限りとは、合理的な調査を行ったことを前提として○○が認識していることを言う」などと定義することもあるが、その結果、「知る限り」という用語が用いられているにもかかわらずその内容はいわゆる「知り得る限り」に近いものになっている場合もあることに注意を要する（たとえば上記の例では当事者が現に認識していなくても合理的調査等を行っていなかった場合には「知る限り」に該当する可能性があることになる）[44]。

コラム 「おそれ」とは？

「重要な点において」や「知る限り」といった文言は、表明保証の範囲を限定するために用いられる文言上の技術的工夫であるが、逆に表明保証範囲を拡大する文言としては、「おそれ」が掲げられる。「おそれ」は、たとえば、「対象会社の財産又は収入に対して差押、仮差押、仮処分、強制執行若しくは競売手続が係属しておらず、また、その申立もなされておらず、かつ、そのおそれもないこと」といった形で使用され、一定の事実が将来発生する可能性の不存在をも一定限度において表明保証の対象としようとするものである。「具体的なおそれがない」という言い回しが使用される場合もあるが、どの程度の可能性があれば「おそれ」や「具体的おそれ」が

---

44 売主の認識について判断した判例として、大阪地判平成23年7月25日（判タ1367号170頁）および東京地判平成28年12月20日（金融商事1372号57頁）がある。

あるのかは不明であり，いずれにしてもその意味内容は必ずしも一義的に明確ではないうえ，将来における可能性をカバーすることによって時点を特定した意味がなくなってしまう面もある（一定の基準時において未発生であっても，直後に発生した場合には，当該基準時においてその発生の「おそれ」があったとされる場合が多いであろう）ため，実務的には，「おそれ」に関する表明保証については「知る限り」や「知り得る限り」の限定が付されることが多い。

8 表明保証の対象となる個別事項

(1) 総 論

どのような事項が表明保証の対象となるか，どの程度詳細な表明保証が行われるかは，案件によって様々であり，必ずしも統一的な決まりがあるわけではない。また，前述のとおり，表明保証はリスク分担機能を有するわけであるが，他の経済条件等との兼ね合いでどの程度のリスク負担を相手方当事者に求めていくか，および交渉上どの辺りで妥協するかの判断は，案件によって様々である。実際の案件においては，当該取引の態様や対象会社の状況，また，当事者間の交渉力といった様々な要素によって，適切な表明保証条項を定めていくこととなるが，図表2-5-2は，株式譲渡において一般的に表明保証の対象として検討されることが多い事項を列挙したリストである。

図表2-5-2 表明保証の対象となる典型的事項のリスト

```
1．当事者に関する表明保証
  (1) （契約の締結及び履行権限）
  (2) （契約の有効性及び執行可能性）
  (3) （倒産手続の不存在）
  (4) （法令，判決，契約等にかかる違反）
  (5) （株式の保有）［注：売主のみが表明保証する対象となる。］
2．対象会社に関する表明保証
  (1) （設立及び法的に有効な存続）
  (2) （倒産手続の不存在）
```

(3) (法令，判決，契約等にかかる違反)
(4) (株式)
(5) (財務諸表)
(6) (潜在債務)
(7) (後発事象)
(8) (租税)
(9) (役員・従業員)
(10) (労働問題等)
(11) (資産)
(12) (不動産)
(13) (知的財産権)
(14) (保険)
(15) (子会社等)
(16) (重要契約)
(17) (許認可)
(18) (命令違反等)
(19) (規制の遵守)
(20) (反社会的勢力との関係)
(21) (環境問題)
(22) (紛争)
(23) (情報開示)
(24) (売主グループとの関係)
(25) (手数料)

　以下においては，これらの項目について，以下の図表2-5-3のとおりおおまかに分類した上で，その内容を簡単に説明し，それぞれに関連する実務上の問題点・留意点を解説する。繰り返しになるが，表明保証としてどのような項目が規定され，どの程度詳細な規定がおかれるかは案件ごとに異なり，ケースバイケースといわざるを得ない。以下では，比較的網羅的な表明保証が規定される場合を念頭におきつつ，売主・買主双方の立場からどのような要望があるのかを整理して論じている。

図表2-5-3　表明保証の対象事項のおおまかな分類

項　目	図表2-5-2のリストにおける該当項目	本項での該当箇所
契約当事者に関する事項	1	(2)
設立・存続・株式に関する事項	2(1)～(4)	(3)
会計・税務に関する事項	2(5)～(8)	(4)
人事に関する事項	2(9)・(10)	(5)
保有資産の権利関係に関する事項	2(11)～(15)	(6)
契約に関する事項	2(16)	(7)
許認可・コンプライアンス・紛争に関する事項	2(17)～(22)	(8)
その他の事項	2(23)～(25)	(9)

(2)　契約当事者に関する事項

　株式譲渡契約における表明保証は，その大部分が対象会社に関する表明保証によって占められることが多く，また，かかる対象会社に関する表明保証は当然ながら株式を譲渡する売主によって行われる。しかしながら，かかる対象会社に関する表明保証以外にも，売主および買主という契約当事者が自らの契約締結権限などについて表明保証をしたり，また，そもそも譲渡対象となる株式が売主に帰属していることなど，契約当事者にかかわる事項についても表明保証がなされたりすることになる。本項では，このような契約当事者にかかわる事項についての表明保証を概説する。

　① 契約の締結および履行権限

　売主または買主が株式譲渡契約を締結し，また履行する法律上の能力，権限等を有しているという表明保証は，売主または買主の法律上の属性によってその記載方法は異なる。その詳細は第1章2(1)を参照いただきたい。また，かかる当事者の属性に応じた表明保証の条項のサンプルは，記載例1-1のとおりである。

　上記の表明保証は，そもそも売主または買主が法主体として有効に存在し，

かつ，株式譲渡契約を締結し，また履行する法律上の能力，権限等を有しているという取引の大前提となる事項を確認するものであるが，実際に取引実行後にこの点の重大な表明保証違反があったことにより取引の効力に影響が生じる場合には，そもそも契約自体が有効に成立しておらず，契約に基づく請求自体が認められない可能性が高い。そのため，上記表明保証を規定したとしても，取引実行後においては，契約に基づく補償請求では相手方当事者の救済として十分ではないことが多いであろう。したがって，取引実行後に上記の表明保証違反が判明した場合には，不法行為や不当利得に基づく請求という救済手段に頼らざるをえないと思われる。かかる観点からは，これらの表明保証は，取引実行後にその違反が判明したときに補償請求によって救済されることに主眼を置いているというよりも，取引実行前の段階で上記表明保証違反が判明したときに，クロージングの前提条件が成就していないとして，相手方当事者に取引から離脱する機会を付与することに重要性があると考えられる。

なお，特に海外の法主体も契約当事者となるクロスボーダーの案件においては，相手方当事者に上記のような表明保証をさせるだけではなく，当該当事者が所在する国における当該当事者側の法律事務所に，上記の契約の締結権限・履行権限にかかる表明保証でカバーしているのと実質的に同じ内容を述べた法律意見書を出すことを求めて，かかる法律意見書をクロージング書類に含める例も見られる。この実務は，上記のとおりこの点の表明保証違反に基づく補償請求の実効性が限られていること，上記の表明保証内容は取引の大前提となる重要な事項であることなどに鑑みて，法律事務所からの意見書によって，これらの表明保証内容の正確性について一定の担保を得ることを目的とするものである。

② **契約の有効性・執行可能性**

契約の有効性および執行可能性についても，売主および買主双方による表明保証が求められることが一般的であり，具体的には，締結された契約が表明保証をする当事者に対する有効かつ適法であり，法的拘束力を有し，また，適用

のある法令のもとで当該当事者に対する強制執行が可能な義務を構成することが表明保証される。

　このうち契約の有効性にかかる表明保証については，仮に契約全体の有効性が否定される場合には，上記①の契約の締結・履行権限の表明保証に違反があった場合と同様に，契約に基づく請求自体が認められない可能性が高く，そのため，上記表明保証を規定したとしても，取引実行後においては，契約に基づく補償請求では相手方当事者の救済として十分ではないことが多いと思われる。もっとも，契約の一部の条項について有効性が否定されたような場合には，その結果，相手方当事者が被る損害等について契約に基づく補償請求が認められる場合も想定される。たとえば，誓約条項において売主が競業避止義務を負っている場合において，株式譲渡実行後に当該条項が無効であると判断されたときには，買主としては，当該条項が無効となることによって被った損害について，別途株式譲渡契約の表明保証違反（契約の有効性についての表明保証違反）を根拠として補償請求をする余地があると考えられる（もっとも，この場合には損害の主張立証の点に加えて，競業避止義務が無効とされた公序良俗違反などの法律構成によって契約上の補償請求も制約されないかなどの検討が必要となるであろう）。

　また，契約の執行可能性については，表明保証の文言としては「強制執行が可能な義務を構成する」といった表現が用いられることが多いものの，その意味するところについては必ずしも明確ではない面がある。強制執行の方法としては，義務者の履行の意思などに関係なく執行機関がその権力作用によって直接に執行の目的たる利益状態を実現する方法（直接強制）が原則であり，金銭債務の執行や物の引渡債務の執行などはかかる直接強制によって行われる。もっとも，いわゆる為す債務などその性質上直接強制の方法がとれない債務もあり，その場合には代替執行（債権者が自らまたは第三者により作為内容を実現できる旨の授権およびその費用を債務者から取り立てうる旨の授権を執行機関たる裁判所から受けて，これに基づいて債権者または第三者が権利内容を実現し，要した費用を債務者から取り立てる方法。民事執行法171条）または間

接強制（債務者に対してその不履行について金銭支払いなどの一定の不利益を課して意思を圧迫し，あくまで債務者による履行を強いる方法。民事執行法172条・173条・167条の15第6項）の方法によることになる。表明保証において「強制執行が可能である義務を構成する」というときには，その債務の性質に応じて法令上可能な執行方法によって権利を実行できるという意図であると考えられることから，直接強制の方法によって強制執行が可能となる場合に限らず，代替執行や間接強制による方法で強制執行が可能である場合も含まれると考えるのが合理的であろう。また，契約上の義務の不履行については，通常は最終的に損害賠償の形で責任を負うことになる場合が多いと思うが，当該損害賠償責任という金銭債務について直接強制が可能であれば，これをもって当該義務については「強制執行が可能である義務を構成する」ということができると契約当事者が考えている場合も多いのではないかと思われる。

③ 倒産手続の不存在

株式譲渡取引において，契約の相手方当事者について倒産手続が開始されているか否かは当然ながら重大な関心事となるが，契約締結の段階で既に倒産手続が開始されていれば通常は公告などによってその情報を知ることもでき，その情報の把握は難しくない場合が多いと思われる。しかし，契約締結の段階で申立がなされているという場合には，かかる申立の事実は必ずしも一般に開示されているわけではなく事前に知ることが困難であるし，また，契約締結時には申立がなされていなかったとしても，契約締結後に倒産手続の申立がなされて倒産手続が開始される可能性もある。契約締結日以降に契約の相手方当事者について倒産手続が開始された場合には，かかる倒産手続開始の結果，株式譲渡取引に重大な影響が生じることになり，相手方当事者に対して有する契約上の権利の実効性にも問題が生じる可能性が高い。特に，売主について倒産手続が開始された場合には，株式譲渡実行後であっても，管財人等によって株式譲渡取引が否認されるリスクもある。

かかる観点から，契約当事者について，破産手続開始，民事再生手続開始，

会社更生手続開始，特別清算開始その他これらに準ずる法的倒産手続（当事者が海外でも事業活動を行っている場合には，外国法に基づく法的倒産手続を含むことが多い）の申立がなされていないこと，債務超過や支払不能などの倒産申立の原因が存在しないことやそのおそれがないことなどについて，表明保証を求めることがある。なお，表明保証において上記のとおり「その他これに準ずる法的倒産手続」と記載されていたとしても，私的整理手続，事業再生ADRの手続や地域経済活性化支援機構（旧企業再生支援機構）のもとでの手続などは，当然にはこれに含まれないと解される可能性が高いと思われることから，相手方当事者の財務状況その他の事情に鑑みて，具体的にこれらの手続開始についての懸念を有するのであれば，別途これらの手続も含まれる形で表明保証を求めることを検討すべきであろう。

　上記①の契約の締結・履行権限の表明保証と同様に，倒産手続の不存在に関する表明保証についても，取引実行後にこの点の表明保証違反があったことが判明して，表明保証をした当事者に倒産手続が開始された場合には，契約に基づく補償請求では相手方当事者の救済として十分ではないことが多いと思われる。たとえば，表明保証をした当事者に対する表明保証違反に基づく補償請求権を行使しようとしても，これは倒産手続に服することになって，満足の行く弁済を受けられない可能性が高いからである。したがって，この表明保証も，取引実行後にその違反が判明したときに補償請求によって救済されることに主眼を置いているというよりも，取引実行前の段階で上記表明保証違反が判明したときに，クロージングの前提条件が成就していないとして，相手方当事者に取引から離脱する機会を付与することに重要性があると考えられる。

　上記に加えて，売主の財務状況に懸念があり，株式譲渡実行後の近い将来に倒産手続が開始される可能性が否定できないような場合，その他買主として将来株式譲渡の否認リスクを特に懸念するような場合には，買主として，売主について倒産手続が開始された場合に株式譲渡取引が否認されるリスクを軽減するための表明保証を求めることがある。一般に株式譲渡取引において懸念されることが多い否認リスクは，売主について倒産手続が開始され，倒産手続の管

財人等が，株式譲渡実行後に当該株式譲渡取引について否認権を行使するという場面であって，これは買主にとってのリスクである。否認には様々な類型があるが，実務上，M&A取引における株式譲渡の場面で問題となる可能性が高いのは詐害行為否認（破産法160条1項・民事再生法127条1項・会社更生法86条1項）である。詐害行為否認は，破産法，民事再生法または会社更生法の手続に服する債務者（以下「倒産者」という）が，かかる手続の開始前に，倒産者の責任財産を減少させる行為（詐害行為）をした場合において，倒産者の詐害意思（行為の結果として倒産者の債権者のための共同担保たる責任財産が減少し，倒産者の債権者の満足が低下するという認識があれば足りると解されている）および受益者の悪意（倒産者の行為が責任財産の減少につながることに関する受益者の悪意を意味する）を要件として，倒産手続の管財人等がかかる倒産者の行為を取り消すことができるものである（破産法160条1項1号・民事再生法127条1項1号・会社更生法86条1項1号）[45]。もっとも，かかる詐害行為否認の通常の類型であれば，株式譲渡の価格が相当な価格であると評価できる限り，不当に安い価格で買主が購入することによって売主の責任財産を減少させているとは考えられないし，かかる場合は通常買主において詐害行為についての悪意が認められない場合が多いと思われることから，売主について開始された倒産手続において株式譲渡取引の否認が認められる可能性はそれほど高くないように思われる。

しかしながら，詐害行為否認に関する特則として，倒産者の財産処分行為において相手方が相当の対価を支払っている場合であっても，一定の要件を充たすと否認が認められる場合があり，実務上，買主としてはかかる否認を特に懸念することが多い。すなわち，倒産者の財産処分行為において相手方が相当の対価を支払っている場合であっても，(a)不動産の金銭への換価等，財産の種類

---

[45] 倒産者による詐害行為であっても，支払停止または倒産手続開始の申立があった後になされた場合には，倒産者の詐害意思は要件とはされていない（破産法160条1項2号・民事再生法127条1項2号・会社更生法86条1項2号）。ただし，受益者が行為の当時支払停止等の事実および倒産者の債権者を害する事実について善意であることを主張立証した場合には，否認を免れる。

の変更によって倒産者が隠匿，無償の供与その他の債権者を害する処分（以下「隠匿等の処分」という）をするおそれを現に生じさせるものであること，(b)倒産者が行為の当時隠匿等の処分をする意思を有していたこと，(c)相手方が行為の当時，かかる倒産者の隠匿等の処分をする意思について悪意であったこと，という要件を充たしたときには，否認が認められる（破産法161条・民事再生法127条の2・会社更生法86条の2）。かかる詐害行為否認に関する特則との関係で，たとえ株式の譲渡価格の相当性を確保することができたとしても，依然として否認のリスクは残ることから，上記特則の要件を充たす取引ではないことを契約締結時に当事者間で確認し，かつこれを一定の証拠として残すための措置がとられることがある。具体的には，株式譲渡契約において，当該株式譲渡取引が売主の一般債権者に対する責任財産を減少させる行為ではないこと，売主は対価として取得する金銭について隠匿等の処分をする意思を有していないことなどについて，売主に表明保証をさせることになる。一般的には，株式譲渡契約において，売主によって上記のような表明保証がなされていたという事実は，否認訴訟において，株式譲渡契約時の買主の認識として，対象となる詐害行為との関係で買主が善意であったことを主張立証するうえでの一つの材料になると考えられる。もっとも，否認訴訟における最終的な買主の善意・悪意は，様々な証拠や事実に基づいて個別に認定されるものであって，たとえ上記のような表明保証条項が規定されていたとしても，これによって直ちに買主が善意であると認定されるわけではないことに留意が必要である。

コラム　譲渡価格の相当性確保のための実務対応

　株式譲渡取引の売主の信用状況に不安がある場合においては，将来の詐害行為否認のリスクを回避・軽減するという観点からは，買主としては，可能な限り株式の譲渡価格が相当であることを確保することが重要となる。この点については，独立当事者である売主と買主が真摯に協議・交渉をして決めた譲渡価格であれば，これについて相当性が推定されるべきという考え方もあるであろうが，かかる根拠のみ

をもって将来の詐害行為否認の主張に対応することは実務上は容易ではないであろう。そこで，かかる事情に加えてどのような資料が有用かを検討してみれば，たとえば，売主または買主が対象会社株式の売却または取得にかかる意思決定にあたって財務アドバイザーから取得した対象会社株式価格の評価書等があれば，これは譲渡価格の相当性を支える重要な資料になると思われる。また，売主の主要な債権者と事前に協議をして，譲渡価格を含む株式譲渡取引について承諾を得ておくことができれば，これによって将来の否認のリスクを軽減することが期待できる。なお，売主による対象会社株式の譲渡が，複数の買主候補者が入札するいわゆるオークション方式によって実施された場合には，かかる入札の手続が公正に行われている限り，入札の落札者である買主の買取価格について相当性の推定をもたらす有力な材料になると考えられる。

④ 法令，判決，契約等にかかる違反に関する事項

株式譲渡契約が締結され，また，株式譲渡の実行がなされたとしても，売主・買主の事情により，株式譲渡契約や株式譲渡の実行が取り消されたり，株式譲渡契約が取り消されないまでも有効性に関して紛争が生じ，事実上紛争に巻き込まれてしまったりする可能性は（少なくとも理論的には）存在する。このようなリスクに対応するため，株式譲渡契約の締結もしくは履行または株式譲渡の実行などが各当事者について以下に該当しないことが表明保証されることがある。

(ⅰ) 法令・規則など，裁判所・政府機関などの判決・命令・判断などまたは許認可の違反
(ⅱ) 定款・社内規程の違反
(ⅲ) 契約の債務不履行，解除事由，早期償還事由または期限の利益喪失事由
(ⅳ) 裁判所または政府機関の許認可，承諾，同意等を必要とする事由
(ⅴ) 政府機関に対する届出，報告その他書類の提出を必要とする事由

これらは，株式譲渡の前提となる極めて基本的な事項であるため，当事者に

適用のあり得る事項について，極めて広範囲に規定されることが多く，かつ，当事者の個別の事情を考慮せず，定型的に規定されることが多いが，たとえば次のような状況が念頭におかれている。

　(i)のうち株式譲渡契約の締結や履行により当事者が法令に違反する可能性がある場合としては，たとえば，株式譲渡の実行により生ずる企業結合が事業支配力の過度な集中をもたらすため株式譲渡の実行が独占禁止法上禁止されている場合（独占禁止法9条2項）や，対象会社が有価証券報告書の提出義務（金商法24条1項）を負っているため公開買付けが必要である（金商法27条の2第1項）にもかかわらず公開買付けによらずに株式を取得する場合などがあげられる。また，たとえば，取引実行後に売主が対象会社へ人員を派遣することにより労働者派遣法に違反する場合など，誓約として定められた付随的義務についても法令違反が生ずる可能性はあるが，そのような法令違反がないこともこの項目によってカバーされることが想定されている。

　また，(i)のうち裁判所・政府機関の命令などの違反が問題となる場合としては，たとえば，売主が保有している株式が第三者に差し押さえられている場合や，占有移転禁止の仮処分がなされているような場合があげられる。このような場合には，買主が当該株式を譲り受けたとしても，善意取得が成立する場合などを除き，通常は第三者に対抗することができない（差押えや仮処分が優先する）ため，売主に関わる裁判所，政府機関などの判決，命令，判断などに違反するものではないことを表明保証することによってこれに対応することが意図されている。

　(ii)の社内規程に関する表明保証を定める趣旨は，契約締結および取引実行に際して必要な当事者の内部手続が完了していることを確認することにあり，例えば，対象会社を売却することが売主における取締役会の付議基準に該当するか否か，そして，もし該当するのであればそのために必要となる売主の取締役会決議が得られているか否かなどが，そこで典型的に想定されている確認事項である。判例によれば，株式会社の（代表）取締役による取締役会決議を欠いた業務執行は原則として有効となるものの，取引の相手方が決議を経ていない

ことを知り，または知り得べかりしとき（過失があるとき）は無効になるとされている（最判昭和40年9月22日民集19巻6号1656頁）。したがって，売主が株式会社である場合を例に取れば，仮に株式譲渡について必要となる売主の取締役会決議がなされていなかった場合であったとしても，買主の悪意または有過失が立証された場合を除きその効力は否定されないことになるが，日本国内のM&A取引においては，当事者が相手方当事者の定款や内部規程を確認して相手方当事者の取締役会決議事項に該当するかどうかまで確認するのが通常とはいい難いことから，特にそのような事情を買主が知っていたような場合を除き，過失があることを立証することは必ずしも容易ではない場合が多いものと思われる。もっとも，そのような売主の内部手続の瑕疵に関する紛争に巻き込まれること自体がリスクと考えられることから，買主としては，売主における内部手続が適切になされていることの表明保証を求めることが多く，それに加えて株式譲渡を承認した取締役会の取締役会議事録やその抄本（または，そのような決議がなされた旨の証明書）の開示を求めることもある。なお，上記については買主の内部手続についても同様のことがあてはまる。

(ⅲ)の契約違反などについては，紛争に巻き込まれるリスクなどを回避するとともに，紛争の原因となりうる契約があるのであればそれを開示させて対応を検討することを意図した項目である。たとえば，株式譲渡により売主が当事者となる契約に違反することになる場合であっても，通常は当該契約が第三者である買主に直接に法的な義務を負わせるものではないが，株式譲渡にともなって契約違反が生じるような場合には，事実上紛争に巻き込まれる可能性があるため，そのような契約がないことを確認し，存在する場合には何らかの対応を取る必要がある。売主が金融機関から借入を行うに際して，子会社株式の譲渡を禁止されている場合などが典型例であるが，この例で言えば，株式譲渡に先立って当該ローン契約の貸付人たる金融機関から承諾を取得する（またはその努力をする）ことが，買主の義務の前提条件・売主の誓約事項として定められることが多い。また，売主の他にも対象会社に株主がいるような場合には，売主が他の株主との間で株主間契約を締結し，対象会社株式の処分の禁止その他

の処分を制限する合意をしていることもあり得る。したがって，売主が対象会社の100％子会社ではない場合には，対象会社に対するデューデリジェンスの一環として，譲渡の対象となっている対象会社株式の処分に関する契約その他の合意が存在しないかを確認する必要があるほか，これが存在する場合にはその内容を確認の上，株式譲渡の実行前に当該第三者の同意を得るなどの手当をする必要がある。契約書上は，買主の義務の前提条件・売主の誓約事項として規定されることになる。

許認可などが必要となる場合（(iv)）としては，たとえば，対象会社が銀行や保険会社である場合等が考えられる。日本の銀行・保険会社に関しては主要株主規制があり，一定以上の議決権割合を取得するためには事前に内閣総理大臣の認可が必要となる（銀行業法52条の9，保険業法271条の10）からである。このような許認可の存在はデューデリジェンスの段階で判明しているのが通常であるが，表明保証の内容を検討する際に初めて判明することもありうる。判明した場合にはその取得が前提条件・誓約事項となることが多いのは他の場合と同様である。

(v)が対象とする政府機関への届出などとしては，株式を譲り受ける買主が行う，外為法に基づく対内直接投資についての届出，金商法に基づく大量保有報告書の提出などが典型的なものである。また，海外を含めた独占禁止法・競争法上の届出・報告（ファイリング）の手続および外為法・外資規制法上の届出手続，ならびにそれらに伴う当局の承認（クリアランス）なども典型例であるが，これらは，届出に加えて許認可（(iv)）にも関連する事項である。また，同様の義務は買主だけに課されるとは限らず，たとえば，非居住者である個人が非居住者となる以前から引き続き所有する株式を外国投資家に譲渡する場合には，対内直接投資に該当し，売主たる個人が外為法上の届出を行う義務を負う場合もある（外為法26条2項2号）。取引実行前に行われるべき届出などについては前提条件・誓約事項とされることが多いのは他の場合と同様であり，取引実行後に行われるべきものについてはクロージング後の誓約事項として定められることが多い。

> **コラム** 海外ファイリング

　クロスボーダー取引の場合や，海外子会社を有していたり海外向けの事業を行っていたりする対象会社を買収する場合には，買主が属する企業結合集団と対象会社および子会社からなる企業結合集団[46]（買主グループおよび対象会社グループ）が事業を行っている国・地域において，それぞれの競争法に基づきファイリング手続が要求される場合がある。

　この場合，まず，いずれの国・地域でファイリングを行う必要があるかどうかが問題となるが，買主グループや対象会社グループが事業を行っている全ての国・地域について，要否を調査すると膨大な作業・費用が生じてしまう可能性があるため，販売高が特に多い地域や競争法上のファイリングの要件が低い（すなわち，販売高・シェアが低くてもファイリングを要求されやすい）地域を中心に確認し，その他の国・地域については，簡易な確認にとどめるということもある。また，各国の法制によって，どのような情報を提出しなければならないかも異なるため，提出しなければならない情報の範囲を確認することも重要である。

　そして，ファイリングが必要な場合にもっとも重要であるのが，手続に要する期間である。特に，当局からのクリアランスを取得するまでに実質的な審査がなされることが予想される場合には，どの程度の期間が必要となるか現地の競争法弁護士に確認の上，取引の日程を組む必要がある。また，新たにグループ会社となることによって，競争法上問題があるとされる場合には，一部の事業を第三者に対して切り出すなどの問題解消措置をとる必要がある場合もあり，この場合にはクリアランスを得るまでに相当期間を要する可能性がある。

⑤　株式の帰属

　買主としては，株式譲渡契約に譲渡対象として記載されている株式が売主に帰属していることを表明保証の対象としてもらう必要があり，具体的には，売主が，当該株式に関して，以下に述べるような第三者に対して対抗可能な完全

---

[46] 通常は対象会社とその子会社のみからなる企業結合集団であり，その親会社や兄弟会社は含まれないが，株式の一部譲渡によって売主・買主による対象会社の共同支配（joint control）が生ずるような場合には，法域によっては親会社や兄弟会社も合算される場合がありうる。

な権利を有していることが表明保証の対象とされる。この点，株式の「所有」という言い方をすることもあるが，株式自体が株主権という権利（または法律関係の総体・地位）であり，これは所有権とは異なるため，株式の「帰属」という言い方をする方がより正確な面がある。

　第一に，最も基本的な「帰属」の部分について詳細に規定するとすれば，対象会社の株主名簿を添付して，当該株主名簿が対象会社の株主名簿の真正かつ正確な写しであり，売主は対象会社の株式○株を適法かつ有効に有し，かかる株式について唯一の株主であることが表明保証される。

　第二に，株式の帰属について対抗要件を具備していない場合には，二重譲渡などがあった場合に第三者にその帰属を主張できないことがあることから，対抗要件の具備が表明保証の対象となりうる。具体的には，譲渡対象株式について売主が対抗要件を具備している唯一の株主であることが表明保証される。

　第三に，売主が株式を保有していたとしても，当該株式に売主が質権を設定していたり当該株式が差し押さえられていたりすれば，買主は完全な株主としての権利を取得できないので，対象会社の株式には質権その他の担保権，譲渡の予約その他の担保類似の権利，裁判所による差押えもしくは仮処分，第三者からの権利主張やクレームその他の如何なる制限もしくは負担（これを「本負担」などと定義することもある）も付されておらず，売主は対象会社の株式に関する完全な権利を有していることが表明保証の対象とされることがある。また，これらの担保物権や差押えなどでなく，私人間の債権的な合意によって株式にかかる権利が制限されていても，同様に完全な権利を取得できない可能性がある。たとえば，対象会社と株主の間で株主は一定の場合には配当を受けられないことが約されてあったり，株主間で株主総会における議決権行使について拒否権の制限などが定められていたり，株主間で売却参加請求権（tag-along right），共同売却請求権（drag-along right），先買権（first refusal right）などが定められていたりした場合には，株式の譲渡自体が困難になる可能性があるほか，事実上これらの制約を引きつがなければならない可能性もある。そこで，買主としては，売主および対象会社が，対象会社の株主との間または株主

間で，株主間契約その他その名称を問わず株主としての権利の行使や株式の譲渡に関する契約を締結していないことも表明保証の対象とすることが望ましい。

　第四に，売買の対象となっている対象会社の株式の権利関係について紛争が生じているような場合には，上記のような表明保証を売主からもらったとしても，第三者に株式を奪われてしまう可能性があり，買主としては安心できない。そこで，買主としては，売買の対象となっている対象会社の株式の権利関係について，いかなる判決，命令，決定，または裁判上の和解も存在せず，訴訟，仲裁，調停または行政上の手続の係属その他いかなる紛争も発生しておらず，また，そのおそれもないことを表明保証してもらうことが望ましい。

(3) 設立・存続・株式に関する事項

　株式譲渡契約は売買契約であるから，売買の目的物が存在することが当然の前提となる。リンゴ1個の売買契約であれば両当事者が目でその存在を確認できるものの，売買の目的物が株式会社の株式である場合にはそれ程単純ではない。すなわち，売買の目的物は株式であるが，株式は，対象会社の持分であり，対象会社が存在しなければ株式が存在しても意味はない。また，株式は目に見えない法的な権利であるから，かかる法的な権利が存在することを確認する必要があり，また株券発行会社であれば株式は有価証券である株券に表章されているので，株券も存在していなければならない。そこで，買主としては，①対象会社，②株式，③株券（株券発行会社の場合）が適法・有効に存在していることの表明保証を求めることになる。また，これらに関連する事項として，対象会社の権利能力，行為能力などに加えて，取引実行に伴い対象会社に適用される法令の違反等が生じないことなども併せて表明保証の対象として求められることが多い。なお，対象会社の子会社・関係会社の株式については，対象会社の資産であることから資産に関する表明保証に含まれることもあるが，対象会社の株式に関する表明保証とあわせて同じ項目の中で規定されることも多い。

① 設立および法的に有効な存続等

　まず，対象会社が日本法（日本法以外の準拠法のもとで設立された場合は当該準拠法）のもとで適法に設立され，有効に存続する株式会社（またはその他の形式の法人）であることは，最も基本的な表明・保証事項の一つである。米国法など，設立準拠法によっては，「Good Standing」であることも基本的な表明・保証事項として加えられることもある（第1章2(1)およびコラム「Certificate of Good Standing」参照）。

　次に，現在対象会社が行っている事業を継続し，かつ現在対象会社が保有している資産を保有するために必要な権限および能力を有していることが表明保証されることもある。この表明保証は，会社の能力（capacity）の存在をカバーする趣旨であり，他の個別の表明保証（たとえば許認可や，定款の正確性）でも一部カバーできる部分もあるが，極めて基本的な事項であるため，規定されるものと言えよう。

　さらに，株式会社における最も基本的な内部規則である定款および株式会社の基本的事項が記載・証明されている全部事項証明書を添付して，当該定款が対象会社の定款の真正かつ正確な写しであり，当該全部事項証明書が対象会社にかかる登記事項を正確に反映した対象会社の全部事項証明書の真正かつ正確な写しであることが表明保証されることもある。これは，買主に開示されまたは買主が入手した全部事項証明書や定款が必ずしも最新のものではない可能性があるため，その後に登記や定款変更された事実がなく，かつ登記や定款変更する必要がある事実は生じていないことを確認する趣旨である。なお，対象会社の子会社または関係会社の数が多数に上る場合には，その全てについてこれらを添付するのは煩雑である場合も多く，その場合には対象となる会社の範囲を限定することもある。

　最後に，現在会社として存続していても近い将来清算されて消滅したり，管財人等に管理処分権限が移ってしまったりしては，売買の目的が達せられない。そこで，買主にとっては，対象会社に対して破産手続，会社更生手続，民事再生手続，特別清算その他これに類する倒産手続（外国法に基づく法的倒産手続

を含む）は開始されておらず，その申立もなされておらず，その開始の原因となる事実も存在しないことが表明保証の対象とされることが望ましい。最近は，私的整理の一つである事業再生ADRの開始も含める例も見られる。また，かかる倒産手続開始の前兆となるような，対象会社の財産または収入に対する差押え，仮差押え，仮処分，強制執行または競売，その申立やそのおそれもないことなども表明保証の対象とされることがある。

② 株　式

株式については，第一に，対象会社が発行している株式および発行可能な株式の種類と数が，もっとも基本的かつ重要な表明保証対象事項である。

第二に，将来第三者に新株が発行されるなどして買主の持分が希釈化してしまうことは買主の意図に反するので，買主としては，買主が把握しているもの以外にいかなる潜在的株式（新株予約権，対象会社に新株の発行を義務付ける契約など）も存在しないことも表明保証の対象とする必要があることになる。

第三に，売買の対象となっている株式が有効に存在することを裏付けるため，発行済株式は全て有効に発行され全額払込済みであることが表明保証の対象とされる。

第四に，前述のとおり対象会社の株式の帰属については売主に関する表明保証の項に規定されることもあるが，対象会社に関する表明保証の項においては，対象会社の子会社・関連会社の株式の帰属について規定されることがある。対象会社の子会社・関連会社の株式の帰属について表明保証される内容は，原則として対象会社の株式の帰属について表明保証される内容（(2)⑤参照）と同一であることが多い。

株券については，対象会社が株券発行会社であるか株券不発行会社であるかによって株式譲渡に必要な行為が異なるため，そのいずれであるかについて定款や全部事項証明書の正確性の表明保証でカバーされている事項であるにもかかわらず，基本的な事項として確認的に表明保証の対象とされることがある。株券発行会社の場合には，加えて，当該株式譲渡契約に基づき買主に譲渡され

る株券は，全て適法かつ有効に発行された真正な株券であり，これ以外に発行された対象会社の株券は存在しないことが表明保証の対象とされる。なお，株式譲渡契約上，「本株券」という定義語を作り，その定義を本株式を表章する真正な株券としたような場合は，本株券は真正であるという表明保証は「真正な株券は真正である。」という循環した内容になってしまうので，そうならない定義または表明保証の文言にする必要がある。

③ 取引実行に関する表明保証（法令，判決等にかかる違反）

売主・買主に関して，株式譲渡契約の締結，履行および実行が法令，内部手続または許認可等に違反しないことを表明保証したのと同様に，対象会社に関しても同様の表明保証がなされることが多い。具体的には，株式譲渡契約の締結もしくは履行または株式譲渡の実行が，対象会社について以下の各事由に該当しないことが表明保証される例が多い。

(i) 法令・規則など，裁判所・政府機関などの判決・命令・判断などまたは許認可の違反
(ii) 定款・社内規程の違反
(iii) 裁判所または政府機関の許認可，承諾，同意等を必要とする事由
(iv) 政府機関に対する届出，報告その他書類の提出を必要とする事由

これらは，株式譲渡の前提となる極めて基本的な事項であるため，対象会社に適用のあり得る事項について，極めて広範囲に規定されることが多く，かつ，対象会社の個別の事情を考慮せず，定型的に規定されることも多い。なお，当事者に関する表明保証と同様に，対象会社が当事者である契約に違反し，またはその債務不履行，解除事由，早期償還事由もしくは期限の利益喪失事由を構成しないことについてもここで規定されることもあるが，対象会社が当事者となる契約については，別個の項目とされることも多いことから，本書においても契約については別個の項目としている（(7)②参照）。これらの事項について

は、いずれも、一般的にはあまり違反が生じうる場面は多くないが、たとえば次のような状況が念頭におかれている。

　株式譲渡により、対象会社に適用がある法令に違反する可能性がある場合((i))の例としては、対象会社が電波法、放送法、航空法などに基づく許認可を有するために外資規制が適用される場合があげられる。たとえば、放送法116条は、上場会社である基幹放送事業者は、外国人等（外国政府、外国の法人、外国法人が一定以上の議決権を有する法人など）が一定以上の議決権を占めることになる場合には名義書換を拒むことができるとされている。航空法120条の2にも同趣旨の規定があり、名義書換を拒まれた場合には、当事者間での株式譲渡は有効になるものの、株式譲渡を対象会社に対抗することはできなくなってしまう。また、これらに違反した場合には、保有していた許認可を取り消されてしまう可能性もある。これらの違反が生じうる場面においては、契約上何らかの手当をすることによって対応することも難しいことから、そもそも取引を実行することが適切とはいえず、取引自体を断念せざるを得ない場合も多いであろう。また、許認可等に違反する場合（同じく(i)）としては、たとえば、対象会社が海外プロジェクトを担っている合弁会社であるような場合に、株主構成の変更がないことを政府から条件とされているような場合が考えられる。

　対象会社の定款違反((ii))が問題となりうる事態としては、譲渡対象株式が譲渡制限株式である場合に、株式譲渡に際して対象会社の承認が必要となるということが典型例である。しかしながら、通常は、誓約および取引実行条件として対象会社の承認を得ることが明記されることになり、この項目の違反が現実に問題となることは実務上まずないといってよい。その意味では、この項目はあくまで確認的な意味にとどまるといえる。

　許認可の取得や政府機関に対する届出が必要となる場合（(iii)および(iv)）としては、海外を含めた独占禁止法・競争法上の届出・報告（ファイリング）の手続および外為法・外資規制法上の届出手続、ならびにそれらに伴う当局の承認（クリアランス）などがあげられる（なお、これらの届出等は対象会社ではな

く買主の義務とされている場合も多いため，その詳細については当事者に関する表明保証の該当箇所である(2)④参照)。また，株式譲渡実行後に合併，会社分割，事業譲渡などを予定している場合には，何らかの手続が必要となる場合が多く，合併の場合については，いずれの当事者が存続会社となるかによって，許認可の承継となるか新規の許認可の取得になるかなど，手続が異なる場合もある。たとえば，電気通信事業法17条は，合併，会社分割，事業譲渡により電気通信事業の全部を承継した者は電気通信事業者としての地位を承継するとし，遅滞なくその旨を総務大臣に届け出なければならないとしている。この項目が表明保証に含まれていることにより，これらの政府機関等との関係で必要な手続が事前に特定され，クロージングおよびその後の事業運営を円滑に進めることが可能になる。表明保証の有する「情報開示を促進する機能」（2参照）の一例である。

(4) 会計・税務に関する事項

① 財務諸表・計算書類

対象会社の会計・税務に関する事項は，その内容が対象会社の企業価値の計算に直結するものであり，表明保証の中でも重要性が高いものの一つであるが，その中でも特に，財務諸表または計算書類については，買主が対象会社の企業価値を算定する上で依拠する資料の中でも最も基本的かつ重要なものである。

財務諸表と計算書類については混同されることも多いが，厳密には，財務諸表とは金融商品取引法に基づき提出される財務関係書類であり（財務諸表等規則1条1項），有価証券報告書を提出していないほとんどの非上場会社は計算書類（会社法435条2項・会社計算規則59条1項。財務諸表と異なり，キャッシュ・フロー計算書を含まない）のみを作成していることに注意が必要である[47]。

---

47 このように，財務諸表・計算書類はいずれも日本の法律で定義された用語であるため，対象会社やその子会社が日本国外の法人である場合の財務関係書類（financial statements）について規定する場合には，これらの用語に替えて「財務書類」のような法律上の定義が与えられていない用語を用いることも考えられる。

また，対象会社に子会社や関連会社がある場合には，連結の財務諸表または計算書類を表明保証の対象にする必要がないか検討する必要がある。連結財務諸表については，単体の財務諸表と同様に金融商品取引法に基づき提出される財務関係書類として定義されており（連結財務諸表規則1条1項），これが作成されている場合にはこれが表明保証の対象となるのが一般的であろう。一方，有価証券報告書提出義務を負う大会社として連結計算書類の作成が義務付けられている場合（会社法444条3項）を除き，会社法上の連結計算書類（会社法444条1項）が作成されている例は実務的には少なく，有価証券報告書提出義務を負わない非上場会社については，仮に連結の貸借対照表や損益計算書が作成されている場合であっても，事実上作成しているものに過ぎず，会社法等に基づく監査の手続を経ていないものである場合がある。このように監査を経ていない貸借対照表や損益計算書であっても，買主が対象会社の企業価値算定の基礎としたものである場合には，一定の表明保証の対象とすることがあるが，その場合には，監査を経ていないことに由来する一定の制約に服し，表明保証の内容も限定的にならざるを得ない場合もあろう。また，単体の財務諸表または計算書類しか作成されていない場合であって，子会社が多数ある場合には，各子会社の計算書類についても表明保証の対象にする必要がないか，検討する必要がある。

　財務諸表または計算書類については，直近の決算期に関するものは必ず表明保証の対象とされるが，それ以前の決算期のものについては表明保証の対象とされない場合もある。これは，過去の一時点における貸借対照表や過去の一定期間に関する損益計算書に誤りがあったとしても，その後の事業活動を反映した最新の貸借対照表や損益計算書が正確であれば，現時点における対象会社の財務状況や事業活動を分析する上では大きな支障がないことが理由であろう。もっとも，過去の各事業年度における売上高や利益の金額などの数値の推移が重要である場合（たとえば，過去の一定期間における利益の金額が企業価値算定の根拠として用いられているような場合が考えられる）には，直近の決算期に限らず，さらに昔の決算期に関する財務諸表または計算書類も表明保証の対

象とされる場合はありうる。

　直近の決算期に関する財務諸表または計算書類が作成された後に，新たに中間財務諸表や四半期財務諸表が作成されている場合には，その内容についても表明保証の対象とされることが多い。また，企業価値の算定の根拠となった貸借対照表や損益計算書が未監査のものであったり通常の会計基準とは異なる特殊な基準で作成したものであったりするような場合には，その貸借対照表や損益計算書についても表明保証の対象とされるのであれば，未監査であることや通常の会計基準に準拠していないことを踏まえて具体的な表明保証の内容を調整する必要が生ずることになる。特に，売主の事業の一部を譲渡対象とするいわゆるカーブアウト型の取引では，通常，売主がカーブアウト対象となる事業についての貸借対照表や損益計算書（カーブアウトBSやカーブアウトPLと呼ばれる）を作成するが，このようなカーブアウト計算書類は，その対象が独立した会社ではなく売主の事業の一部のみであるという性質上，会社単位での財務状態や業績を対象とする通常の会計基準に準拠して作成することはできず，監査の対象ともなり得ないという制約がある。他方で，買主にとってカーブアウト計算書類は対象事業の価値算定の基礎となる重要な資料であるため，その内容に関する売主の表明保証をどのように規定するかについては，売主がカーブアウト計算書類をどのように作成したかを踏まえ，適切な文言を調整する必要がある。

　財務諸表または計算書類に関する表明保証の具体的内容としては，正確かつ完全な写しが交付されていることに加えて，適切な会計原則に従って作成されていることや，内容が対象会社の財政状態および経営成績の結果を正確に表示していることなどが含まれることが多い。また，財務諸表や計算書類が対象会社の会計帳簿に従って作成されていることや，さらに進んでそれらの会計帳簿が正確であることも表明保証の対象とする場合もあるが，特に後者については財務諸表や計算書類の正確性とは別の独立した表明保証の対象とする必要性は低いとの判断から除外されることも多いと思われる。

　財務諸表または計算書類が正確であるという表明保証は，対象会社に関する

ありとあらゆる事象をカバーする可能性がある一方で，会計基準により記載不要な事実については記載されていなくても表明保証違反にならず，会計基準により認められている一定の誤差の範囲内であれば多少の誤りも許されているという意味で，キャッチ・オール規定としては限界があることには留意すべきであろう。

② 潜在債務等

　財務諸表または計算書類においては，基準日においてすでに発生して認識された債務は貸借対照表に記載されるほか，一定の潜在債務については注記の対象となる。しかしながら，基準日以降に対象会社が負担した債務については貸借対照表に記載されておらず，また，一定の潜在債務については仮に基準日の時点でこれを負担していたとしてもやはり記載されていないことになる。多額の潜在債務が取引実行後に顕在化した場合には買主に不測の損害をもたらす可能性があることから，基準日以降に負担した債務（通常業務から発生したものは除くことも多い）や潜在債務がないことについても表明保証の対象とすることが考えられる。もっとも，潜在債務についてはその範囲が明確ではなく，また，その時点で顕在化していない以上売主としても把握することが困難な場合も多く，これを表明保証の対象とするか否かは激しい交渉の対象となることが少なくない。

　また，保証債務は貸借対照表上に債務として記載されないとはいえ，保証契約は注記の対象として財務諸表または計算書類にその内容が記載されるのが通常であるが，第三者のための損失補填契約など，保証契約以外の契約であっても対象会社としては保証と同様の経済的効果を生ずる可能性がある契約は存在しうる。契約の締結の有無については対象会社により確認可能な事実であることから，仮に一般的に潜在債務を負担していないことを表明保証の対象としない場合であっても，保証契約などが存在しないことは表明保証の対象とされることも多い。

③ 後発事象

財務諸表または計算書類が作成された基準日以降に生じうる変化は新たな債務の負担に限られるものではない。したがって，基準日以降に対象会社に重大な悪影響を及ぼす可能性がある事象が存在しないことが表明保証の対象とされることがある。

何が重大な悪影響にあたるかは抽象的な概念であって明確な線引きが難しいが，かといって技術的にこれを回避する方法があるわけでもないこと，後発事象の取扱いについては表明保証と取引実行条件とを組み合わせることによって全体として検討すべきことは，それぞれ取引実行条件の項目ですでに述べたとおりである（第4章3(5)参照）。

④ 租　税

対象会社が過去支払ってきた税金について，未払いのものはなく，関連する各種申告書等が適切に提出されていることは，買主としては当然の前提としている事実であり，表明保証の対象とすることを強く希望することが多い。

税務当局による調査によって新たな問題が指摘される可能性など，取引実行後にはじめて顕在化するような問題の取扱いは問題となるが，買主の立場としては，期間損益が帰属しているはずの取引実行前の期間に関連する租税については，支払義務が取引実行後に判明したものであっても全額売主が負担するべきであると考える場合が多いであろう。この考えを徹底すると，取引実行前の期間に関連する租税債務について売主が買主を補償するいわゆるTax Indemnityの規定を設けるということになるが，日本における株式譲渡契約においては，（これを定める例はあるものの）一般的とまではいえないであろう。

なお，日本の租税債務は，その成立後，法人税のように納税者が申告を行うことにより確定するタイプのもの（国税については国税通則法16条1項1号）だけではなく，固定資産税のように課税庁の処分によって確定するもの（賦課課税。国税につき国税通則法同条1項2号，固定資産税につき地方税法364条1項・1条1項7号）や，源泉徴収税や印紙税のように特段の手続を経ること

なく自動的に確定するもの（国税通則法15条1項2号）が存在する。また，国税の源泉徴収や住民税等の地方税の特別徴収のように，納税義務者（一般的には租税債務を負担する者を意味し[48]，給与所得を受領する従業員がその典型である）以外の第三者（当該従業員の勤務先会社）に租税を徴収させ，これを課税主体に納付させる方法（徴収納付方式）がとられている場合もある。したがって，租税債務に関する表明保証の文言を検討する際には，たとえば「申告」や「納税義務者」と紐付けられた文言となっている場合には，申告によらずに自動確定する租税債務や，徴収納付方式の租税債務が存在することを踏まえて対象範囲を拡張することを検討する必要がある（なお，国税通則法上，「納税義務」という用語には，国税を納付する義務だけでなく源泉徴収による国税を徴収して国に納付する義務も含まれる（同法15条1項））。

(5) 人事に関する事項

人事労務に関する表明保証には，従業員に関する事項に加え，役員に関する事項が含まれることが多いが，その主眼は，従業員・役員に関連する潜在債務の不存在を担保する点にある。すなわち，人事に関する表明保証においては，対象会社が，従業員や役員との間の契約や労使関係に関連して，買主が把握している（すなわち，株式譲渡契約を締結するにあたって前提とされている）もの以外には債務を負担していないことがその対象とされることになる。

従業員との労働契約関係から発生する債務については，労働基準法をはじめとする強行法規の適用があるため，たとえば未払賃金債務のように，使用者側が関連法規の適用を誤っているためにその発生を認識していなかったり，抽象的には債務の発生を認識しているものの関連法規を具体的に適用していないために実際には支払が行われていなかったりするような債務が存在することが珍しくない，という特殊性がある。また，これらの潜在債務は，仮に従業員一人当たりの金額がそれほど大きくなかったとしても，対象会社が多数の従業員を

48　金子宏『租税法（第22版）』（弘文堂，2017年）148頁。

抱えている場合には，最終的に顕在化し支払いを余儀なくされた場合のインパクトが非常に大きいものとなる可能性がある。そのため，一定規模以上のM&A取引においては，人事労務に関する事項を法律上の問題点の中でも一つの重要な分野として位置づけ，デューデリジェンスによってこうした潜在債務の存否を調査するとともに，その結果を経済条件に反映させたり，表明保証においてその不存在を表明保証させることが少なくない。

さらに，人事労務に関する表明保証としては，こうした潜在債務の不存在に加え，労働組合との関係や従業員によるストライキの有無など，会社の円滑な運営への影響が大きい事項や，労使紛争といった潜在債務の発生に繋がり得る重要事項，コンプライアンス（労働関連法規を遵守していること）に関する事項，および年金・社会保険などに関する事項が表明保証の対象とされることがある。以下では，これらの各表明保証の内容について，①潜在債務，②労働組合との関係，③労使間の紛争，④コンプライアンスおよび⑤年金・社会保険の各項目に分けて若干の検討を行う。

①　潜在債務

人事労務に関する潜在債務について表明保証の対象とされる事項は，大きく，(i)労働契約などの内容として，買主がすでに把握している（すなわち，株式譲渡契約締結の前提となっている）以上の債務が含まれないこと，(ii)未払賃金のような発生済みの未払債務が存在しないこと，および(iii)労使関連の不法行為などに基づく損害賠償債務等が存在しないこと，の3点である。

まず，(i)については，対象会社が役員または従業員に対し労働契約などに基づき負担している債務として，買主がすでに把握しているものの内容を特定するところから始まる。その上で，買主は売主に対して，これらの債務以外の潜在債務が存在しないことの表明保証を要請することとなる。

対象会社と役員との間では，委任契約やこれに関連する契約が締結されることがある。これらの契約上の定めのうち，潜在債務という視点からは，特に，通常の報酬や退職関連給付に関する取決め以外の特殊な経済的給付に関する合

意が問題となる。たとえば，報酬が異常に高額になりうるような特殊なインセンティブプランや，いわゆるゴールデン・パラシュート（経営権の変更などに伴い退職する役員などに対して多額の割増退職慰労金などの経済的給付を行う旨の取決め）などがこれにあたる。こういった合意のうち，デューデリジェンスの過程において開示されたものを特定して例外とした上で（その影響は売買価格にあらかじめ反映することになろう），それ以外に同種の契約が存在しない旨が表明保証の対象として検討されることとなる。

　他方で，対象会社と従業員との間では，労働契約が締結され，その標準的な内容は，主として，雇用契約雛形，就業規則およびその付随規定，労使協定の内容によって構成され，労働基準法その他の労働関連法規の適用を受ける。潜在債務という視点からは，これらの標準的な労働契約内容と異なる経済的給付に関する合意（慣習も含まれる）の存在が問題となる。これを表明保証によりカバーする場合には，デューデリジェンスなどにおいて開示済の雇用契約雛形，就業規則およびその付随規定，ならびに労使協定などを特定した上で，それ以外の合意が存在しないことを表明保証の対象とすることにより，これらの開示済の合意によるもの以外には経済的給付にかかる債務が存在しないことを確認するということになる。

　次に，(ii)の未払債務および(iii)の損害賠償債務であるが，これらの債務については，そもそも存在しないことが株式譲渡契約締結の前提とされているのが通常である。したがって，端的には，これらの債務が存在しないことが表明保証の対象として検討されることになるが，これらの債務には，その発生原因や性質が多岐に亘るという特性がある。そのため，ある一定の原因事実に基づく未払債務が表明保証対象に含まれるかについての事後的な紛争を防止する観点や，表明保証が有する契約交渉過程での開示機能を生かし，ディスクロージャー・スケジュールなどの作成により事実の開示を促す（7(1)参照）という観点からは，単に未払債務や損害賠償債務の不存在を抽象的に表明保証対象とするよりも，具体的な種類や発生原因を明示した方が望ましい場合もある。そのような観点からは，たとえば，時間外，深夜または休日労働に対する基本賃金，割増

賃金についての未払債務の不存在，不当解雇に起因する未払賃金債務，損害賠償債務などの不存在，また，労災に関する損害賠償債務（労災補償保険のカバー範囲を超える損害についての損害賠償債務など）の不存在，といった事項を明示することが考えられる。

コラム　未払賃金の発生原因

　人事労務関係の潜在債務のうち特に問題となりやすいのが未払賃金債務であるが，一口に未払賃金債務といってもその発生原因は多種多様である。
　まず，典型的なものとしては，いわゆるサービス残業や始業前稼働に対する基本賃金・割増賃金の未払い，時間外，深夜または休日労働に対する割増賃金（労働基準法上および就業規則上定められている割増率に応じた割増賃金）の未払いなどがあげられる。
　これらの他にも，たとえば，不適切な労働時間制の適用または運用による賃金の未払いもしばしば見られる。すなわち，労働基準法上，一定の要件を充足する場合には使用者は変形労働時間制度や裁量労働時間制度を採用することが認められている（この結果として，たとえば，固定労働時間制度であれば時間外の割増賃金などを支払う必要が生じる稼働の一部について，これを支払わない取扱いを行うことができる場合がある）が，かかる一定要件を充足していないにもかかわらずこうした労働時間制を適用していたり，誤った労働基準法の解釈に基づいてこうした労働時間制を運用していたりする場合には，支払われるべき割増賃金などが未払賃金債務として存在している状態があり得る。
　また，いわゆる「名ばかり管理職」の問題に起因する賃金の未払いも典型的な未払賃金債務発生原因である。すなわち，使用者は，管理監督者に該当する従業員を労働時間や休日に関する労働基準法の規律対象外とし，たとえば時間外・休日労働の基本賃金・割増賃金の支払い対象外とすることができるが，その場合の管理監督者該当性の判断基準は，労働基準法や判例法理に合致している必要がある。この基準がこれらに合致せず不適法である場合，不適切に管理監督者として処遇され，本来支払われるべき上記各賃金の支払対象外とされた従業員について，これらの賃金が未払債務として存在している可能性がある。

② 労働組合との関係

　対象会社に労働組合が存在する場合，対象会社と労働組合との間には，主として労働条件や労使協議手続に関して様々な合意（労働協約や労使協定）が存在することが多い。買主としては，対象会社の株式譲受けに際して履践すべき労使間手続の合意があるような場合（たとえば，労働協約において，経営陣の変更が労働組合との事前協議事項として定められているような場合）や，株式譲受け後に企図している事業運営方針の変更などに際して履践すべき労使間手続の合意があるような場合には，特に労使間の協議は相当期間を要する可能性があることから，取引に先立ち十分な対策を講じておく必要がある。そこで，買主からは，すでに把握しているもの以外にこうした合意が存在しない点を担保するため，デューデリジェンス等において開示済みの労働協約等以外には労使間の合意や慣行は存在しないことを表明保証の対象として盛り込むことを要請することが多い。

③ 労使間の紛争

　労使間の紛争は，労働者が対象会社の業務遂行の担い手であることや，労働者側に団体行動権や団体交渉権が確保されていること（規約などを整備したいわゆる労働組合でなくとも一定の目的を有する自主的な労働者の団体であれば原則としてこれらの保護を受ける）などの特殊性もあって，対象会社の円滑な業務遂行を著しく阻害し，対象会社の企業価値を毀損するおそれがある。そこで，買主の立場からは，かかる労使紛争が現に存在しないことに加え，そういった紛争の原因となりうる事実や慣行自体の不存在を確認するため，過去の一定期間に遡ってストライキ，ピケッティング，業務停止，怠業その他類似の労働問題がなかったことを表明保証対象とすることを要請することが多い。また，対象会社にいわゆる正規の労働組合が存在しない場合には，労働組合やこれに類似する労働者団体が存在しないことを表明保証させることもある。

　使用者と従業員という労使関係においては，たとえば取引先と会社といった関係よりも，一般的に紛争が発生しやすく，また，こうした紛争は一般的に和

解にて終結する場合が多いという特殊性がある。実際に紛争が発生した場合には，当該紛争に敗訴した場合に発生する損害のみならず，和解にて終結した場合の損害や，勝訴した場合であっても紛争そのものに対応するための費用が損害として発生することとなる。そのため，買主としては，表明保証時点で発生している紛争に起因する損害はもちろんのこと，その時点で顕在化していない潜在的な紛争の火種について，それらが顕在化した場合のリスクを売主にも分担させるべく，表明保証の内容を定めておくことを望むであろう。

表明保証の内容としては，労使紛争の不存在と，労使紛争の原因になりうる事実の不存在を盛り込んでいくこととなるが，労使紛争の概念にどの程度予備軍的な紛争を盛り込んでいくかという点とともに，原因となりうる事実について，たとえば，解雇，セクハラ，パワハラ，メンタルヘルス上の問題による休職等，具体的な事実の不存在をどの程度盛り込んでいくかといった点を，事案に応じて検討して行くことになろう。また，労使紛争については，和解にて終結させることが合理的である場合が少なからず存在することから，和解終結させた場合にも合理的な補償を得ることができるよう，補償条項における損害の範囲に関する規定も含めてドラフティング上の工夫を行うことも検討すべきであろう。

④ コンプライアンス

法令遵守は，労働関連法規に限らず，全ての法令について問題となる事項である。そのため，労働関連法規の法令遵守に関する表明保証についても，これについて別個に項目を立てて表明保証対象とすることはせず，一般的な法令の遵守に関する表明保証に含めて取り扱うこともある。もっとも，会社の人事労務に関連する労働関連法規には，労働基準法およびその関連法令に始まり，職業安定法やいわゆる労働者派遣法などの労働力の供受給に関する法令，労働安全衛生法，高齢者等や障害者の雇用に関する法律，雇用保険法その他の社会保険に関する法令から確定拠出年金法などの年金に関する法令に至るまで，広い領域に亘る多様な法令が含まれるほか，平成30年に成立した働き方改革を推進

するための関係法律の整備に関する法律（いわゆる働き方改革法）も含まれる。そのため，未払賃金などについて上記①で検討したのと同様に，ある一定の法令違反が表明保証対象に含まれるかについての事後的な紛争を防止する観点や，ディスクロージャー・スケジュールなどによる開示を促す（表明保証が有する契約交渉過程における開示機能を生かす）という観点からは，労働関連法規の遵守を個別に表明保証対象として盛り込んでおく方が望ましい場合がある。

労働関連法規のコンプライアンス違反には，いくつか特殊な問題がある。まず，労働関連のコンプライアンス上の問題については，最終的に法令違反に該当するか否か・その結果潜在債務が存在するか否かの判断が個別具体的な事実関係に左右されやすく，行政機関の判断や裁判所による最終判断の予測が困難である場合が多いという点がある。したがって，仮に株式譲渡契約締結時点において違反となりうる事実が判明していた場合であっても，最終的に違反ではなかったと判断される可能性も十分あるような場合には，売主に改善措置を取らせるのは困難である場合も少なくない。

また，労働関連法規違反については，労働基準監督署や労働局などの行政機関による関与の頻度が比較的高く，こうした所轄行政機関による是正勧告が実務上重く受け止められている，という点も特徴的である。仮に最後まで争えば法令違反ではないとの裁判所の最終判断が得られる可能性があるとしても，こうした行政機関の勧告などを受けた場合，上記のように裁判所の最終判断の予測が困難であるという事情も手伝って，これに応じて安全サイドにたった保守的な対応を行うことが多く，これらの対応に伴って相応のコストが発生する可能性が高い。したがって，労働関連法規のコンプライアンスの問題については，法令違反に該当するか否かについての裁判所の最終判断を得ない状態で損害が発生する可能性がある。このような場合には，単に法令に違反していない旨の表明保証条項があったとしても，かかるコストについての補償を求める過程で，そもそも表明保証違反に該当する法令違反があったか否か，という点が争点となり，その立証を強いられる可能性がある。

加えて，こうした労働関連法規に関するコンプライアンスが株式譲渡後に問

題となる場合には，クロージング時といった表明保証時点ではなく，当該勧告等の時点における事実関係が問題とされることが多い，という問題がある。株式譲渡と同時に対象会社は買主の支配下に移るため，一般的には支配権移転後に新たに生じた事実関係についての責任は買主にあると言わざるを得ないが，支配権移転後に新たに判明した事実関係のうち，支配権移転前に生じたといえる事実がどの部分かは特定が困難なことも多い。したがって，表明保証において一定の「おそれ」などを問題とすることによって，潜在債務の問題として過去の違反状態の責任を追及する方法を取らない限り，買主が売主に対してその責任負担を求めるのは難しい面がある。

　こうした特殊性を考えると，労働関連法規違反についてのリスク分担を実効的に行うには，労働関連法規違反判明時の特別補償を定めることも検討に値するが，法令違反に関する特別補償規定を設けること自体が法令違反が存在することの「自白」と解されてしまう場合もあるため，買主が売主に対してそのような対応を要請することは困難な場合が少なくないことに注意が必要であろう。

⑤　年金・社会保険

　年金・社会保険も，広い意味では人事に関連した制度であり，他の人事関係の事項と同じ項目においてカバーされることが多い。表明保証の対象となるのは，対象会社が支払うべき掛金などについて全て支払いがなされていること（未払いがないこと）や，従業員に対する支払いからの源泉徴収などが適切になされていることなどである。年金については年金資産の積立不足なども問題となりうるが，事柄の性質上不足金額を正確に算定することが必ずしも容易ではないうえ，これが顕在化するのはかなり遠い将来であることも多いことから，積立不足について特別な表明保証がおかれる例は必ずしも多くない。この点について懸念が大きい場合には，デューデリジェンスの段階でアクチュアリ（保険数理士）などに年金資産の評価について検討させたうえで，これを買収価格に織り込むといった対応が考えられるところである。

(6) 保有資産の権利関係に関する事項

　対象会社が保有する資産については，その資産の類型ごとに表明保証の内容が異なることから，不動産，動産，知的財産権，売掛金債権など資産の類型に応じた表明保証の条項を設けることが少なくない。特に知的財産権については，表明保証の内容について特段の配慮をする必要があることから，対象会社の事業において知的財産権が重要となる場合には，知的財産権については別途の表明保証が設けられることも多い。買主として，株式譲渡契約において，どの資産類型について詳細な個別の表明保証条項を求めるか，あるいは，いずれの資産類型については個別の表明保証条項を省略したり簡易な表明保証のみを求めたりするかは，対象会社が行っている事業の内容に応じても異なってくる。たとえば，対象会社が製造業を行っており，重要な工場を有しているような場合には，工場敷地・建物などの不動産，工場で使用される設備・備品などの動産，さらに場合によっては製造工程で実施される特許を中心とする知的財産権などの表明保証が，保有資産に関する表明保証として特に重要になると思われる。これに対して，対象会社が特段製造施設や設備を保有せずに，ソフトウェアなどの開発を行うIT関連事業を行っている場合には，通常は不動産や動産についての表明保証の重要度は低く，むしろ著作権を中心とする知的財産権について詳細な表明保証が検討されることが多いであろう。

① 保有資産

　はじめに，対象会社が保有する有形資産および無形資産[49]を対象とする表明保証について検討する。保有資産に関する表明保証は，一般に，株式譲渡実行後も，対象会社が従前と同様にその使用または保有している資産によって事業を継続できることを確認すること，また，資産価値の高い資産については，か

---

[49] 株式譲渡契約上一般的に用いられる「有形資産」や「無形資産」という表現は，必ずしも対象会社の財務諸表や計算書類に計上されているか否かという概念とは関係がないと考えられる。

かる資産価値が毀損されていないことを確認することを主たる目的としていることが多い。この点，表明保証の対象について，網羅的に対象会社が保有または使用する一切の有形資産または無形資産とすることも考えられるが，ここまで対象を広げると対象会社が事業上使用していない些末な遊休資産まで対象となってしまい，売主において表明保証の例外が存在しないかを確認する負担が過度に大きくなってしまうこと，また，上記表明保証の目的に照らせば，通常は対象会社が事業遂行のために使用または保有している資産のみを対象とすれば足りると考えられることから，実務上は，「対象会社が事業の遂行のために使用または保有している有形または無形資産」などのように対象を限定して規定されることが多いように思われる。

具体的には，(a)表明保証の対象となる有形資産および無形資産について，対象会社が有効かつ対抗要件のある所有権，賃借権その他の使用権限を有していること（完全な権利または使用権限）[50]，また，(b)これらの資産に設定されている担保権その他の負担が存在しないこと（負担の不存在）の表明保証が求められることが多い。さらに，有形資産については，上記に加えて，(c)使用にあたっての制約・負担となるような瑕疵が存在しないこと（瑕疵の不存在）が規定されることもある。かかる有形資産または無形資産について，第三者との間で訴訟や紛争が係属していないこと（紛争の不存在）という点も問題となるが，これについては，訴訟・紛争にかかる表明保証の条項によって対応することが多いと思われる。

上記(b)の負担の不存在との関係で，一定の資産に担保権の設定などの負担がある場合には，これらは表明保証の例外として列挙されることになる。なお，

---

50 保有資産にかかる表明保証として，対象会社が事業遂行のために必要となる資産を全て所有しているか，または使用権限を有していること，という包括的な表明保証が設けられることもある。このような表明保証は，all assets repやsufficiency repなどと呼ばれ，特にカーブアウト型の取引では買主側のニーズが強い事項である。このような要請に対し，カーブアウト型の取引の売主としては，仮にこの種の表明保証を受け入れるとしても，対象会社の事業遂行に必要な資産全般を表明保証の対象とするのではなく，カーブアウト前に売主が所有し，または使用権限を有していた資産に対象を限定することを求めることが考えられる。

動産先取特権などは，対象会社が一定の商品の仕入取引などを行うと，法律上当然に当該商品について成立してしまうことになり，例外として個別に列挙することは困難であることから，このような場合に対処するために，たとえば法定の先取特権を包括的に例外として除外するような対応がなされる例も見られる。

　表明保証の内容の重複・整理の観点から，個別の表明保証項目で対応される保有資産は上記の包括的な表明保証の対象から除外される例が多く，たとえば，不動産について個別の表明保証が設けられる場合には，この包括的な表明保証の対象となる有形資産から不動産が除外される例が多いということになる。

② **不動産**
　対象会社が不動産を保有している場合には，不動産は資産全体の中でも一般に資産価値が高いことが多く，また，それが事業に使用されている場合には事業遂行にあたってのインフラとしての重要度も高いことから，買主から売主に対して，不動産について個別に詳細な表明保証を求めることが多い。また，このような不動産の資産としての重要性に鑑みて，表明保証の条項においては，表明保証の対象となる対象会社が所有または使用している不動産を具体的に特定することが多く，たとえば，対象となる不動産については，対象会社が所有している不動産と，対象会社が第三者から賃借その他使用権限を得ている不動産とに分けて，それぞれについて不動産を特定してリスト化したうえで定義される例が見られる。

　不動産の表明保証における主なポイントは，表明保証の対象となる不動産について，(a)対象会社が有効かつ対抗要件のある所有権・賃借権を有していること（完全な権利または使用権限），(b)第三者の賃借権その他の利用権，抵当権その他の担保権，裁判所による差押えや仮処分など，制約や負担が存在しないこと（負担の不存在），(c)隣接地の所有者，占有者その他第三者との間で訴訟や紛争が係属していないこと（紛争の不存在）[51]，また，(d)使用にあたっての制約・負担となるような法令上の瑕疵を含む瑕疵が存在しないこと（瑕疵の不存

在）などがあげられる。かかる表明保証によって，不動産の資産としての価値があることの確認がなされるという側面もあるが，それ以上に，対象会社が事業において使用している不動産について，株式譲渡実行以降も，瑕疵の治癒，権限の確保・保全その他何らの手続を経ることなく，従前と同様の形態・態様で引き続き使用継続することができることを確認することに意義がある。買主としては，基本的に上記のポイントをカバーするように表明保証を求めていくことになると考えられるが，この点は，対象会社の事業にとっての不動産の重要性（たとえば，ホテルや百貨店などの使用している不動産においてサービスが提供されていたり，または，メーカーなど自社工場において製品を製造していたりするようなケースでは，一般に不動産の重要度が高いと言える），デューデリジェンスにおいて不動産のいずれかのポイントについて具体的な懸念を有するものがあったか（たとえば，デューデリジェンスの結果，隣地との境界について懸念を持ったときは，表明保証においても境界の確定や紛争がないことについて詳細な表明保証を設けることを求めると思われる）など，個別の事情に応じて具体的な表明保証の内容や範囲が検討されることになる。

なお，不動産については環境汚染などの環境リスクも問題となる可能性があるが，これについては別途独立した環境にかかる表明保証条項で対応されることが多い。環境についての表明保証については，(8)⑤を参照いただきたい。

③ 知的財産権

知的財産権は一般に無形資産の中に含まれているものの，対象会社が事業を遂行するうえで重要な知的財産権を保有している場合，知的財産権を巡る訴訟・紛争によって事業に重大な影響が生じる可能性がある場合，その他対象会

---

51 不動産にかかる訴訟・紛争の不存在については，一般的な訴訟・紛争にかかる表明保証条項のみによって対応するのではなく，不動産の表明保証の条項においても規定されることが少なくない。表明保証の内容としては重複する部分もあるが，不動産については，隣地所有者や占有者との間の紛争・クレームなど不動産固有の紛争について明記することによって表明保証の内容を明確化させることができ，また，不動産の資産としての重要性も高いことから，上記のような対応がとられていると思われる。

社の事業において知的財産権の重要性が高い場合には，買主から売主に対して一般的な資産にかかる表明保証とは別に，知的財産権にかかる表明保証を独立して設けるよう求めることが多い。

この表明保証も，株式譲渡実行後も対象会社が従前と同様にその使用または保有している知的財産権を使用して事業を継続できることを確認することに一番の目的がある。そのため，表明保証において対象とする知的財産権の範囲は対象会社が事業活動において実際使用している知的財産権の内容・種類によっても異なるものの，買主としては，「特許，意匠，実用新案，商標，著作権」といった法令上の権利に限らず，これに加えて「ドメイン・ネーム，技術，ノウハウ，コンピューター・プログラム」など事業において使用する財産的価値のある情報を広く対象として，これをもって表明保証における「知的財産権」とするように求めることになるであろう。他方で，このように財産的価値のある情報を広く対象とすると表明保証の対象が広がりすぎることから，上記「①保有資産」についての表明保証で述べたのと同様に知的財産権についても，実務上は，「対象会社が事業の遂行のために使用または利用している知的財産権」という形で，事業遂行に使用されている範囲で限定されることも少なくない。

知的財産権の表明保証における主なポイントは，(a)表明保証の対象となる知的財産権について，対象会社が有効に保有しているか，または，適切な権利者から適法に利用許諾などを得ていること（利用または使用権限），(b)表明保証の対象となる知的財産権について，質権その他の担保権，裁判所による差押えや仮処分など，制約や負担が存在しないこと（負担の不存在），(c)対象会社が事業遂行に際して第三者の知的財産権の侵害などをしていないこと（第三者の知的財産権侵害等の不存在），また，(d)対象会社の知的財産権について，第三者による侵害，登録無効等の手続が存在しないこと（第三者による知的財産権侵害等の不存在）である[52]。

表明保証の具体的な文言を作成するにあたっては，知的財産権を「所有」するという概念は誤りなので，知的財産権については「保有」するという表現を使用することや，特許や商標など知的財産権の対象に応じて「使用」や「利

用」など適切な表現を用いること（たとえば，特許の「実施」は非常に広い概念である）などに留意するべきである。また，同様に表現の問題として，「対象会社は，自らの知的財産権の使用又は利用により第三者の知的財産権を侵害していない」という表明保証が規定される例も見られるが，これでは侵害の有無を判断する対象となる行為が「自らの知的財産権の使用又は利用」のみに限定されている点で表明保証の範囲が狭くなってしまうことから，買主としては，対象会社の行為全般（全ての事業活動）が第三者の知的財産権を侵害していない，という表現にする方が望ましいということになろう。また，「対象会社の保有する知的財産権は全て有効である」という表明保証が規定される例も見られるが，実務上は，売主にとって知的財産権が有効であるという非常に広汎な表明保証をすることは難しい場合も少なくないため，そのような場合には「対象会社の保有する知的財産権について，登録の取消，権利の帰属若しくは使用権限を争う手続は開始されていない」というように手続に着目した表明保証になることもある。

　また，知的財産権にかかるリスクとして，たとえ対象会社が知的財産権を何らの負担なく使用・利用する権限を有しているとしても，当該知的財産権について第三者に対して金銭支払の義務を負っている可能性があるという点がある。対象会社によっては，知的財産権を開発した対象会社の役職員に対する職務発明の譲渡対価，報奨金などの支払義務や，知的財産権の譲渡や使用許諾を受けた第三者に対する未払の譲渡対価や使用料が問題となることもあり，そのような場合にはかかるリスクに対応するために，(e)知的財産権に関して，役職員そ

52　第三者の知的財産権侵害等の不存在および第三者による知的財産権侵害等の不存在については，いずれも，一般的な訴訟・紛争にかかる表明保証条項のみによって対応するのではなく，知的財産権に関する表明保証の条項においても規定されることが多い。表明保証の内容としては重複する部分もあるが，知的財産権について問題となる紛争は，第三者の知的財産権の侵害やこれとの抵触，第三者による対象会社が保有する知的財産権の侵害，登録無効等の手続開始であって，かかる知的財産権に固有の紛争について具体的に明記することによって表明保証の内容を明確化することができ，また，知的財産権にかかる訴訟・紛争が対象会社の事業遂行に与える影響は重大であることから，上記のような対応がとられていると思われる。

の他第三者に対して，譲渡代金，ライセンス料，職務発明の譲渡対価や報奨金その他の金銭の支払義務を負っていないこと（第三者への支払義務の不存在）が表明保証されることもある。

④ 保　険

　一般に会社が事業を行っていくと，火災その他の事故によって会社の保有する資産に毀損が生じたり，事業上の損害が生じたりする可能性があるし，また，会社が顧客，取引先その他第三者に対して損害賠償責任や費用の出捐をすることが必要となる可能性もある。かかる将来のリスクに対応するために，火災保険，運送保険，生産物賠償責任保険（PL保険）その他事業に合わせた様々な保険に加入していることがある。デューデリジェンスにおいても，対象会社が加入している保険の内容を検討して，将来のリスクについて保険によってどのように対応がなされているかが確認されることが多い。

　そして，買主としては，これに加えて，株式譲渡契約締結までに買主が確認した保険契約について対象会社が有効に契約を締結していること，また，保険契約の解除事由や免責事由が発生していないことの表明保証を求めて，これによって株式譲渡実行後も買主が把握しているとおりの条件・内容の保険によって将来の対象会社事業のリスク対応がなされていることの確認をしようとすることがある。上記の場合，具体的には，対象会社が購入している保険契約を特定してリスト化して，かかるリスト化された保険契約が，対象会社が購入した効力を有する全ての保険契約であること，また，かかる保険契約について，債務不履行や免責事由は発生していないことが表明保証の対象として求められることになる。

　上記に加えて，買主から売主に対して，対象会社が購入している保険契約の内容・範囲が十分であることについて表明保証を求めることもあり，たとえば，対象会社が購入している保険契約は，一般的な業界慣行や対象会社の過去の事故履歴等に照らして，対象会社の事業・資産を火災その他の危険から保護するために合理的に必要とされるものである，という表明保証が規定されることも

ある。この点，対象会社が実際に購入している保険契約の内容がデューデリジェンスの結果明らかであれば，その内容・範囲が十分であるかの評価は買主において独自に行うべきという議論もあると思われるが，他方で，買主が対象会社の属する業界において一般的な保険の水準を把握していないときもあるし，また，対象会社の過去の事故履歴などに照らして特に保険によって対応されるべきリスクなどもあると思われることから，規定することに一定の合理性がある場合もあるであろう。

⑤ 子会社等

対象会社に子会社，関連会社などのグループ会社が存在する場合には，買主から売主に対して，かかる資本関係の内容について表明保証を求めることがあり，具体的には，対象会社の子会社，関連会社などのグループ会社間の資本関係が具体的に記載されたうえで，かかる資本関係の内容が正しいこと（対象会社はかかる子会社など以外の株式や持分を保有していないことの確認を含む[53]）の表明保証がなされることがある。また，この場合には，対象会社またはその子会社などが保有する対象会社グループに属する会社の株式については，これが適法かつ有効に発行されており，対抗要件も具備されていること，他の株主との間で株主間契約が締結されていないこと，質権などの担保権や仮差押・仮処分などの負担がないことまで表明保証されることもある。さらに，子会社などが新株予約権などの潜在株式を第三者に発行していると，株式譲渡実行後にかかる潜在株式の発行によって，対象会社の子会社などの資本関係に変動が生じる可能性もあるので，かかる潜在株式が発行・付与されていないことの表明保証が求められることもある。

⑥ その他（売掛金債権・在庫）

対象会社の事業内容・形態によっては，対象会社が有する売掛金債権がその

---

53 なお，対象会社が子会社等の株式以外で投資有価証券を保有している場合もあるが，その場合にはかかる投資有価証券は除外されることになるであろう。

資産価値全体において重要な割合を占めている場合があり、その場合には、回収期間や債務者の信用状況によっては売掛金債権の回収リスクが大きいことがある。このような場合、一般的には売掛金債権の回収リスクについては、財務デューデリジェンスにおいても調査され、適切な引当金処理がなされているかなどの検討が行われることが多いと思われるが、これに加えて、株式譲渡契約において、買主から売主に対して、売掛金債権の回収リスクについては基本的に売主が負担することを求めることもある。具体的には、売主に対して、売主が有する売掛金債権はいずれもその条件にしたがってその全額が対象会社の通常の営業の過程で回収することができるものであること、かかる売掛金債権について、抗弁権、相殺権その他その行使を制限するような抗弁が存在しないという表明保証を求めることになる[54]。なお、売主が実際に引当金計上などの会計処理をしている範囲で売掛金債権の回収不能が生じたとしても、これについては表明保証の例外とされることもあり、かかる場合には表明保証において引当金の計上などの会計処理がなされている範囲で例外を設けることになる。なお、上記の表明保証の対象とする売掛金債権の範囲については、対象会社が有する一切の売掛金債権とするのではなく、たとえば、一定金額以上の売掛金債権に限定したり、上位取引先に対して有する売掛金債権に限定したりするなど、一定の限定がなされることもある。いずれにせよ、売主からみれば全くの第三者である対象会社の取引先の与信リスクを負うことになるため、売掛債権の回収可能性に関する表明保証については売主が強く抵抗する場合も多い。

　対象会社の事業内容・形態によっては、対象会社が事業上一定の在庫を有することになり、かかる在庫がその資産価値全体において重要な割合を占めている場合もある。このような場合において、在庫が通常どおり販売されるために必要な品質などを維持していないときに、かかる在庫が資産として過大評価されてしまっているリスクがある。この点については、通常は財務デューデリ

---

[54] 売主の資金調達などファイナンスの状況や売掛金債権の保有状況を正確に把握する目的で、対象会社の売掛金債権についてファクタリング取引や証券化取引が行われていないことという表明保証が規定されることもある。

ジェンスにおいて，在庫の評価や会計処理についての調査がなされると思われるが，全ての在庫について網羅的に調査・確認を行うことは困難である。そこで，買主としてこの点のリスクに対応するために，対象会社が有する在庫は通常の営業過程で販売するために必要十分な品質・量を備えており，経年等による品質劣化，陳腐化は存在しないこと，一般に市場において販売可能な程度の商品適格性を有していること，集合動産担保など担保権が設定されていないことなどの表明保証を求めることがある。この点については，在庫の評価や会計処理の方法によっては，対象会社の財務諸表が一般に公正妥当と認められる会計原則に従って作成されているとは言えないと評価でき，その結果，財務諸表に関する表明保証の違反に該当する場合もあると思われるが，買主の立場からすると，対象会社の在庫の評価について具体的に懸念を有しているのであれば，財務諸表に関する表明保証のような包括的な規定ではなく，別途在庫に関する個別の表明保証の規定によって対応することを検討することになるであろう。

(7) 契約に関する事項

　対象会社が締結している契約は，その事業に関する取引先との契約から，金銭消費貸借契約，業務提携契約，リース契約，ライセンス契約，従業員との契約，過去のM＆A取引に関する契約など，多岐に亘る。たとえばライセンス契約を知的財産権という観点から別個の項目において表明保証の対象とするなど，一定の種類の契約については必要に応じて契約一般とは別の項目においてより詳細な表明保証条項が定められることがあるが，そのような特殊な取扱いをするべき事情がない契約については，買主が問題とすべきポイントは大きく4つあり，①事業の遂行のために必要な重要契約が有効に存続しているか否か，②取引実行の障害となり得る契約が存在しないか，③取引実行後の対象会社の事業遂行の障害となり得る契約が存在しないか，そして④対象会社が契約に関連する潜在債務を負担していないか，がそのポイントとなる。

① 重要契約の有効な存続

　対象会社の規模次第ではあるが，その締結している契約は多数に上る可能性がある。そのような場合には，契約の内容も多岐に亘る上，重要性も様々であると考えられることから，契約に関する表明保証の項目のうち，重要契約の存続については，まず何が重要契約か（対象会社の事業の遂行のために必要な契約はどれか）を特定することが出発点となる。重要契約の定義は案件ごとに異なるが，一般的には，対象会社が行っている事業の継続にとって必要性が高かったり代替性が限定されていたりする契約や，その契約において想定されている取引金額が大きい契約など，その終了や条件変更が対象会社の財務や事業の経営状況などに相当程度の影響を及ぼし得る契約を含むことが多い。具体的には，契約の種類ごとに一定の基準，たとえば金額基準や年間取引高上位10位までの取引先といった基準を設けて詳細な定義を設ける例も少なくない。また，ある契約が重要契約に含まれるかどうかの事後的な紛争を回避するといった観点や，表明保証が情報開示を促す機能（2参照）に実効性を持たせるという観点から，株式譲渡契約の別紙として，重要契約の全部または一部を個別具体的にリストアップすることにより特定するという方法が取られることもある。

　そのうえで，重要契約については，そもそも有効に締結されており，かつ，相手方に対し，最終的に債務名義の取得・執行が可能な義務の発生根拠となっている点を確認する表明保証がおかれることが多く，具体的には，重要契約について「適法に締結され有効に存続しており，その規定にしたがって相手方に対してその履行を強制することができる」といった文言が買主から要請される例が多い。

　また，重要契約については，仮に有効に締結されていたとしても解除などの理由により終了していては意味がないことから，契約の終了事由，更新拒絶や解除事由，債務不履行，期限の利益喪失事由が発生していないことも表明保証の対象とすることが要請されることが多い。ただし，これらの事由のうち，対象会社ではなく契約の相手方に生じている事由については，売主および対象会社としては把握することが不可能または困難であることから，「知る限り」の

限定の対象となることを売主が求めて交渉されることも多いが，仮に「知る限り」の限定が加えられる場合であっても，契約の相手方からこれらの事由についての通知や主張がなされていないという点については限定なしに表明保証の対象とされることが多いであろう。

なお，これらの事由の中には，たとえば，一定の事象の発生に加えてある当事者が相手方当事者に対して通知した上で所定の催告期間が経過して初めて解除の効力が生ずるものなど，一定の事象の発生のみでは直ちに解除事由や期限の利益喪失事由が発生していることにはならないものも含まれている可能性がある。また，「重大な悪影響」など，解除事由や期限の利益喪失事由が発生しているか否かの判断が明確にはしづらい事由が含まれていることも多い。これらの問題に対応するため，解除事由や期限の利益喪失事由などについては，たとえば「通知，時間の経過又はその両方によりこれらの事由に該当することとなる事由を含む」旨を明示しておくことや，これらの事由が発生する「おそれ」がないことにまで表明保証の範囲を拡大することもある。

② **取引実行の障害となり得る契約**

対象会社が当事者となっている契約の中には，対象会社の大株主の変更が生じたことや，対象会社の経営体制に重大な変更が生じたことなどの事由を，解除権発生事由として定めていたり，そもそも承諾なしに行うことを禁止していたりするものが含まれている可能性がある。こうしたいわゆるチェンジ・オブ・コントロール条項が存在する場合，取引実行によって当該契約が影響を受けないよう適切な措置を講じ，また，必要に応じて何らかの影響が生じた場合のリスク負担に関する条項を定めておく必要がある。そこで，買主としては，チェンジ・オブ・コントロール条項が含まれている契約が存在しない点を表明保証によって担保し，かかる条項を含む契約については別紙に列挙した上で同表明保証対象からは除外しつつ，コベナンツとして必要な措置を定める（第4章3(7)③参照）ことなどを要請していくこととなる。

チェンジ・オブ・コントロール条項の内容は様々であり，たとえば，経営や

財務状況に重大な影響を及ぼし得る事由の発生といったように，その内容が曖昧であり，取引実行がこれに該当するか否かが一義的に明確でないものも多い。また，取引に先立ち事前に通知すべき義務を定める条項については一般的にはチェンジ・オブ・コントロール条項とは呼ばないのが通常であるが，このような通知義務についても対象会社に適切に履行させる必要がある。そのため，買主の立場としては，表明保証の具体的内容として，チェンジ・オブ・コントロール条項の内容を詳細に定義するか，または表明保証そのものの条項の記載を工夫し，取引実行が解除事由や債務不履行事由を構成する契約や取引実行によって通知義務等が発生する契約が存在しないことなどを表明保証の対象とすべきということになろう。

なお，取引実行の障害となる契約については，契約自体の重要性にかかわらずその存在自体が重大な問題であるという考えに基づき，重要契約に限定せずに表明保証の対象とされることもある。しかしながら，一方で，重要でない契約であれば解除や債務不履行が生じても重大な問題にはならないという考え方に基づいて，重要契約に限定した上で表明保証の対象とする例も少なくない。

③ 取引実行後の対象会社の事業遂行の障害となり得る契約

取引実行後の対象会社の事業遂行の障害となり得る契約条項としては，一定の事業にかかる競業禁止に関する合意（たとえば過去の事業譲渡その他のM&A取引に伴う契約上の競業避止義務），一定の取引の禁止や制限に関する合意，独占的権利を付与する旨の合意，および一定の財産の使用が義務付けられる合意その他の行為の制約に関する合意などが掲げられる。これらの義務は，取引実行後の対象会社の事業経営に大きな支障をきたす可能性があることから，買主としては，重要性の如何にかかわらずその全てを別紙に特定した上で，別紙に記載されたもの以外にかかる義務は一切存在しない，という形の表明保証条項を求めることもある。

④ 契約に関連する潜在債務

　表明保証時点においては顕在化していないものの，一定の条件等が充足された場合に対象会社に多額の支払義務が発生する根拠となり得る条項，たとえば，過去のM＆A取引における売主としての表明保証，製品保証，不動産や株式の買い戻し義務，株式のプットオプション行使に応じて株式を買い取る義務などの条項は，対象会社に多額の支払義務を生じさせる根拠となり得る。これらの条項については，潜在債務の不存在についての表明保証において包括的にカバーされている部分もあると考えることもできるが，発生し得る支払義務の規模などに応じた必要性により，個別に表明保証の対象とされる場合がある。

(8) 許認可・コンプライアンス・紛争に関する事項

① 許認可

　対象会社が行っている業務が業法により規制されている業種である場合（製薬会社，金融商品取引業者など）や，そうでなくとも，近年は企業が活動を行うためには各種法令上の許可や届出が必要となることがある。これらが取得されていなかったり期限切れになっていた場合には，せっかく株式譲渡により対象会社を買収しても，対象会社が業務停止命令などにより事業を営めなくなったり，刑事罰・行政罰を受けたり，許可の（再）取得等に多額の費用・時間がかかったりする可能性があり，また，特に業務停止命令などを受けた場合には社会的評判にも多大な影響が生じうる。そこで，買主としては，このようなことがないよう，対象会社は，現在行っている事業の遂行のために必要または要求される登録，届出，許可，認可，免許など（これらを併せて「本件許認可等」のように定義されることも多いため，以下この定義を用いる）を適法かつ有効に取得しかつ維持していること，対象会社は本件許認可等の条項および条件に従ってその業務を遂行していること，本件許認可等が変更され，停止され，無効となり，取り消され，または更新が拒絶されることとなる事由は存在せず，また，そのおそれもないことなどを表明保証の対象とすることを求めることがある。

また，許認可には許可の条件や取消事由が付されている場合があり，その中には，たとえば株主構成が変わらないことなど，予定している株式譲渡契約の締結やそれに基づく株式譲渡の実行が許可の取消事由となるようなものが含まれていることも考えられる。このような詳細な許認可等の内容については，短い法務デューデリジェンスの期間中に買主が全て把握しえないこともあるので，買主としては，予定している株式譲渡契約の締結やそれに基づく株式譲渡の実行は，本件許認可等の違反をもたらさず，本件許認可等を変更し，停止し，無効とし，取り消し，または更新を拒絶することとはならず，また，本件許認可等に関し対象会社による官公庁に対する届出，報告その他書類の提出の必要を生ぜしめるものではないことを表明保証の対象とすることを求めることがある。

② **政府機関からの命令違反など**

法令上の許認可でなくとも，対象会社が当事者となっている裁判所，政府機関または仲裁人による判決，命令その他の処分についても同様の事態が生じうる。そこで，買主としては，これらについての対象会社による違反は存在せず，違反の原因となりうる事実も存在しないことを表明保証の対象とすることを求めることがある。

③ **法令の遵守**

コンプライアンスに関するキャッチ・オール的な項目として，一般的な法令の遵守が表明保証の対象とされることがある。具体的には，対象会社には法令および規則（条例および当局のガイドラインを含む）の違反はなく，また法令または規則の違反についての通知を受領していないことなどが表明保証の対象となる。

人事，環境問題，許認可など個別の項目と重複する部分もあるが，買主としては，個別の法令違反の項目とキャッチ・オール的な法令違反の項目を組み合わせることで，適度な安心を得ることができる。すなわち，まず，個別の項目で全ての法令違反をカバーすることは困難であるため，一般的な法令の遵守に

関する表明保証が必要となる。次に、一般的な法令の遵守に関する表明保証はキャッチ・オール的な性格ゆえに交渉の過程で重要性による限定や「知る限り」の限定などが付されることも多いため、これらの制限にかからせたくない場合には、別途個別の項目が必要となる。また、特に気になる法令がある場合に当該法令の内容に沿ったテイラーメードの表明保証を規定する必要がある場合もありえ、近年では日本企業も規制の対象となりうるEU一般データ保護規則（いわゆるGDPR）などデータプロテクションに関する個別の表明保証がなされることもある（なお、企業によってデータプロテクションに関する対応状況は異なることから、売主としては、対象会社の対応状況に応じて、ディスクロージャースケジュールなどにより表明保証の内容を調整すべき場合もあろう）。このようにしてたとえば重大な法令違反は存在しないという一般的な表現に加えてA法上の特定の義務の違反はないという形で明確化した表明保証をおいた場合、契約締結後に売主によるA法上の特定の義務の違反が判明したときに、買主としては売主が「A法については両当事者ともに全く認識していなかったから、重大な法令違反には該当せず、よって表明保証違反には該当しない。」というような主張をすることを封じることが可能になる。

コラム　FCPAとM&A契約

　主に米国民または米国企業による外国公務員に対する贈賄行為を処罰することを目的に1977年に制定された米国のForeign Corrupt Practices Act（海外腐敗行為防止法、通称「FCPA」）は、外国人または外国企業による贈賄行為や米国外での贈賄行為にも適用され、過去に日本企業を含む多くの外国企業に対して巨額の罰金や民事制裁金が課せられているため、日本企業にとっても留意が必要である。

　FCPAの規制は、主に贈賄禁止条項と会計・内部統制条項から構成される。前者は、外国公務員に対する贈賄を禁止するもので、後者は会社の取引および資産の処分を正確に反映した帳簿・記録を作成する義務や、内部会計統制システムの構築義務等を規定するものである。贈賄禁止条項は、①発行者（米国の証券取引所に上場している企業等）、②国内関係者（米国籍の会社等）、③米国内で行為の一部を行った者

を対象とし、会計・内部統制条項は①発行者のみを対象としているが、いずれの条項についても、これらの者に加えて、これらの者と共謀した者、これらの者に教唆・幇助をした者も処罰の対象となる。FCPAに違反した企業は、刑事罰、民事制裁金、違法収益の放棄（disgorgement）、独立コンプライアンス・モニターの選任、米国政府等との取引資格停止処分等を課される可能性がある。

　M&A取引との関係で日本企業にFCPA違反が問題となるケースは、(i)M&A取引後にFCPA違反が行われた場合と、(ii)M&A取引前に買収対象会社においてFCPA違反が行われていた場合の二通りに分けて考えることができる。上記(i)の例としては、日本企業が米国籍の会社と組んで米国にジョイント・ベンチャー（JV）を組成した後、JVのパートナーやJVがFCPA違反となる贈賄行為を行った場合、日本企業にもその贈賄行為について共謀、幇助、教唆等の責任を追及されることが考えられる。また、買収の事例において、日本企業である買収者が買収後に買収対象会社において行われた贈賄行為に直接関与したり、そうでなくても買収対象会社をコントロールしていた事情が認められる場合には、FCPA違反を行った会社の親会社の責任（parent-subsidiary liability）を追及される可能性がある。次に、上記(ii)については、(a)FCPA違反を行った買収対象会社の法人格が残っている場合（株式取得等）と、(b)FCPA違反を行った買収対象会社の法人格が消滅した場合（合併等）の二通りがあり得るが、上記(a)の場合には、一次的には買収対象会社に対する責任追及が行われることに加えて、M&A取引後も買収対象会社によるFCPA違反行為が継続され、買収者である親会社がそれに直接関与または買収対象会社をコントロールをしていた場合には上記(i)の場合と同様買収者の責任も追及される可能性がある。他方、上記(b)の場合には、承継者責任（successor liability）の原則により、買収者がFCPA違反の民事責任・刑事責任を承継すると考えられている。

　以上のリスクに鑑み、M&A取引を実施する場合には、取引前にFCPA違反のリスクの有無を完全に把握することが望ましいものの、限られた時間の中で十分なデューデリジェンスを行うことが困難である場合も多いため、実務的には類型的なFCPA違反のリスクの高低に応じたデューデリジェンスが行われている。たとえば、買収対象会社が贈賄リスクの高い国や業種で事業を行っていれば、FCPA違反のリスクが類型的に高いとして、より入念なデューデリジェンスを行うべきであろう。このデューデリジェンスの過程で買収対象会社またはその関係会社において具体的なFCPA違反行為やその蓋然性が発覚した場合には、そのリスク（上記に挙げた刑事責任、民事責任等にとどまらず、買収者としてのレピュテーションリスクを含む）を検討した上で、まずM&A取引自体の中止やFCPA違反行為を行っている部門・関係会社の取

引からの除外（カーブアウト）が必要かを検討することになろう。次に，これらをせず，買収を実行する場合は，買収契約上での必要な手当てとして，売買価格の調整条項や特別補償条項で損害を売主に負担させる仕組みを作り，また，判明した以外のFCPA違反行為がないことの表明保証を追加する，自主的な当局への報告および是正措置，コンプライアンス・プログラム，内部統制システム等の強化を前提条件またはクロージング前の誓約事項として追加するなどの手当てを検討することになろう。他方，特にデューデリジェンスの過程で具体的なFCPA違反行為が見つからなかった場合でも，買収契約においては買収対象会社が過去に外国公務員に対する贈賄行為に及んだことがないことを売主に表明保証させるべきであろうし，もし買収対象会社におけるコンプライアンス・プログラム，内部統制システム等が不十分であれば，これらの導入および十分な実施を取引の前提条件またはクロージング前の誓約事項とすることなどが考えられる。

　2016年4月，米国司法省（DOJ）は，FCPA違反行為について当局への自主的な開示，当局の調査への全面的な協力および適切な改善措置の三要件を充足した企業に対して，不起訴処分や罰金の減軽等のメリットを与えることができる旨を明示したパイロットプログラムを公表し，2017年11月には，パイロットプログラムに代わるものとして，企業側の受けるメリットをさらに明確化したCorporate Enforcement Policyを公表した。Corporate Enforcement Policyによれば，当局への自主的な開示，当局への全面的な協力および適時かつ適切な改善措置の三要件を充足した企業には，悪質な事情（上級経営陣の関与，常習的な犯行等）が存在するケースを除き，不起訴が推定されることになり，刑事責任を追及されるケースであっても刑の減軽が認められる等のメリットが与えられる。これにより，FCPA違反が発覚した場合に企業が自社のリスクを把握しやすくなることから，これまでに比べ，デューデリジェンスの過程でFCPA違反が発覚した場合や，そうでなくともFCPA違反の潜在的リスクの高い買収案件を実行するハードルが下がるのではないかとの見方がある。もっとも，依然として当局によるFCPAの執行の裁量の幅が広いため，当局による実際の執行状況については引き続き注視する必要がある。また，Corporate Enforcement Policyは米国連邦検察官に対してのみ法的拘束力を持つものであるため，DOJとの関係で企業が不起訴処分等のメリットを享受できたとしても，DOJに対して情報開示を行うことにより，FCPA違反の民事責任の一部を追及する権限を有する米国証券取引委員会（SEC）や外国当局による責任追及，または，株主，債権者等の企業のステークホルダーによる責任追及の端緒になり得る点について，十分な注意が必要である。これらの観点から，十分なデューデリジェンスを踏まえた

M&A契約における手当ての必要は依然として変わらないと言えよう。

④ 反社会的勢力との関係

　近年，買主が上場会社である場合，対象会社を買収後に上場させることを想定している場合，またはLBOファイナンスの貸付人が反社会的勢力との関係を気にしている場合などにおいて，反社会的勢力との関係についての表明保証が規定されるケースが増加している。具体的には，対象会社の役員および従業員ならびに対象会社の主要取引先は，反社会的勢力関与者ではなく，また，対象会社の役員および従業員は，反社会的勢力関与者となんらの協力，資金および取引関係を有しないことなどが表明保証の対象とされることがある。反社会的勢力の定義については，平成16年10月25日付警察庁次長通達「組織犯罪対策要綱」に記載されている「暴力団・暴力団関係企業・暴力団員等」の定義や，平成23年6月2日付で一般社団法人全国銀行協会が公表している「銀行取引約定書に盛り込む暴力団排除条項参考例」における「反社会的勢力の排除」に関する条項の対象者の定義が用いられる例が多い。

⑤ 環境問題

　グローバルなレベルで環境問題への関心が高まり，環境関連法令による規制も年々厳格化の傾向にある。もっとも，一口に環境法令といっても，大気汚染防止法，水質汚濁防止法，土壌汚染対策法，騒音規制法，悪臭防止法，公害防止事業費事業者負担法，下水道法，振動規制法，ダイオキシン類対策特別措置法，廃棄物の処理及び清掃に関する法律，特定工場における公害防止組織の整備に関する法律，資源の有効な利用の促進に関する法律，容器包装に係る分別収集及び再商品化の促進等に関する法律，食品循環資源の再生利用等の促進に関する法律，特定家庭用機器再商品化法，労働安全衛生法，消防法，高圧ガス保安法，毒物及び劇物取締法など，環境関連法令は多岐・詳細に及び，さらに関連する条例やガイドライン等も存在するため，短い法務デューデリジェンスの期間中に買主がこれらの遵守状況を全て確認することは困難であることが多

い。また，最近は土壌汚染の有無を確認するためにいわゆるフェーズ2調査などの環境デューデリジェンスが行われる例も増加しつつあるが，環境デューデリジェンスには一般に数ヶ月単位の期間と多額の費用がかかる傾向があり，限られたデューデリジェンス期間に買主が万全な調査を行うことは困難であることも少なくないし，売主としても，取引が成立するかどうかが分からない段階で環境デューデリジェンスを実行した結果重篤な環境問題が発覚し，取引が破綻・遅延したり売買代金が大幅に減額されたりするような事態を避けるため，環境デューデリジェンスの実施には難色を示すことがある。他方，たとえば買主が土壌汚染の存在を見逃せば，その確認調査，除去，再発防止策の導入などに多額の費用や予想外の投資が必要となるため，特に対象会社が工場などを保有し規制物質を扱っている場合には，環境債務は大きな潜在債務となりかねない。そこで，このような場合には，買主としては一般的な法令の遵守に関する表明保証に加えて，環境問題に関する表明保証を加えることを求めることが多い。

　具体的には，対象会社が，(i)条例や当局のガイドラインを含む環境関連法令を継続して遵守しており，その違反による刑事，行政および民事上の責任を追及されてはおらず，また，その原因になりうる事実も存在しないこと，(ii)司法・行政機関などからこれらの環境関連法令に違反しまたは違反するおそれがある旨の通知を受けたことはなく，また，そのおそれもないこと，(iii)環境上の問題を理由として，第三者から請求，クレームなどを受けたことはなく，また，そのおそれもないことなどが表明保証の対象とされることがある。

　環境問題に関する表明保証で注意すべき点として，環境関連法令の中には，環境問題を引き起こす物質が一定の基準値を超えた場合や，一定の基準値を超えたことを発見した場合に初めて違反となったり責任が生じたりするという規定の仕方になっているものもあるため，環境関連法令の違反がないからといって，直ちに環境問題がないということにはならないということが挙げられる。そこで，買主の立場からすれば，そもそも汚染物質，危険物質などの排出または汚染，その他環境問題を引き起こす行為を一切行ったことがないことを表明

保証の対象とすることが最も望ましいが，対象会社が一定の汚染物質，危険物質を扱う事業を行っている場合にはかかる表明保証を得ることはできないため，環境関連法令の違反のおそれがないことや，第三者からのクレームがないことを表明保証の対象とすることで間接的にカバーする方法が考えられる。

　また，環境関連法令上の責任については，対象会社が何ら汚染行為を行っていなくても，たとえばその土地の前所有者が行った汚染行為に基づき対象会社が責任を負うこともあるので，表明保証の対象を前所有者の行為にまで及ばせるかという問題が生じる。この点，特に過去の所有者による汚染行為について売主も対象会社も全く知らないような場合には，表明保証のリスク分担機能の観点から，売主または買主のいずれの当事者がリスクを負担するべきかを交渉することになろう。

⑥ 紛　争

　訴訟などの紛争も，財務諸表や計算書類に現れない大きな潜在債務の原因となりうるので，買主にとって，紛争および紛争に発展する可能性のある潜在的紛争に関する表明保証は極めて重要である。そこで，買主としては，法務デューデリジェンスの過程で判明した紛争や潜在的紛争を除き，対象会社に対する民事，刑事または行政上の裁判手続，訴訟，調停，仲裁，行政手続，調査その他の手続は係属しておらず，また，対象会社に対する内容証明郵便による警告書その他の書面によるクレームもなされておらず，そのおそれもないことなどを表明保証の対象とすることを求めることが多い。

(9) その他の事項

① 情報開示に関する表明保証

　買主は，対象会社の買収にあたって，対象会社に対するデューデリジェンスを実施することが一般的であり，デューデリジェンスの結果に基づき，対象会社の価値を評価した上で買収価格を決定し，また，取引条件を決定することが多い。したがって，買主は，デューデリジェンスで判明した事項を前提として

取引を行うことになる。しかしながら，M&Aにおいて行われるデューデリジェンスは，警察・検察などの公的な捜査機関が行う強制捜査とは異なり，任意に売主・対象会社から提供される情報に依拠しているほか，デューデリジェンスにかけられる買主側の物的・人的資源にも限界があり，提供された情報の真実性について買主が独自に検証することは困難であることも多い。このため，買主としては開示された情報が真実であることを前提として取引を実施するほかはなく（そもそも，この点で売主を信用できない場合には，取引実行の是非を検討し直さざるを得ないと思われる），したがって，開示された情報について，①真実ではない記載や不正確な記載を含まないこと，②記載されるべき情報が省略されていないこと，③誤解を与えないために記載すべきである情報が含まれていることなどについて表明保証を求めることがある。

　また，実務上，情報管理の観点から，M&Aにおけるデューデリジェンスは，ごく短期間の間に，関与者を限定し，秘密裏に行われることも少なくなく，本来該当する事項についての知識をもっとも有している実務担当者から情報を入手することが困難である場合も少なくない（たとえば，子会社に関する情報について，子会社における担当者から情報を得ることができないことも多い）。このように，対象会社の買収の是非や取引条件を決定するために知っておくべき情報の全てが買主に開示されていない可能性を否定できないことから，買主としては，対象会社の財政状態，経営成績，事業などに影響を及ぼす事項やそのおそれのある事項は全て開示されていることの表明保証を求めることがある。

　もっとも，売主にとっては，買主の投資判断にとって何が重要であるかを必ずしも十分に認識できるものではなく，また，売主が対象会社の事業運営に深く関与していないような場合には，売主としても対象会社における詳細な事情を認識していない場合も少なくない。さらに，デューデリジェンスに際して買主から大量の資料請求や質問がなされた場合には，売主としては，一つ一つの情報の正確性を確認するよりも限られた時間内で全ての請求や質問に回答することを優先せざるを得ず，また，「何を聞かれていないか」を確認する余裕もない場合が多いため，開示情報の正確性や網羅性等をそもそも確認できる状況

にないこともある。このような場合には、売主としては、買主の投資判断に影響を及ぼし得る情報は全て開示していることや、開示した情報は全て真実かつ正確であるといった事項を表明保証することは困難であることから、このような表明保証の削除を求めたり、対象会社に関する情報について、意図的に隠匿していないことや、意図的に虚偽の情報を開示していないことに限定することを求めることもある。

なお、情報開示に関する表明保証は、上記のとおり広範な事項に及ぶ場合も少なくないため、買主にとって想定していない重大な問題（デューデリジェンスにより発見されていなかった重大な事項）が事後的に発覚した場合には、本条項への該当性が問題となることも少なくない。したがって、いかなる情報が提供されたかにつき、争いが生じることを可及的に防止するために、デューデリジェンスにおいて利用されるQ&Aシートを参照するなどして、売主から買主に提供された情報の範囲を客観的に規定することもあるが、これは、デューデリジェンスにおいて開示された情報を一般的に表明保証の例外とする場合と同様の問題意識に基づく（7(1)参照）。

② 売主グループに関する表明保証

売主が含まれる企業結合集団（売主グループ）に関連して、売主グループと対象会社との間で商業上・実務上代替が困難な取引が存在しないことが表明保証の対象となる場合や、対象会社と売主グループとの間の契約についてその一覧を別紙に列挙することによって特定し、その正確性が表明保証の対象となる場合、また、かかる契約の中に対象会社に著しく不利な取引条件による契約がないことや独立当事者間の取引条件によらない取引がないことが表明保証の対象とされる場合がある。これらの事項が表明保証の対象として検討される理由は以下のとおりである。

親子会社など同一グループ間の取引については、グループ会社間の取引条件の有利不利はグループ会社全体の利益とはあまり関係がないため、第三者間の取引に比べて厳しい条件交渉がなされないことが通常であり、一方当事者に有

利不利のある契約条件となりやすい。たとえば，親子会社間の取引では，通常は，親子会社の力関係から，親会社が決定した取引条件に子会社が従うことが多いように思われる。したがって，対象会社は，株式譲渡の実行前までは売主の子会社であることから，親子会社間の取引として，第三者間の取引と比べて著しく有利または不利な取引条件による取引が存在する可能性があるが，買主としては不利な取引についてはこれを是正し，有利な取引についてはこれを維持するか，または有利な取引が終了した場合のインパクトを事前に把握しておきたいと考えるのが通常である。表明保証に関する文言の交渉および例外を開示する別紙の作成を通じてこれらの取引等の存在や内容が明らかになった場合には，その影響を買収価格に反映したり，一定期間取引条件を変更しない誓約を規定したりするなどの対応が検討されることになる。

また，同一グループの会社間は，一定の事業を分業する関係にあることも多く，売主と対象会社は，事業上密接な関係を有しており，対象会社の主要な取引先が売主であることもめずらしくないし，対象会社が売主のグループ会社であることからメリットを受けている場合もある。親会社が加入している保険によって対象会社が保険付保の対象となっている場合や，親会社である売主が提供を受けているライセンスについて対象会社がその子会社であることを理由にサブライセンス等を受けている場合などはその例である。その他，総務・経理・IT等のバックオフィスに関する業務をグループ会社間で分業しており，対象会社が売主グループ内の他の会社に対してこれらに関する業務を委託していることもありうる。株式譲渡実行後，これらの取引関係等が維持できなくなったり，これらのメリットを享受することができなくなった場合には，対象会社の事業に重大な影響を及ぼす可能性がある（この問題を一般にStand-alone Issueという）ため，こういった関係が判明した場合には，事前に何らかの手当てをする必要があり，具体的には，株式譲渡実行後の売主からの協力に関する契約（Transition Service Agreement）を締結したり，売主からの協力を誓約事項として定めたりすることが考えられる（第6章3(3)参照）。反対に，株式譲渡実行後の対象会社から売主グループへの協力に関するReverse

Transition Service Agreementを締結することもある。

③ 手数料（Finder's Fee）

　M＆A取引においては，当事者双方に証券会社・投資銀行・弁護士などがアドバイザーにつき，取引の実行，対象会社の評価，契約内容についてアドバイスをすることも多い。また，対象会社自身にアドバイザーがつくこともあるし，M&A取引の仲介業者が介在して買主に案件を紹介している場合もある。たとえば，フィナンシャル・アドバイザーや仲介業者の費用は，取引額に応じた成功報酬の体系となっている場合が多く，大規模な取引の場合には，これらのアドバイザー等への支払額が高額となることもめずらしくない。各当事者についているアドバイザーの費用については，それぞれの当事者が負担するのが原則であり，特に，買主・売主との関係では，株式譲渡契約における一般条項の費用負担に関する条項において，それぞれの当事者が各自の費用を負担することが規定されることが多いが，売主が自己のアドバイザーの費用を対象会社に負担させる，または，対象会社のアドバイザーが対象会社に高額の費用を請求するような場合には，株式譲渡実行後の買主が不測の費用負担を強いられる可能性もある。そこで，対象会社が取引実行に伴いアドバイザー等に対するフィーの支払義務を負わないことを表明保証させることがあり，対象会社にアドバイザーがついている場合には，その費用について，一定金額以上にはならないことを表明保証させることがある。また，対象会社にアドバイザーがついていない場合であっても，売主にアドバイザーがついているときや仲介業者を利用しているときは，対象会社が，これらのアドバイザー等の費用を負担しないことを表明保証することがある。

第6章

誓　約

1　概　要

(1)　法的性質

　株式譲渡契約における誓約とは，英米系の契約におけるコベナンツ（Covenants）に由来する概念であるが，もともと英米系の契約を直訳することによって導入された概念に過ぎない[55]ため，日本の民商法上はこれに直接相当する概念は存在せず，日本法上の意義は必ずしも明確ではない。

　したがって，もともと英米法のもとでコベナンツとはどのような概念であったのかを参考としながら，日本における取引実務（当事者が誓約とはどのようなものであると理解しているか）を前提として，日本法のもとでの意義を検討する必要がある。英米法のもとにおいては，コベナンツとは一定の行為を行う，または行わない約束・義務と解されており，かつ契約における主たる義務以外の義務をコベナンツと呼ぶことが多いようである。そして，日本における取引実務上も同様に，誓約は当事者の契約上の義務であると一般に解されており，主たる義務以外の付随的義務を意味して誓約と呼ばれることが一般的である。

---

[55]　なお，Covenantsの日本語訳としては，「誓約」のほかに「約束」が用いられることもあるが，相手方との交渉などにおいては，日本語としても単に「コベナンツ」と呼ぶことも多い。

すなわち，株式譲渡契約上の義務は，①買主による売買代金の支払義務と売主による株式の引渡義務という主たる義務と，②その他の付随的な義務の二つに大きく分けることができるが，①の主たる義務については，取引の実行（クロージング）における義務として規定されるのに対して，②の付随的な義務については，①とは別個に誓約事項として規定されるのが一般的である。これらを踏まえて検討すれば，株式譲渡契約における誓約の日本法上の法的性質は，株式譲渡契約上の主たる義務以外の付随的な義務を意味しており，株式譲渡契約上の付随義務を定める特約と解されるということになろう。

もっとも，株式譲渡契約においては，たとえば秘密保持義務などのように，主たる義務以外の付随的な義務であるにもかかわらず，誓約として整理されるとは限らず，一般条項に規定されることが多い義務もある。また逆に，誓約として規定された義務の中に契約の本質的義務と評価すべきものが含まれていることもあり得る。その意味では，誓約の意義を上記のように解することは，後述するとおり一定の場面においては誓約として規定された義務の有する法的効果を解釈するにあたっての指針になり得るとはいえるものの，誓約とは何かを厳密に定義する意義はそれほど重要なものではない。むしろ，誓約として一定の義務（特に，当事者がクロージング前後に行うべき事項・留意すべき事項）がまとめて規定されることにより，株式譲渡契約に基づき当事者が何をしなければならないか・何をしてはならないかが分かりやすくなるという意味において，当事者の理解を容易にするための実務上の工夫としての意義が大きいと言えよう。

誓約の意義が当該条項の解釈に影響を与え得る場面の一例としては，債務不履行に基づく解除の可否や，双方未履行双務契約の解除（破産法53条等）の可否といった論点があげられる。

債務不履行に基づく解除については，判例[56]・学説上，誓約に関する文脈ではないものの，付随義務に関し，その不履行が解除事由となり得るか，または

56　最判昭和36年11月21日民集15巻10号2507頁。

契約の個数が単一であるか複数であるかという点において議論がなされている。付随義務違反があった場合の効果については，当事者の合意により定めることができるため，事後的に誓約違反により債務不履行解除が可能であるかが争われることのないように，事前に契約において合意しておくことが望ましいと言えよう（実務的には，取引実行前に限り重大な誓約違反に基づく解除のみが認められることが多いことについて，第8章2および3参照）。

　次いで，契約当事者が破産したような場合において，両当事者の誓約（付随義務）が未履行であるようなときに，双方未履行双務契約であるとして，管財人等が株式譲渡契約を解除することができるか（破産法53条等）という点は問題になり得る。たとえば，多くの株式譲渡契約において，両当事者の義務として秘密保持義務が規定されるところ，秘密保持義務はクロージング後も一定期間課されることが通常であるため，この期間中に一方当事者が倒産してしまうと，形式的には双方未履行双務契約に該当するようにも思われるからである。もっとも，判例によれば，形式的に双方未履行債務が存在していても，契約を解除することによって相手方に著しく不公平な状況が生じるような場合には，破産管財人は解除権を行使することができないとされており，本質的義務が履行済みであるときには，付随的義務の未履行を理由として解除権を行使することは許されないと解されている[57]。この判例によれば，株式譲渡契約における本質的義務はクロージング時に両当事者が履行する義務（すなわち，買主による売買代金の支払い義務と売主による株式の引渡義務）であると解すべきであるから，仮に当事者双方についてクロージング後に遵守すべき誓約事項が規定され，これが双方未履行であったとしても，クロージングにおける当事者の義務が履行されている限りにおいて，管財人等により株式譲渡契約全体が解除されるべきではないということになろう。もっとも，誓約として整理されていることがすなわち付随的義務であるということを意味しているわけではなく，前述のとおり誓約事項の中に契約の本質的義務と評価すべきものが含まれている

---

[57] 最判平成12年2月29日民集54巻2号553頁，伊藤眞『破産法・民事再生法（第3版）』（有斐閣・2014年）355頁。

ことがあり得ることを考えれば、結局は事案ごとに個別の義務の内容を検討する必要があり、誓約として整理されていることは付随的義務であることのある種の推定に過ぎないことには常に注意が必要である。

(2) 種類と目的

　株式譲渡が実行されてしまえば株式譲渡契約はその役割の大半を終えるものであるため、ローン契約のように融資から返済に至るまでの長期間の取引を念頭においたタイプの契約（この場合、長期間に予期せぬ事態が生ずるリスクが大きくなるため、様々な場面を予測してそれらに対応するための多数の条項が必要になる傾向にある）に比べると、規定される誓約事項はそれほど多くはない。しかしながら、株式譲渡を行うと言っても、実際には、買主が売主に対して譲渡代金を支払って、売主が買主に株式を譲渡するというシンプルなものではなく、当事者が行うべき（または行うべきではない）事項が一定数あるのが通常であり、これらが誓約事項として株式譲渡契約において規定されることになる。何を行うべきか・何を行うべきではないかは当然のことながら事案に応じて異なるほか、全ての誓約事項がこれでカバーできる訳ではないものの、最大公約数的にまとめれば、以下のとおりに分類されよう。

① 取引を実行するために必要な手続の履践
② 取引の実行前に改善すべき問題点への対応
③ 契約締結後・取引実行前の過渡的な状況への対応
④ 取引実行後に取引の意味を補強する（減殺されるのを防ぐ）ための義務

　基本的には、これらのうち①から③はクロージング前の誓約（Pre-closing Covenants）として規定されることになり、④はクロージング後の誓約（Post-closing Covenants[58]）として規定されることになる。クロージングの前後で当事者の立場は大きく異なることから、クロージング前の誓約とクロージング後の誓約とではその機能は大きく異なることになる（具体的には2(1)および3(1)

で後述する)。

①の典型例として，譲渡制限株式について対象会社において譲渡承認手続を行うことや，対象会社における重要な契約にチェンジ・オブ・コントロール条項が含まれていたような場合に契約の相手方から事前に株式譲渡についての同意を得ておくことなどがあげられる。これらの対象会社において対応すべき事項については実質的に売主が対象会社をして実行させることになる[59]が，株式譲渡を実行するために必要な手続は，売主に限られたものではなく，買主が事前に官公庁に届出を行う必要がある場合などのように，買主に関する事項も規定されることがある。

②の典型例は，買主が対象会社に対して行ったデューデリジェンスにより発見された問題点の改善である。たとえば，対象会社の一部の事業所において36協定が労働基準監督署に届け出られていなかった場合に，必要な届出を完了させることなどがこれにあたる。対象会社については，クロージングまでは売主がコントロールしていることから，通常は，売主側の誓約として規定されることになる。

③は，当事者（特に売主）の予期せぬ行為により，相手方（買主）が損害を被らないように，一定の事項を禁止する内容の誓約事項という形式を取る場合がほとんどである。たとえば，株式譲渡契約を締結した場合であっても，クロージングまでは売主が対象会社をコントロールしていることから，株式譲渡契約締結後クロージングまでの間に，売主が対象会社をして他の会社と合併させてしまうような場合には，買主にとって予期せぬ事態であることから，この

---

58 クロージング後の手続一般について，ポスト・クロージングを略して「ポスクロ」ということもあり，これがクロージング後の誓約（Post-closing Covenants）を意味する場合もあるが，「ポスクロ」という用語は誓約に限定して用いられるものではない。一方で，「プレクロ」という場合には，クロージングの準備のための会議としてのプレ・クロージング（第3章4参照）を意味する場合が多い。このようにその意味が必ずしも一義的でないことから，これらの略語については用法に注意する必要がある。

59 このように，対象会社に一定の事項を行わせる義務を売主に課す必要がある場合には，たとえば「売主は対象会社をして……をさせなければならない。」などと規定することになる。

ようなことを行うことを予め禁止することがある。相手方の一定の行為を禁止し，不作為を求めるものであるから，ネガティブ・コベナンツ（Negative Covenants）と呼ばれることもある。

④の典型例は，売主の競業避止義務である。売主の立場とすれば，株式の売却によって売買代金を受領できた時点で全ての権利義務関係から離脱することが望ましく，このようなクロージング後の誓約は最低限にすることを希望するが，買主の立場としてはこれが確保できなければ売買価格を支払う意味がなくなってしまうリスクがあるような場合もあり得る。したがって，④のような義務についてはそれほど数が多くないのが通常であるが，激しい交渉の対象となる場合も少なくない。

2 クロージング前の誓約

(1) 総論

1(2)で述べたとおり，誓約については，クロージング前までに行うべきプレ・クロージング・コベナンツ（Pre-closing Covenants）とクロージング後において行うべきポスト・クロージング・コベナンツ（Post-closing Covenants）があり，それぞれ異なる機能を有している。

そして，クロージング前の誓約事項としては，主に

① 取引を実行するために必要な手続の履践
② 取引の実行前に改善すべき問題点への対応
③ 契約締結後・取引実行前の過渡的な状況への対応

といった事項が規定されることとなる。特に①はこの義務が遵守されなければ取引が実行できない可能性があるため，その遵守が取引実行の前提条件とされるのは当然であるが，②についても買主としては取引実行前に対応が完了していることを望むであろうし，③についてもその違反があった場合には（たとえ

ば対象会社の財務状況が悪化するなど）買主としては取引を実行する上で前提としていた事実が崩れる可能性が高いという問題があり，結局はこれらのクロージング前の誓約事項が重要な点において遵守されていること・違反がないことは取引実行の前提条件とされる例が多い（第4章3(2)参照）。その結果，相手方の重要な誓約事項がクロージング前までに履行されなかった場合には，取引を実行しないという選択が可能になるが，誓約の違反に際して当事者が行使し得る救済手段はこれに限定されるものではなく，補償を請求することができるのが通常であり（第7章1参照），それに加えて，治癒不能な違反の場合や，前提条件の不充足によりクロージングがなされない状況が一定期間継続した場合には，契約解除が認められる場合も少なくない（第8章3参照）。

(2) 取引を実行するために必要な手続に関する誓約

① 株式譲渡の承認

記載例6-1 株式譲渡承認に関する誓約のサンプル

第6.○条 （株式譲渡承認）
　売主は，クロージング日までに，対象会社の取締役会をして，本件取引による本株式の買主による取得を承認させるものとする。

　対象会社が譲渡制限会社である場合には，買主による株式の取得を対象会社に対抗するためには，当該株式の取得について対象会社による承認を得る必要がある。株式譲渡の実行前においては売主が対象会社のコントロールを有していることから，売主が対象会社をして譲渡承認を行わせるという売主の誓約事項として規定されることになる。なお，対象会社が取締役会設置会社である場合には原則として取締役会が承認の決定機関となる（記載例6-1はその場合である）が，それ以外の会社である場合には原則として株主総会が承認機関となるほか，いずれの場合においても定款で別段の定めをすることが可能とされ

ている（会社法139条1項）ことから，該当する承認機関に応じて誓約の内容を変更する必要がある。

② チェンジ・オブ・コントロールへの対応

記載例6-2 チェンジ・オブ・コントロール等に関する誓約のサンプル

> 第6.○条　（同意又は通知）
> 1. 売主は，クロージング日までに，別紙○記載の契約について，本株式譲渡の後も当該契約を解除せず，本契約締結日以前における条件と実質的に同じ条件で当該契約に基づく取引を継続することについて，買主が合理的に満足する内容の書面による同意を当該契約の相手方から取得するべく，対象会社をして合理的な努力をさせるものとする。
> 2. 売主は，クロージング日までに，別紙○記載の契約について，対象会社をして，当該契約の相手方に対し，当該契約の定めに従って本株式譲渡について必要となる通知を行わせるものとする。

買収のための買主によるデューデリジェンスの結果，対象会社が当事者となっている契約について，対象会社の株主の変動や対象会社における経営体制の重大な変更が解除事由や期限の利益喪失事由にされていることが判明する場合がある（いわゆるチェンジ・オブ・コントロール条項）。たとえば，対象会社が製薬会社であり，その主力の医薬品の製造に関して第三者からライセンスの供与を受けているような場合において，当該ライセンス契約中にチェンジ・オブ・コントロール条項が含まれており，大株主の変更が解除事由とされていたにもかかわらず，このライセンス契約について何らの手当もせずに株式譲渡を実行してしまった場合には，株式譲渡実行後に当該ライセンス契約を解除され，主力の医薬品を製造できなくなってしまいかねない。このため，チェンジ・オブ・コントロール条項を含む契約については，クロージング前までに，

株式譲渡についての契約相手方の同意を対象会社に得させるように義務づけることが考えられる。

　もっとも，チェンジ・オブ・コントロール条項を含む契約の数が多数に及び，その中には重要性が低い契約が含まれている場合もあり得るため，そのような場合には誓約の対象を重要な契約に限定することもある[60]。また，実務的には，契約相手方の同意が得られるかどうかは契約相手方の意向次第であり，売主および対象会社のコントロールが及ばない事項であることから，対象会社をして同意を得させる義務ではなく，対象会社をして同意を得るための努力義務を売主に課するにとどまることも多い。なお，その場合は努力義務に過ぎないため，重要な契約に限定せず全契約を対象とするのが合理的な場合もあろう。

　一方，契約相手方からの同意取得を努力義務とした場合，買主としては，誓約とは別に，重要な契約について当該同意が得られることを取引実行の前提条件とすることを求めることも多い。このような取決めをすることにより，同意が得られなかったとしても同意に向けて努力義務を果たしている場合には，取引実行の前提条件は満たさないが，義務違反に基づく補償請求の対象にはならないことになる（第4章3(7)③参照）。

　また，これはチェンジ・オブ・コントロール条項とは別の問題であるが，対象会社の株主の変動や対象会社における経営体制の重大な変更などが事前通知事由とされている場合には，当該契約について債務不履行とならないように，クロージングまでに当該契約の相手方に対して株式譲渡についての通知を行う必要がある（記載例6-2の2項参照）。通知については，契約相手方から同意を得る場合と異なり，通知をしさえすればよいため，努力義務にはしないことが通常である。

60　重要な契約であっても契約の残期間が短い場合，任意の解除権が存在する場合，基本契約であっていずれにしても個別契約の締結が必要となる場合などには，あえて相手方の同意を取得する必要まではないと判断することもありうる。このように，チェンジ・オブ・コントロール条項を含む契約のうち，いずれの契約について相手方の同意を得るかについては個別に判断するほかない。

コラム　努力義務の意義について

　努力義務については，「最大限の努力」（best effort），「合理的な努力」（reasonable effort），「商業上合理的な努力」（commercially reasonable effort）といった規定がされることがある。それぞれの規定の違いにより義務の内容にどの程度の差異があるのかは必ずしも明確ではない。もっとも，最大限努力する義務を負っている場合には，たとえば，チェンジ・オブ・コントロール条項のある契約の相手から同意を取得するにあたり「1億円支払うのであれば同意する」と言われたような場面において，1億円支払ってでも同意を取得しなければ最大限の努力をしていないのではないかという疑義が生じ得る。したがって，特に努力義務を負う当事者は，疑義を避けるためにも「合理的な」または「商業上合理的な」といった限定を付することが望ましいと言えよう。

　また，誓約の内容を努力義務とする場合，これが法的な義務であるか，すなわち，違反があった場合に補償の対象となるかという点についても若干の議論がなされているものの，M&A取引において誓約としてあえて規定している事項について，法的義務がないとする解釈は通常は当事者の合理的な期待に合致しないであろうから，努力義務についても法的な義務があると解すべきであろう。もっとも，相手方の努力義務の対象となっている事由に関連して，損害を被ったとしても，努力義務違反等を立証することが困難な場合もあり得ることには留意する必要がある。

　なお，株主間契約に定められた株主による対象会社の上場実現に向けた協力義務につき，義務内容が特定されていないことなどを指摘してその法的拘束力を否定した裁判例として東京地判平成25年2月15日判タ1412号228頁がある。もっとも，当該事案は，被告がスポンサーとして対象会社の株式を取得し，対象会社およびその大株主との間で株主間契約を締結した後，原告が上記の上場協力義務の違反を理由として契約解除およびディスカウント価格での被告保有株式の買取りを請求したものであり，協力義務の違反がこれらの強い法的効果と結びつけられていたことも踏まえた判断であるため，その射程については契約上の努力義務一般の法的拘束力を否定するものと評価すべきではないであろう。

③ 許認可の取得や届出

記載例6-3　取引実行に必要な許認可や届出に関する誓約のサンプル

> 第6.○条　（届出）
> 1．買主は，本契約締結後遅滞なく，本件取引による本株式の取得のために必要な独占禁止法第10条第2項に基づく事前届出を行うものとする。
> 2．売主は，買主による独占禁止法第10条第2項に基づく事前届出の書類作成等に協力し，対象会社をして協力させるものとする。

　対象会社の行っている事業が許認可の対象となっており，株主の交代が届出・承認等の対象となっている場合や，株式譲渡の実行に業法，外為法，独占禁止法等による届出等が必要とされる場合には，確実にこれらの届出等が行われるよう，契約上も届出等を行う義務が定められることがある。もっとも，これらの届出等が行われ，所定の待機期間が満了したことは取引実行条件とされることがほとんどであり，取引実行条件の充足のための合理的努力義務が誓約として定められることも多いことから（⑤参照），届出等の実施後に当局から取引実行の障害となる判断を受けるリスクが特にない取引においては，あえて届出等の義務については明記しない例もある。

　一方，これらの届出を行う，または承認を得る当事者は，株式譲渡契約の相手方からの協力を必要とする場合がある。たとえば，独占禁止法のもとでは，買主が属する企業結合集団の国内売上高が200億円超で，対象会社およびその子会社の国内売上高の合計が50億円超である場合には，買主による株式取得に関する計画届出書の提出が必要となるが（この場合，原則として届出受理後30日間の禁止期間中は株式の取得を行うことが禁止されるが，買主の申請に基づく公正取引委員会の裁量により，禁止期間が短縮されることもある），同届出書の記載内容は，対象会社の事業等の詳細な情報を含むため，対象会社から情報を取得することが不可欠である。このため，取引実行のために必要となる許

認可や届出のために相手方に協力義務を負わせる旨の規定をすることがある。これに対して，たとえば外為法27条1項に基づく事前届出のように，独占禁止法に基づく株式取得計画届出書に比べて記載内容が簡素であるため，協力を求める必要性が低い届出については，誓約事項としては売主による協力を明示的に規定しないことも多い。

　なお，買主と対象会社の事業が競合関係にあり，両者の市場シェアが高いといった事情がある取引では，独占禁止法（または海外の競争法）上の届出がなされた後に，公正取引委員会その他の競争当局による審査が行われ，当局が競争上の問題があると判断した場合には取引の実行を禁止したり，取引の実行を承認する前提として当事者が一定の措置（「問題解消措置（remedy）」などと言われる）をとることを求めたりする場合がある。問題解消措置としては，合算市場シェアが高くなる事業に関連する一方当事者の事業部門や重要資産を第三者に売却するといった構造的な対応を迫るもの（structural remedy）や，他の競業事業者または取引先へのライセンス提供や合理的価格での原材料供給を行うこと等の行為を求めるもの（conduct remedy）がある。

　このように競争当局から取引が禁止されたり，問題解消措置を求められたりする実質的なリスクがある取引においては，株式譲渡契約上の誓約事項として，買主が競争当局への届出等を行うことだけではなく，クリアランスの取得に向けて必要な対応を行うことを規定する場合が多く，買主としてクリアランス取得のためにどこまでの義務を負うかが論点となる。具体的には，買主が受け入れる義務を負う問題解消措置の範囲（契約上は，クリアランス取得に向けた買主の努力義務の具体的内容として規定されることが多い）として，必要があれば買主側の事業についても売却しなければならないのか，また，対象会社側の事業の売却についても無制限に応じる必要があるか否かといった点が論点となることが多い。また，特に海外の競争当局が取引を承認しない旨の判断をした場合に裁判所でこれを争う義務を負うか，あるいは，株式譲渡契約の締結から取引実行までの期間中に，買主が当該取引に関する競争法上の審査に悪影響を及ぼすおそれのある行為（典型的には，関連する事業を営む別の会社の買収な

ど）を行わない義務を負うかといった点が議論になることもある。クロージングの確実性を高めたい売主としては，買主にこれらの義務を負わせたいというニーズがある一方，買主としては，自社の事業を売却したり，取得対象となる対象会社の事業の重要な部分を第三者に売却したりするのでは取引を行う意義が失われてしまう場合もあるため，買主の義務の範囲についての交渉は激しいものになることも多い。

　他方で，複数の買収候補者が競り合うオークション案件において，競争法上の実質的リスクが低い金融投資家（投資ファンド等）が，競争法上のリスクを伴うストラテジックな投資家（競合または隣接事業を行う事業会社）よりもオークション上優位に立つために，競争法上のクリアランス取得のために必要な対応を行うことに関する広汎な義務（Hell or High Water条項と言われる）を受け入れる戦略をとることも，しばしば見受けられる。

　競争法上の実質的リスクが高い取引においては，以上のようなクリアランス取得に向けた買主の義務に関する規定の他にも，いくつかの契約的手法を用いて競争法上のリスクを買主・売主間で分配する試みがなされることがあり，特に，競争当局が大型のM&A取引の実行を禁止することが珍しくなかったオバマ政権下の米国においてこの種の実務が大きく進展してきた。

　このようなリスクの分担方法の第一は，一定の期日（drop end dateやlong stop dateなどと呼ばれる）までにクリアランスが取得できずにクロージングの前提条件が充足されない場合の当事者（特に売主）の解除権を規定することである。この場合，売主は当該期日の到来により取引を取り止めるオプションを有することになり，取引を実行したいというインセンティブを持つはずの買主に対して早期のクリアランス取得に向けた努力を促すことができる（このような努力には，単純に当局とのやりとりを迅速に行うということだけでなく，より広汎な問題解消措置を受け入れることが含まれる）。

　第二に，このようなインセンティブ付けの効果をさらに高めるため，一定の期日までに競争法クリアランスの取得が間に合わない（またはクリアランスが得られない）ことにより契約が解除された場合には，買主が売主に対して違約

金（(antitrust) reverse break-up feeなどと呼ばれる）を支払う旨の定めを設ける場合もある。実際に米国では数十億ドル単位のreverse break-up feeが合意され，クリアランス取得に至らずにこれが支払われる事例も存在するが，日本国内におけるM&A取引ではこのような合意がなされる事例は今のところ少ない。

　最後に，買主側の早期クリアランス取得に向けたインセンティブをさらに高めるべく，契約が解除された場合の違約金とは別に，取引が最終的には実行される場合であっても，競争法上のクリアランス取得の遅延によりクロージングが遅れたときは遅延期間に応じた違約金の支払い（すなわち，買収対価の増額）が売主に対してなされるというアレンジがとられる例もある（(antitrust) ticking feeと呼ばれており，加算額の計算方法は日割，週割，月割などのバリエーションがある）。もっとも，買主としては，競争当局側の事情によって生じる可能性もあるクリアランス取得の遅延により買収対価が増加するという帰結への抵抗感があるだけでなく，競争当局の審査への対応には売主および対象会社の協力が必要な場面も多いところ，このようなアレンジをとることで売主側にクリアランス取得を遅延させるインセンティブが生じる懸念もあることから，米国においても実際にticking feeが合意されることは一般的ではないようである。とはいえ，一般論としては，価格調整条項のある契約において，対象会社の事業環境が悪く，クロージングが遅れれば遅れるほど買収対価が減額されると見込まれる場合のように，買主側がクリアランス取得を遅らせるインセンティブが働き易い取引では，ticking feeを用いることでインセンティブの合理的調整が図れる可能性がある。

④ 対象会社の役員の交代

記載例6-4　対象会社の役員の交代に関する誓約のサンプル

第6.○条　（対象会社の役員）
　売主は，クロージング日までに，別紙○に記載の取締役及び監査役がクロージング日付で対象会社の取締役及び監査役を辞任する旨の辞任届を，買主に対して提出するものとする。

　特に対象会社株式の100％を買収するような株式譲渡においては，取引が実行されると同時に買主が完全に対象会社の運営をコントロールすることになり，役員についても大幅に入れ替えられる場合がある。厳密に言えば既存の役員を解任することも可能であるため，あらかじめ辞任届を入手しておかなければ役員の入れ替えが不可能であるという訳ではないが，登記簿上に解任の事実が記載されることは珍しく実務的には避けたい事態であるという事情に加えて，解任時には役員から対象会社に対して損害賠償請求がなされる理論的リスクも残る（会社法339条2項）ことから，このような場合においてはクロージングまでの間に売主が辞任届を入手して買主に交付する旨が規定される例が多い。この際，退任役員の利益を保護するために，売主から，クロージング後に退任役員に対する責任追及を行わないことの誓約を買主に求めることもある。（なお，補償と旧役員の責任の関係については275頁のコラム参照）。また，自らまたは対象会社をして，新役員の選任およびその登記を迅速に行うことの誓約を買主に求めることもある。

　なお，100％買収ではない株式譲渡については，売主が対象会社の株主として残ることになるため，役員の辞任等について合意するだけでなく，クロージング後の対象会社の運営に関して売主と買主の間で株主間契約が締結されることもある。

コラム　事業運営に関する当事者間の合意（株主間契約）

　対象会社株式の100％の買収ではなく，売主が株式譲渡後においても対象会社の株主として残る場合には，本文で述べたとおり，対象会社の運営等について，売主・買主間で取決めを行うことがあるが，かかる取決めについては，株式譲渡契約とは別に，同一の当事者間で，別途株主間契約が締結されることが比較的多い。その理由はいくつかあり得るが，主にその目的・役割の違いからこれらを別契約にしておいた方が実務的に便利であることが理由としてあげられよう。すなわち，株式譲渡契約は，株式譲渡が実行されるまでの取引に関する取り決めであり，クロージング後の誓約や補償に関する事項を除き，基本的には株式譲渡の実行に必要な事項が定められるものであるため，特段の問題がなければ株式譲渡の実行とともにその役割を終えるものであるのに対して，株主間契約は，株式譲渡実行後の持分割合を前提として，株式譲渡実行後の対象会社の運営等に関する事項が規定されることから，当事者間においては，対象会社における定款と同じような機能を有することになり，随時参照されることが予定されている。このため，株式譲渡の実行前までは株式譲渡契約を参照し，株式譲渡実行後は株主間契約を参照するという役割分担があることから，両者を別の契約としておく方が実務上は便利であると言えよう。

　株主間契約においては，①対象会社の運営・ガバナンスに関する事項と②株式の処分に関する事項が規定されることが多い。①については，たとえば，取締役の指名権や対象会社の行為のうち一定の事項についての拒否権（veto right）などが規定される。②については，一定期間の株式の譲渡制限や，相手方が株式譲渡をしようとする場合に自ら買い取ることができる権利（先買権／First Refusal Right），一方当事者が株式を譲渡しようとする場合に他方当事者の保有する株式についても共同して売却する旨を請求する権利（Drag-along Right）や，一方当事者が株式を譲渡しようとする場合に他方当事者が自己の保有する株式についても共同して売却するよう求めることができる権利（Tag-along Right）などが規定されることがある。

⑤　取引実行の前提条件充足のための努力

記載例6-5　取引実行の前提条件充足のための努力に関する誓約のサンプル

> 第6.○条　（前提条件充足のための努力）
> 1．クロージング日までの間，買主は第4.1条各号に定める条件を，売主は第4.2条各号に定める条件を，それぞれ充足させるように合理的な努力を尽くすものとする。
> 2．第4.1条及び第4.2条に定める条件のいずれかについて充足が不可能であることが明らかになった場合には，売主及び買主は本取引の遂行，本契約の修正，解約，その他の対応について誠実に協議するものとする。

　取引実行の前提条件については，充足されなかった場合には取引が実行されないことになるものの，それ自体はいずれの当事者に対しても損害賠償その他の責任を生じさせることがないのが原則である。もっとも，各当事者は取引を実行することを希望しているからこそ契約を締結するのであり，各当事者が前提条件充足に向けて互いに努力することは当然に期待していると考えるべきであろう。したがって，①から④で検討したような事項に加えて，このような一般的な努力義務を定めることがある。

(3)　取引の実行前に改善すべき問題点に対応するための誓約

記載例6-6　取引の実行前に改善すべき問題点に対応するための誓約のサンプル

> 第6.○条　（労使協定の届出）
> 　売主は，クロージング日までに，対象会社の○事業所における労働基準法第36条に基づく労使協定を，対象会社をして管轄の労働基準監督署へ届出させるものとする。

買主が，取引の実行に先立ち，対象会社のかかえるコンプライアンス上の問題点等をあらかじめ改善することを希望することがある。典型的には，対象会社に対するデューデリジェンスにより，対象会社における規定に不備がある，または必要な届出がなされていない，利益相反取引が行われているにもかかわらず当該利益相反取引についての取締役会による承認がなされていない（会社法356条，365条）などといった，対象会社において改善すべき問題点が発見されたような場合である。買主としては，株式譲渡の実行後対象会社のコントロールを握ってから対象会社における問題点の改善に着手するということも可能であるが，問題点が改善されたことを確認してから株式譲渡を実行したいと考えることも多く，そのような場合には，問題点を改善する義務を売主に負わせることがある。記載例6-6は，労働基準法36条1項に基づき，各事業所における三六協定については，管轄の労働基準監督署への届出が要求されているところ，デューデリジェンスの結果，一部の事業所において労使協定の管轄労働基準監督署への届出がなされていなかったことが判明したという仮定のもと，必要な届出をクロージング日までに行うことを売主に求める内容となっている。

(4) 契約締結後・取引実行前の過渡的な状況に対応するための誓約

① 対象会社の運営

記載例6-7 対象会社の運営に関する誓約のサンプル

第6.〇条　（事業の運営）
1. 売主は，本契約締結日以降クロージング日までの間，本契約において別途企図されているか又は買主が別途書面で同意する場合を除き，対象会社をして，善良なる管理者の注意をもって，かつ，過去の業務と矛盾しない通常の業務の範囲内において，その事業を運営させるものとする。

> 2. 売主は，本契約締結日以降クロージング日までの間，本契約において別途企図されているか又は買主が別途書面で同意する場合を除き，対象会社をして，対象会社を当事者とする合併その他の組織再編行為，定款変更，株式，新株予約権，新株予約権付社債その他株式若しくは株式を取得できる権利の発行，又は〇円以上の借入若しくは担保設定その他対象会社の財産状態又は損益状況に大幅な変化をもたらすような行為又は本件株式譲渡の実行に重大な影響を及ぼしうる行為を行わせないものとする。

　買主は，株式譲渡契約を締結する前に，対象会社に対してデューデリジェンスを行っているのが通常であり，デューデリジェンスにより把握した対象会社の状態を前提にして株式譲渡価格その他の株式譲渡契約における条件を決定することになる。これにもかかわらず，株式譲渡契約締結後に売主が対象会社の状態（特に財務状態）を自由に変更することができるとすると，買主としては不測の損害を被りかねない。たとえば，対象会社に10億円の資産があると思って株式譲渡契約を締結していたところ，クロージング前までにその資産の大半を廉価で第三者に譲渡されてしまったという場合や，対象会社の発行済株式総数は100株のみであるとデューデリジェンスを通じて把握しており，これを前提に対象会社の株式100株を取得し，対象会社を100％子会社にするつもりであったのに，対象会社がクロージング前までに第三者に対して第三者割当増資を行ったような場合に，買主にとって不測の損害が生じ得ることは明白であろう。買主としてこのような不測の事態を防ぐために，株式譲渡契約締結からクロージングまでの間の売主による対象会社の運営について，一定の制限を課すことが本条項の趣旨である。一方，売主としてはこの義務を遵守する必要があることになるが，契約を締結したにもかかわらず取引が実行されないリスクが存在することも考慮すれば，特に株式譲渡契約締結からクロージングまでの期間が長期間に及ぶような場合には，本条項により対象会社の業務運営が阻害されないように留意する必要がある。

本条項においては、①善管注意義務に違反することなく、②対象会社の通常業務の範囲内で（ordinary course of business）、③対象会社の過去の業務と矛盾しないように対象会社の事業が運営されることが義務づけられる場合が多い。このうち、①については、売主としては売却の対象となる対象会社株式をクロージングまでの間適切に保管し、売却対象となる株式の価値（対象会社の価値）を毀損しないようにする立場にあることから、株式譲渡契約締結からクロージングまでの間は、委任を受けた場合と同等の善管注意義務をもって対象会社として事業運営を行わせる義務を売主に負わせる趣旨のものである。善管注意義務の内容がいかなるものかは問題となり得るが、通常であれば、対象会社の取締役が善管注意義務に反した事業運営を行わないようにさせることによってこの要件は満たされよう。②の通常業務の範囲とは、当該業界一般の実務慣行に鑑み通常の範囲内での事業運営を意味する。③の過去の業務と矛盾しないとは、②とは異なり、当該対象会社の過去の実務慣行に違反しないということを意味する。たとえば、ある業界においては、会計処理として一定の幅の会計基準を取り得るとして、かかる範囲内で、対象会社の会計基準を変更することは、通常業務の範囲内となると思われるものの、対象会社がそれまでに採用していなかった会計基準を新たに採用することは対象会社の過去の業務と矛盾しないとは言えないものと思われる。

なお、上記①から③は、対象会社の事業運営を一般的・抽象的に制約するものであるが、対象会社を当事者とする合併その他の組織再編や新株発行、資産売却など、場合によっては具体的な金額基準も設けて対象会社の具体的な行為について個別的に禁止事項として列挙することも多く、禁止事項が多岐に渡る場合には、別紙に禁止事項がリストされることもある。

コラム 株式譲渡契約締結からクロージングまでの対象会社の変化

　株式の譲渡代金や株式譲渡の条件は，株式譲渡契約締結時における対象会社の財産・事業の状況を前提として評価された対象会社の価値に基づくことが一般的であるが，株式譲渡契約が締結されてからクロージングまでに一定の期間があることが通常であるため，この期間の対象会社における事業・財産等の変化について何らかの手当をする必要がある。

　具体的には，まずクロージングまでに，対象会社に重大な悪影響を及ぼす変化があった場合に取引を中止することができるようにするためには，対象会社に重大な悪影響がないことを取引実行の前提条件とすること（いわゆるMAC OUT）が考えられる（第4章3(5)参照）。また，通常は，株式譲渡契約締結時とクロージング時において対象会社に関する表明保証がなされることから，クロージングまでの対象会社の変化がクロージング時における表明保証に違反するような場合には，取引を実行した上で補償請求の対象にすることもあり得る。

　このように対象会社に重大な変化が生じると，取引が実行されなかったり，補償請求の対象となったりするため，記載例6-7は，そのような変化が生じないように対象会社の行為を直接制限することにより，株式譲渡契約時の対象会社の状況とクロージング時の対象会社の状況をつなぐ機能を有している。他方で，対象会社の評価に重大かつ直接な影響を与える事項（たとえば，対象会社の有する現預金の額など）が，クロージングまでに大きく変動することが明らかであるような場合には，記載例6-7のように対象会社の事業運営を制限することに加えて，価格調整条項を規定して譲渡代金を事後的に機械的に調整するメカニズムを規定しておくことも考えられよう（第2章3(2)を参照）。

②　グループ間取引の解消

　上記のとおり，クロージングまでの間は対象会社が従前と同様の事業活動を継続することが原則として必要となるものの，対象会社の事業活動の中には，売主との間の資本関係が存在することを前提条件として行われているいわゆるグループ内取引が多数存在する場合もあり，クロージングにより資本関係が解消されるまでにかかる取引を終了させることが必要となる場合も多い。そのよ

うなものの典型としては，①対象会社の債務につき売主が保証や物上保証を提供している場合や，②売主と対象会社との間でグループ内貸付けやキャッシュ・マネジメント・システム（CMS）を通じた金銭の預託を行っている場合がある。これらのグループ間取引は，通常，クロージング後も継続することは想定しにくいため，クロージングまでに解消することが当事者間で合意される場合が多い。①の保証解除・担保解除については保証や担保提供の対象となっている債権者から代替的な担保の差入れを要求されることが予想される場合もあり，売主および買主間でそのような要求に対応するための負担をどのように分配するかが問題となることは珍しくない。買主が売主に替わって保証人となったり，代替的な担保を提供したりすることが実務的に可能な場合であれば問題ないが，このような措置をとることが困難な取引の場合には対象となる取引の種類や債権者の属性に応じた個別具体的な対応が必要となる。

　このほか，③売主・対象会社間での役職員の出向や，④売主がクロージング後も権利を保持する商標やブランドを対象会社の商号や製品に用いていることなどについても，クロージングまでに解消することが合意される場合があるが，これらについてはクロージング後も一定の移行期間中は継続することが合意されることも多い（後記3(2)参照）。また，⑤売主がライセンスを受けている知的財産権につき，対象会社が売主の子会社としてサブライセンスを受けていたり，⑥売主が加入している損害保険に関し，対象会社が売主の子会社として保障対象に含まれていたりする場合があるが，これらの便益については，クロージングによる売主・対象会社間の資本関係の消滅により特段の措置をとることなく自動的に終了する場合が多いと思われる。

　以上のほかにも売主と対象会社の間の取引や便益提供の事例は存在するが，クロージング後も一定の移行期間中は継続することが合意されるものも多いため，それらについてはクロージング後の誓約に関する後記3(3)で取り上げる。

③ クロージングまでの買主による対象会社の情報へのアクセス

記載例6-8 対象会社の情報へのアクセスに関する誓約のサンプル

> 第6.○条 （アクセス）
> 売主は，本契約締結日以降クロージング日までの間，本件株式譲渡を円滑に行い，又は対象会社が本件株式譲渡後買主の傘下で事業を運営していくために買主が合理的に要請する場合，対象会社をして，買主が，通常の営業時間内に，対象会社の業務に影響を及ぼさない範囲で，対象会社の帳簿類，契約書，議事録，資料，コンピュータ・ファイル，事務所等の施設及び財産並びに役員及び従業員に対してアクセスできるようにさせるものとする。

　株式譲渡契約締結後は，クロージングの前であっても，取引実行後の統合（ポスト・マージャー・インテグレーション（PMI））のための準備をすることが多い。たとえば，取引実行により，対象会社が買主の子会社になることにより対象会社のシステムを買主グループのシステムと統合することや買主の会計システムに合わせるための準備を行うこともある。このような取引実行後の統合のための準備をすることを可能とするために，買主が対象会社およびその有する情報にアクセスすることができるようにする義務を売主に課すことがある。
　また，案件によっては，株式譲渡契約締結からクロージングまで時間が相当程度あくこともあり得る。そのような場合は特に，買主としては，単に統合のための準備にとどまらず，対象会社の事業，財務その他の全ての事項について継続的に状況を確認する必要性が高くなることから，買主が対象会社およびその有する情報にアクセスできるようにする必要性も高いと言える（ただし，買主と対象会社の事業範囲が重複している場合や，両者の事業が川上・川下の関係にある場合には，取引の実行前に当事者間で相手方の販売価格や原価をはじめとする競争上の機微情報を開示することが競争法上問題となることもあり得

るため，アクセスを持つ買主側役職員の範囲や開示情報の範囲については慎重に検討することが望ましい）。このような場合には，買主の指名する者が取締役会へオブザーバーとして参加する権利が定められることもある。

なお，株式譲渡契約締結時点において，対象会社に対するデューデリジェンスが終了していない場合には，株式譲渡契約において，追加的なデューデリジェンスの実施を誓約として規定することもある。この場合は，デューデリジェンスの結果問題が発見された場合にいかなる対応を取るのかについてもあらかじめ検討し，必要に応じてあわせて規定することになろう。

④ 表明保証違反の通知

記載例6-9　表明保証違反に関する通知

> 第6.○条　（表明保証及び契約の違反等に関する通知）
> 　本契約当事者は，本契約締結日以降，クロージング日までの間に，第○条に定める自己の表明及び保証が不正確であったこと若しくはクロージング日において不正確になるであろうことが判明した場合，本契約の違反が判明した場合又は第○条に定める本契約当事者の義務の前提条件が充足しないことが判明した場合には，直ちに相手方に対しかかる内容を，合理的な範囲で詳細な説明を付して，書面により通知する。

相手方の表明保証違反（たとえば売主による対象会社に関する表明保証違反）の多くは，相手方からその旨の連絡を受けなければ判明しないのが通常である。しかしながら，特に売主としては，表明保証違反の事実を告げることにより取引が実行されないという事態を避けたいのが当然であり，これを連絡しない方向にインセンティブが働くのが当然である。しかしながら，これも当然のことながら，買主としては可能な限り正確な情報を得た上で取引を実行するか否かを判断したいと考えることから，少なくとも売主がクロージング前に

知った表明保証違反について買主に対して通知しなかった場合には誓約違反に基づく責任を問い得るとすることにより，売主が情報を隠蔽するという事態を防ごうというのがこの規定の趣旨である。

なお，通知された事項については，取引実行条件としては考慮するものの，補償責任の対象外とするといった取扱いがなされることもある（詳細につき第5章6を参照）が，このような取り決めをした場合には，売主としても，単に義務だからやむを得ず通知するというだけでなく，補償責任を回避するために表明保証違反の内容を積極的に通知しようというインセンティブが働くということになる。

3 クロージング後の誓約

(1) 総論

株式譲渡契約は，株式の譲渡と譲渡代金の支払いという取引の実行を目的とするものであるから，クロージング後においても当事者が負うべき義務はそれほど多くはない。しかしながら，取引の内容によっては，取引の意味を補強する（減殺されるのを防ぐ）という観点から，クロージング後において遵守すべき義務（ポスト・クロージング・コベナンツ）を課す場合がある。しかしながら，クロージング後の誓約事項については，既に取引が実行されているために，その履行がなされていることを取引実行の前提条件とすることはできず，また，株式譲渡契約においてはクロージング後の解除が制限されることがほとんどであることから，救済方法は基本的に損害の補償に限定されることとなる（競業避止義務など，差止請求などの直接強制・間接強制による救済方法が認められるべき誓約事項もあるが，例外的であろう）。

なお，クロージング後の誓約の中には，クロージング前から（多くの場合は契約締結日から）義務が課され，それが引き続きクロージング後も継続して課されるものもあることには注意を要する。

(2) 競業避止・勧誘禁止

> **記載例6-10** 競業避止・勧誘禁止に関する誓約のサンプル
>
> 第6.○条 （競業避止・勧誘禁止）
> 1．売主は，クロージング日からクロージング後○年間を経過するまでの間，対象会社が本契約締結日において行っている事業と競合する事業を直接又は間接に行わないものとする。
> 2．売主は，本契約締結日からクロージング後○年間を経過するまでの間，自ら又はその関係者を通じて，対象会社の役員又は従業員を勧誘し，対象会社からの退職を促し，又はその他何らの働きかけも行わない。

　売主が対象会社の行っている事業についてノウハウを持っている場合など，売主が対象会社株式を買主に売却した後に，対象会社と売主が競業事業者となり得る場合がある。売主がかかる競業事業を行うことを禁止するのが本条項の趣旨である。売主にとっては，事業を行うことを禁止される範囲によっては，売主の既存の事業や将来の事業を制限されることになるため，禁止される事業の範囲を限定する必要がないか留意する必要がある。禁止される事業の範囲を限定する方法としては，①禁止される事業の定義自体を具体的に記載して限定する，②禁止される地域を限定する，③禁止される期間を限定するなどの方法があるが，対象会社の業種や買主・売主の属性によってどのように制限するかはケース・バイ・ケースである。なお，売主が個人である場合には，職業選択の自由を直接に制約することになるため，長期間・広範囲の競業避止義務を課すと公序良俗に違反し無効となる可能性があることには注意すべきであろう[61]。また，違反した場合の救済方法として，補償に加えて差止請求を認めるか否かについては問題となり得る（通常であればこれも認められると考えられるが，第9章4で記載されたような救済方法の限定に関する条項をおいた場合には，これが認められない可能性がある）。

記載例6-10の2項は，売主が対象会社の従業員を引き抜くことを防止することを主たる目的とする条項である。株式譲渡の実行前までは，対象会社は，売主にとっての子会社であることから，売主と対象会社の関係は緊密であり，売主が，対象会社における有能な人材に関する情報を有している場合がある。売主がその親会社としての立場を利用して，株式譲渡契約締結後に対象会社の従業員を勧誘し，引き抜きを行うと，買主が買収時に見込んでいた人員を欠くことになりかねない。このため，売主が対象会社の従業員に対して勧誘を行わないことを規定されることがある。なお，売主が，個別に対象会社の従業員に働きかけたのではなく，ホームページや就職情報誌などを通じた一般の人材募集に対象会社の従業員が自発的に応募したような場合まで誓約違反となることは合理的ではないため，こういった一般的な募集により採用に至ったような場合は例外として明記されることもあるが，仮にこの例外が明記されていない場合であっても，解釈上例外として認められる場合はあり得るであろう。

(3) 売主によるサービスの提供

記載例6-11 売主によるサービスの提供に関する誓約のサンプル

> 第6.○条　（売主によるサービスの提供）
> 　売主は，クロージング日からクロージング後○年間を経過するまでの間，売主が本契約締結日に対象会社に対して提供している別紙○記載のサービスを，別紙○記載の条件で対象会社に対して提供する。

61　M&Aにおける競業避止義務に関する裁判例ではないが，役員の退職後の競業避止義務を定める特約に関する裁判例（東京地決平成7年10月16日判時1556号83頁）においては，禁止措置の内容が必要最小限度であり，かつ，十分な代償措置がなければ公序良俗に反し無効であるとしている。しかしながら，競業避止義務を負う者が従業員や役員である場合はまだしも，株式譲渡契約の売主であるような場合に，何をもって十分な代償措置であると考えるかは判断が困難な場合も多いものと思われ，どの程度の内容であれば有効であるかの判断は容易ではない。

対象会社が，①売主との間で事業上の重要な取引を行っている，②売主からITシステムの提供を受けている，③売主から人事・経理などの総務機能についてサービスを受けている，④売主から役職員の出向を受け入れている，⑤売主が保有するオフィス等の不動産を利用している，⑥売主が権利を有する商標やブランドを対象会社の商号や製品に用いている，⑦売主が運営している企業年金や健康保険に加入しているなど，対象会社が売主グループであったがゆえに，売主グループから提供を受けている役務または便益がある場合がある。株式譲渡実行直後にかかる売主から対象会社に対する役務および便益の提供が中止されると，対象会社のその後の事業運営に大きな支障をきたす可能性がある（このような問題は，一般にスタンド・アロン・イシュー（Stand-alone Issue）と呼ばれる）ため，一定期間売主が対象会社に対して従前の便益および役務を提供する旨を規定するのが本条項の趣旨である。

なお，売主が提供すべき役務または便益が多岐に渡るような場合には，株式譲渡契約中において売主による協力に関する事項を規定するのではなく，対象会社と売主との間で，株式譲渡契約と同時に，別途当該役務および便益に関する契約（Transition Service Agreement）を締結することもある。

(4) クロージング後の追加的行為（Further Assurances）

> **記載例6-12** クロージング後の追加的行為に関する誓約のサンプル
>
> 第6.○条 （追加的行為）
> 　各当事者は，クロージング後も引き続き，本契約において企図されている取引を完全に実行し，これを有効ならしめるために合理的に必要であるか，適当であるか又は望ましい行為（書面の作成を含むがこれに限らない。）を行うものとする。

株式譲渡契約締結時においては想定されていなかったものの，クロージング後になって，取引を完全に実行しこれを有効にするために何らかの行為が必要

であることが判明し，そのために相手方の協力が必要になることがあり得る。株式譲渡契約においては，一般条項として，誠実協議義務などが規定されることも多いが（第9章16参照），将来における具体的な協力を求める根拠となる規定として，記載例6-12のような規定をおくことがある。

これに類似する問題として，売主および買主の決算や税務申告等の関係で，相手方が保有している情報の開示を受ける必要が生ずる可能性もある。この問題に対応するため，情報開示その他の協力義務を定めることもある。

(5) クロージング後の対象会社の従業員の雇用に関する誓約

記載例6-13 クロージング後の対象会社の従業員の雇用に関する誓約のサンプル

> 第6.○条 （従業員の雇用継続）
> 　買主は，クロージング後当面の間，対象会社における従業員の雇用を維持し，現状の雇用条件を維持するものとする。

クロージング後の対象会社の雇用に関して，売主から買主に対して雇用・労働条件の維持を求めることがある。株式譲渡実行後の対象会社の雇用・労働条件については基本的には売主に法的な利害関係はなく，主に買主の問題であるが，売主による従業員に対する道義的責任やレピュテーションの観点から，このような規定を売主から求められることもある。また，対象会社に労働組合があるような場合，労働組合に対して株式譲渡を説明するにあたっては，雇用が維持され，労働条件も維持される見込であることをあわせて説明できれば，無用な反発を避けることができ，従業員のモチベーションの維持にも資するものと思われ，買主にとっても好ましい場合が多い。

なお，対象会社の従業員は株式譲渡契約の当事者ではない以上，買主と売主がこのように対象会社の従業員に関する事項に合意したとしても，対象会社の従業員との関係で直ちに法的な義務が生じるものではなく，仮に買主がこの条項に違反したとしても従業員から買主に対して何らかの責任追及をすることは

困難ではないかと思われ[62]。また，売主にも損害は発生しないので売主から買主に対して何らかの責任追求をすることも困難と思われる。

　もっとも，買主としては，このような条項を含む契約を締結した以上，これに違反すれば契約違反となり，少なくともレピュテーションの観点からの問題は生じるし，対象会社が労働条件（就業規則）の不利益変更を行う場合には，労働契約法上，「労働組合等との交渉の状況」を含む就業規則の変更に係る事情を考慮して「合理性」が認められる必要があるところ，かかる合理性の判断において，対象会社が株式譲渡に際して労働組合にどのような説明をしていたかが考慮される可能性もある。したがって，やむを得ない場合の条件変更や人員削減の障害にならないよう，具体的文言が激しく交渉されることも少なくない。

(6) その他

　クロージング後の誓約とされるその他の事項として，クロージングまでに実施することが望ましいにもかかわらずこれが不可能または困難であった事項がある。たとえば，クロージングを一定期日までに行う必要性が高く，実施されるべき事項の重要性がそこまで高くない場合には，そのような事項についてはクロージング後でも構わないので実施するようにという誓約が規定され，取引実行条件にはならないこともある。

　また，当初クロージングまでの誓約事項であったにもかかわらず，売主がクロージングまでに実施できなかった場合において，買主としては，取引実行の前提条件が成就されていないとして，取引実行をしないことも可能であるが，他方で，履行されていない事項がそれほど重大なものでない場合には，買主として取引の実行を選択することも多い。買主が取引実行の前提条件を放棄し，取引を実行する場合には，クロージングまでに履行されなかった事項を，ク

---

[62] 第三者のためにする契約となると解する余地はあるものの，株式譲渡契約における当事者が，このような規定を第三者のためにする契約とする趣旨とまで解することは一般的には難しいものと思われ，買主がこの誓約事項に違反したことをもって，従業員が買主に対して損害賠償請求をすることは困難ではないかと思われる。

ロージング後の誓約事項とすることもある。この場合には，株式譲渡契約の変更契約を別途締結するか，その他何らかの書面により誓約事項が追加されたことを確認することになろう。

第7章

補　償

1　総　論

　補償とは，ある当事者に株式譲渡契約上の義務違反または表明保証違反があった場合に，当該違反により相手方当事者が被った損害を塡補する旨の合意である。

記載例7-1　補償条項のサンプル

第7.1条（補償）
1．売主は，以下の各号のいずれかの事由に起因又は関連して買主が損害を被った場合，本契約に定める条件に従って，かかる買主の損害を補償する。
　(1)　第5.1条に定める売主の表明及び保証の違反
　(2)　本契約上の売主の義務の違反
2．買主は，以下の各号のいずれかの事由に起因又は関連して売主が損害を被った場合，本契約に定める条件に従って，かかる売主の損害を補償する。
　(1)　第5.2条に定める買主の表明及び保証の違反
　(2)　本契約上の買主の義務の違反

補償条項は，契約上の義務違反に際して相手方が被った損害の回復を違反当事者が負担するという意味で，債務不履行時の民法に基づく損害賠償と同様に，契約違反により被害を被った当事者を違反当事者の負担で救済することによって当事者間の公平を保つとともに，そのようなことが起きないよう当事者に契約を遵守するインセンティブを持たせるという機能を有する。また，対象会社に関する売主の表明保証違反に基づく補償については，買収価格の算定の前提となっている事実が不正確であった場合の買収価格の修正と考えることもでき，買収価格の減額請求としての機能を有しているとも言える。

　補償は，英米法系の契約において利用される概念であり，Indemnificationを直訳したものであるため，日本法における意味は当然には明確ではない。補償の法的性質については，表明保証の法的性質として論じられることが多く，民法改正前においては，損害担保契約，債務不履行に基づく損害賠償請求（改正前民法415条），瑕疵担保責任に基づく損害賠償請求（改正前民法570条，566条）など諸説あったところ，損害担保契約と解するのが実務上有力な考え方であった。民法改正後においても（なお，民法改正によって瑕疵担保責任は，契約内容不適合という債務不履行責任として整理された）表明保証違反に伴う補償の法的性質については損害担保契約と解するのが適当と思われる（第5章3参照）。

　また，補償は，表明保証違反を対象とするのみならず，株式譲渡契約上の義務違反（誓約事項の違反）もその対象とすることが多いが，義務違反に基づく補償責任の法的責任については，議論があまり一般にはなされていないものの，民法上の債務不履行責任と考えてよいように思われる。もっとも，後述するとおり，補償については，損害や因果関係において，民法上の債務不履行責任と異なる内容の規定がおかれることが多いが，契約上の義務違反に基づく補償請求を民法上の債務不履行責任と解する立場からは，当事者の合意によって，民法上の債務不履行責任の要件・効果が修正されていると解すことになろう。

　また，表明保証違反に基づく補償の法的性質を損害担保契約と解する場合，表明保証違反に基づく補償請求と債務不履行（契約内容不適合の責任を含む），

または不法行為に基づく損害賠償請求との関係が問題となるが，表明保証違反に基づく補償請求が，これらのものを排斥するものではないと一般に考えられている。もっとも，特に補償について補償額の上限や補償請求の可能な期間の制限などについて詳細な条件を定めた場合には，将来株式譲渡契約に関連して生じた損害については全て株式譲渡契約において合意した条件に従ってその範囲内で処理されることが当事者では予定されていると思われることから，これらの条件とは無関係に債務不履行や不法行為に基づく損害賠償請求を認めることには慎重になるべきであろう。この点を明確にする趣旨で，契約違反時の救済方法を限定する旨の合意がなされることがある（第9章4参照）。

2 補償の要件

(1) 違反当事者の帰責性の要否

　表明保証違反に基づく補償については，相手方に帰責性がなくとも補償請求を行うことが可能であると一般に解されている。表明保証に関する交渉において，当事者が表明保証する対象を限定するために「知る限り」や「知り得る限り」という限定がなされることがあるが，これは，表明保証違反について，当該当事者の主観的態様や帰責性が問題とならないことを前提にしていると言える。債務不履行に基づく損害賠償請求（民法415条）については相手方に帰責性がある場合に限り損害賠償請求を行うことができるとされているが，表明保証違反に基づく補償についてはこれと異なるということになる。

　他方で，契約上の義務違反に基づく補償について違反当事者の帰責性が要件となるか否かは必ずしも明らかではないが，この法的性質は民法上の債務不履行責任にほかならないと考える立場からは帰責性が要件となると考えられ，また，契約当事者も義務違反に基づく補償については帰責性が必要であると考えている場合が比較的多いものと思われる[63]。実務的には，「本契約上の義務に自らの責めに帰すべき事由により違反した場合」を補償事由として定めることにより，この点を明確にすることもある。

(2) 補償請求者の主観的態様

　表明保証違反に関し、当該表明保証違反となる事実について相手方（すなわち補償請求者）が悪意または重過失である場合には表明保証違反を免れると解する余地があると判示した裁判例があるが、詳細については第5章4を参照されたい。

　また、補償額を算定するにあたって、損害を被った当事者の過失の程度を考慮するいわゆる過失相殺の規定（民法418条）の適用があるのかについては明確ではない。当事者の衡平の見地からは、民法418条が直接適用される可能性や類推適用される可能性はあると言わざるを得ないであろう。その他、信義則上、補償請求者について損害の軽減義務が認められる可能性があり、そうだとすれば、補償請求者の側に補償請求の原因となった事項や損害の拡大に寄与した事情があれば、衡平の見地から補償額が減額される可能性も否定できない。

(3) 因果関係

　補償条項に基づく補償について、その対象となる損害と違反の間には、どのような関係が必要なのであろうか。

　債務不履行に基づく損害賠償請求に関しては、判例および従来の通説では、債務不履行と損害との間にいわゆる相当因果関係が必要であると解されている。より具体的には、債務不履行により通常生ずべき損害（通常損害）とその他の特別損害に分け、通常損害については常に相当因果関係があるとし、特別損害については、当事者（債務者）が予見し、または予見することができたであろうときに限り相当因果関係があるとされている。

　株式譲渡契約上の補償請求についても、株式譲渡契約上の義務違反または表

63　表明保証が当事者の義務を問題にするものではないのに対して、誓約条項は当事者の義務を規定するものであるから、表明保証違反については無過失責任と解するとしても、義務違反の場合に無過失責任と解することに疑問があり得るとする見解として、青山大樹「英米型契約の日本法的解釈に関する覚書（下）」NBL 895号（2008.12.15）84頁。

明保証違反と，相手方当事者に生じた損害との間に一定の関係がなければ補償請求は認められないのは当然である。補償条項においては，記載例7-1にあるとおり，「起因又は関連して」と規定されることが多い。かかる文言は，もともとは英米法に基づく契約において用いられていた「arising out of or related to」という表現を直訳したものと思われるが，相当因果関係よりも広い概念を意味するように読める文言であることから，一般的には相当因果関係よりも広い意味であると解するのが当事者の合理的な意思であると思われる。特に，補償の上限額が決められているような場合には，因果関係を広く解釈したとしても不当な結論になることは少なく，文言通り因果関係を広く認めても問題ないことが多いであろう。

　他方で，補償の上限の定めがない場合には，因果関係の範囲を限定的に解釈する必要性が高い場合もあり得る。このような場合には，たとえば単に関連性があれば良いと解した場合にはその範囲が非常に広範囲にわたり不合理な結論に至る可能性があるため，結論の妥当性・公平性の見地から，裁判所においてある程度限定した解釈が行われる可能性は比較的高いように思われ，場合によっては結局相当因果関係と同程度の範囲に限定して解釈される可能性も否定できない。

(4) 損害の範囲

　一般に，株式譲渡契約における表明保証違反に基づく補償については，信頼利益（瑕疵がないと信頼したことによる利益）に限られず，履行利益（完全な給付がなされていれば得られたであろう利益）まで含まれると考えられている。なお，民法改正前においては，瑕疵担保責任に基づく損害賠償請求については，信頼利益に限られ，履行利益は賠償されないと一般に考えられていたことから，かかる瑕疵担保責任との比較から，表明保証違反に基づく補償についても補償対象となる損害が限定されないかが一応問題となりえたが，民法改正前においても表明保証違反に基づく補償は信頼利益に限定されないと一般に考えられており，また，民法改正により，売主の瑕疵担保責任は契約内容不適合（改正後

民法562条1項）による債務不履行責任として整理され，信頼利益に限定されなくなっている（改正後民法564条，415条）。表明保証違反に基づく補償請求の法的性質を損害担保契約と捉える場合，どのような範囲の損害について補償の対象となるかは，当事者の意思によることになると思われ，株式譲渡契約においては，損害について「一切の直接損害，間接損害，損失，逸失利益，債務，クレーム，責任または費用（合理的な範囲の弁護士報酬を含むがこれに限られない。）」などと広く定義されることもある。

　義務違反に基づく補償についても，補償の対象となる損害の範囲を当事者の合意で広げることは可能と考えられ，損害について広い定義を設ける場合には義務違反に基づく補償についても同じ定義が適用される例が多い。

　もっとも，いずれの場合についても，損害の範囲は因果関係と密接に関連しており，結局は，どの範囲の損害であれば「起因又は関連して」生じた損害といえるのかが争点ということになろう。また，実務的には，補償の対象となる損害の範囲がいずれであるかというよりも，実際に株式譲渡契約上の義務または表明保証違反により生じた損害をいかに立証することができるかという点の方が問題であり，損害額の立証に困難を伴うことも少なくない。そこで，株式譲渡契約において，一定の場合には損害の発生をみなす旨の規定がおかれることもあり，たとえば，売主による本契約上の義務違反または表明保証違反により対象会社に損害が生じた場合や対象会社の純資産額が減少した場合には，買主が当該損害額や減少額と同額（買主が対象会社株式の一部しか保有しない場合にはその株式の保有割合に応じた額）の損害を被ったものとみなす旨の規定を設けることもある。

3　補償の限定

(1)　総　論

　一般論として，株式譲渡契約締結後において，当事者が予想していなかったような大きな損害が相手方に生じる可能性は否定できない。表明保証には，対

象会社についてのリスクを買主と売主との間で分担するという機能があることは前述したとおりであるが（第5章2参照），株式譲渡実行後にいつまでも高額の補償がなされる可能性があると当事者が不安定な状況のままおかれることとなるため，分担するリスクの上限を明示するために，金額的・時間的に補償を制限することが少なくない。

記載例7-2　補償の限定に関する条項のサンプル

第7.1条（補償）
1．［記載例7-1に同じ］
2．［記載例7-1に同じ］
3．第1項又は第2項［注：記載例7-1参照］に基づく補償請求における補償額の総額は，いかなる場合であってもそれぞれ〇円を超えないものとする。
4．第1項又は第2項に基づく補償請求については，それぞれ，一つの事由に基づく違反により生じた損害が〇円を超過するものの合計額が〇円を超過した場合にのみ（ただし，発生した損害の全額について）補償義務が発生するものとする。
5．第1項又は第2項に基づく補償請求については，補償を請求する当事者が，クロージング日から〇年が経過するまでに，違反した当事者に対して，補償請求事由を具体的に記載した書面による通知を行った場合に限り認められる。

(2)　金額的制限

補償の金額的な制限としては，補償額の上限（cap）と下限（floorまたはbasket[64]）を定めることが多い。具体的基準については，〇億円／〇万円という具体的金額を記載することもあれば，株式譲渡代金の〇％という形で定める

こともある[65]。

　当事者の補償責任のリスクを限定するという趣旨からは，補償額の上限のみを定めればよいようにも思われるが，実務上は，あまりに小規模な損害（何が小規模かは対象会社の規模・取引の大きさ次第である）について，いちいち補償請求を行うと事務手続が煩雑であり，ある程度のインパクトのある事項のみを補償の対象とする方が便宜であるため，下限を定めることも多い。下限についてどのように規定するかについては，いくつかの方法があり，具体的には，

① 一つの事由に基づく損害が一定の額を超過した場合に当該損害について補償するもの
② 損害の累計額が一定額を超過した場合に当該損害について補償するもの
③ 一つの事由に基づく損害が一定の額を超過した場合で，かつ，かかる損害の累計額が一定の額を超過した場合に当該損害について補償するもの

などがある。また，②および③のそれぞれにつき，損害の累計額が下限を超過した場合に超過部分のみを補償するのか（deductible），その全体を補償するのかというバリエーションがあり得る（記載例7-2は，③でdeductibleを定めないパターンである）。

　①や③のパターンにおいて一つの事由に基づく損害に関する下限をあまり高くしてしまうと，小規模な損害が生ずるような事故が大量に発生するような場

64　floorとbasketについては，実務的に慣用される用語であり以上厳密な定義があるものではなく，その違いは必ずしも明らかではない。たとえば，米国における法律用語辞典であるBlack's Law Dictionary (tenth edition) では，floorについて，単に下限とされている（basketについて該当する記載はない）。Charles M. Fox「Working with Contract (second edition)」（Practicing Law Institute）では，basketについて，売買契約における，一定額以下の補償請求を除外する旨の規定とされ（267頁），floorについては，単に最低額（103頁）とされている。

65　株式譲渡に関する契約において補償請求に金額的な限定が付されていなかった場合に，株式譲渡代金を超える補償請求が認められるかが争われた裁判例として，東京地判平成19年7月26日判タ1268号192頁があるが，同裁判例は譲渡代金を超える補償請求を認めている。

合には，全体としては大きな損害が生じているにもかかわらず一切補償の対象にならないような場面も想定し得る。したがって，補償の下限を定めるにあたっては，対象会社の業種に応じて，補償事由としてどのような事項があり得るかを慎重に検討する必要がある。また，いずれの損害が一つの事由に基づく損害に該当するかについては必ずしも明確ではない場合もある点には留意する必要がある。この論点は，たとえば，一つの事由に基づく損害と判断されれば下限を超えることになるが，複数の事由に基づく損害と判断される場合には下限を超えなくなるような場合に特に問題となりうる。

　なお，表明保証においては，「重大な違反がないこと」などの重大性による限定（materiality qualification）がなされることが多いが，その重大性の判断にあたって補償の下限が参考になる面がある。なぜなら，当事者が補償の下限（特に，一つの事由に基づく損害に関する下限）を定めている場合には，当該下限以上の損害を生ずるような違反については，仮に重大性の限定がなかったとしても原則として補償の対象とする趣旨であると解するのが合理的であり，言い換えれば，補償における下限の額を少なくとも上回る損害を生じるような違反でなければ重大性が認められないものと解するのが合理的と思われるからである（同程度でもよいか，一定程度上回る必要があるかは議論の余地があるところであろう）。このように，補償における下限は，表明保証違反に関する重大性の程度を事実上定義する機能も有している。また，下限を設定することによって重大性が小さい（損害額が小さい）問題が補償の対象外となるという機能があることもあって，補償については（取引実行条件と異なり）その対象となる表明保証違反や義務違反を重大なものに限定しないことも多いが，仮に補償の対象となる違反が重大な違反に限定されている場合には，いわゆるDouble Materialityの問題が生じ得るため，これに対する対応を検討すべきことは，取引実行条件について論じたことがそのままあてはまる（第4章3(1)参照）。

　上限および下限については，補償請求の根拠となる事由によって，異なる額を規定することも可能である。たとえば，譲渡の対象となる株式に関する売主

による表明保証については，株式譲渡の最も基本的な前提となる事項であることから，補償の上限を設けない取扱いとすることもある。また，特別補償（5参照）を規定する場合には，通常の補償とは異なる上限・下限を設けることもある。

コラム　補償と旧役員の責任の関係

　株式譲渡が実行された後に，株式譲渡実行前の役員の善管注意義務違反が発見された場合には，当該役員は買主からの代表訴訟の対象となる可能性があることになる。しかしながら，たとえば，当該役員は売主の従業員であり，その行為の当時は売主が100％株主であったような場合であって，当該行為が売主の指示に従って会社を運営した結果行われたものであったような場合には，たまたま株主が交代したからといって当時の役員が善管注意義務違反の責任を問われるのは公平とは言い難い面がある。また，そうでなかったとしても，株式譲渡契約において表明保証を具体的に定め，補償について金額的上限を定めたにもかかわらず，かかる表明保証の範囲外の事実についてまたは補償の上限を超えるような金額の損害について，買主が（売主の従業員である）対象会社の元役員に対して責任追及できるとすれば，当事者が本来想定していたものとは異なる形でリスクを分担することになっているのではないかという疑問もあり得ることから，売主から，元役員の責任の免除や限定を求めることがある。

　このような観点から，たとえば，①買主または対象会社から旧役員への責任追及は禁止し，②売主は旧役員の故意等によって対象会社に重大な損害を与えていないことを表明・保証し，③売主の②の違反については上限付の補償の枠内で取扱い，④売主と旧役員の間は内部関係（使用者と従業員の関係）として別途処理するといった取扱いがなされることもあるが，この点については特に手当てされない場合も多い。いずれにせよ，100％子会社の役員であったとしても株主の交代時にはその責任がクローズアップされる可能性があるという点は，役員としては覚えておくべきポイントであろう。

(3) 時的制限

　補償請求がいつまでもなされる可能性があると当事者を不安定な状態にすることから，補償請求を行うことが可能である期間を限定することも多い。実務的に補償請求権の行使可能期間をどの程度にするかはケース・バイ・ケースではあるが，1年から5年程度の期間が定められることが比較的多い。もちろん，案件によってはこの幅に収まらない期間が定められる場合も少なくないが，たとえば1年を下回る短期間が定められる場合であっても，対象会社の決算をきっかけに財務上の問題点が発覚することもままあることから，少なくとも対象会社の決算期をまたぐように補償期間が設定されることが比較的多いように思われる。また，クロージング後の誓約の違反については，誓約の存続期間に応じて，違反時の補償請求権の行使可能期間についても別段の定めをおくべき場合もあり得ることに注意すべきである。

　株式譲渡契約上，補償請求について時的制限を設けなかった場合の補償請求の消滅時効期間について，民法改正前は，補償請求権を民法上の債権と考えれば10年（改正前民法167条1項），商事債権に該当すると考えれば5年（改正前商法522条）になるであろうと整理されていたが，M&A取引については商事債権に該当すると整理される場合が通常であるように思われる。民法改正によって，商事消滅時効（改正前商法522条）は廃止され，また，従来の客観的起算点（「権利を行使することができる時」）から10年間のほかに，新たに設けられた主観的起算点（「債権者が権利を行使することができることを知った時」）から5年間のいずれか早い方の期間が満了したときに消滅時効が完成するものと規律が改正された（改正後民法166条1項）。M&A取引における補償請求について，主観的起算点から5年間という消滅時効が障害となるケースは通常は想定されないと思われるため，実質的には客観的起算点から10年の消滅時効期間が問題となる。民法改正前においては商事消滅時効の5年であったことと比較すると，結果的に補償請求の消滅時効期間が長くなったといえるであろう。

コラム　補償請求権の消滅時効

　株式譲渡契約上，補償請求権の行使可能期間が規定されている場合において，補償請求権の時効の客観的起算点はいつになるか。たとえば，国税の更正については本来の期限から最長7年間は可能とされていることから（国税通則法70条），税務に関する表明保証は表明保証違反の補償請求の行使可能期間を取引実行から7年間とすることも少なくない。この場合において，仮に民法改正前の商事消滅時効の5年間が適用される場合で，かつ，時効の客観的起算点が取引実行の時点であるとすると，取引実行から5年の経過によって，補償請求権は消滅時効により消滅しているようにも思われる。そこで，そもそも補償請求権の消滅時効の客観的起算点がいつであるかが問題となる。

　この点については，株式譲渡契約の締結時点，取引実行時点，損害が発生した時点など様々な考え方があり得るし，また，損害が発生した時点としても表明保証違反による損害がいつ発生したのか明確に特定することは困難である場合も多いと思われる。表明保証違反に基づく補償の法的性質を損害担保契約とする立場からは，補償請求権は債務不履行に基づく損害賠償請求ではなく，損害担保契約に基づく損害の填補の履行請求権であり，少なくとも損害が発生した時点から客観的起算点について時効が進行すると考えるのが素直であろう。そして，取引実行時点における表明保証違反に基づく補償請求であれば，取引実行時点において損害が発生していたものとして，取引実行時点が客観的起算点になるという整理がなされるケースもあるように思われる。

　補償請求の時効の客観的起算点が取引実行時点とされる場合には，たとえば，上記の（民法改正前の）税務に関する表明保証のケースであると，取引実行から5年で商事消滅時効により消滅しており，たとえ株式譲渡契約上，補償請求の行使可能期間を取引実行から7年としていても，消滅時効の利益を事前に放棄しているとして無効となるのではないか（民法146条）という問題も生じる（なお，消滅時効の利益を事前に放棄できないという点は，民法改正の前後で規律に変更はない）。かかる結論は，表明保証の項目に応じて，個別に長期の補償請求の行使可能期間を合意した契約当事者の意図に反し，不合理であるようにも思われる。もっとも，上記のとおり，民法改正によって商事消滅時効は廃止され，補償請求の消滅時効は，実質的には客観的起算点から10年と民法改正前と比較すると結果的に長くなったため，少なくとも取引実行時点から10年以内の補償請求の権利行使可能期間である限りは，

この悩ましい論点が生じることはなくなったといえる。

4 第三者によるクレーム（Third Party Claim）

　補償請求の対象となり得る違反について第三者との間で紛争が生じた場合において、当該紛争の結果生ずる損害について補償請求をなし得る者が紛争の当事者として紛争の解決にあたるときは、たとえ自己に不利な解決をした場合であっても、株式譲渡契約上の補償請求を行うことにより損害を填補できることから、かかる紛争により生じる損害を軽減するべく努力するインセンティブは働かず、モラルハザードが生じるおそれがある。たとえば、売主が対象会社の保有する不動産について完全な所有権を有していることを表明保証していた場合に、株式譲渡実行後に、対象会社に対して当該不動産の所有権を主張する第三者が現れたときは、株式譲渡後に対象会社を支配する買主が実質的にこの紛争解決にあたることになるが、買主からしてみれば、当該不動産の所有権が第三者にあることを認めても売主に対して補償請求が可能であるため、補償の上限等が十分であってかつ売主が十分な資力を有している場合には、真摯な交渉を行うインセンティブが低くならざるを得ないことになる。

　このような場合に備えて、補償請求の対象となり得る紛争について、補償請求をなし得るものが紛争当事者となる場合については、補償義務を負う可能性のある者に対して攻撃防御方法について一定の関与や支配を認め、その同意なしに和解しないといった内容の合意をすることがある。なお、このような合意は、私法上の合意としては有効であると考えられるが、民事訴訟法上、原則として弁護士でなければ訴訟代理人となることはできないため（民事訴訟法54条1項）、実際の訴訟追行は本人に委ねるほかなく、補償義務を負う者が実際に訴訟をコントロールすることができない可能性も否定できないことに留意する必要がある。実務的には、補償義務を負う者ができるだけ訴訟手続に直接関与するという観点から、補助参加（民事訴訟法42条）[66]により訴訟に参加すること

も検討に値するものと思われる。

5 特別補償

　対象会社に対するデューデリジェンスにより，たとえば，従業員への未払賃金が存在する可能性が判明するなど，対象会社について将来損害が生じ得る事項が発見されることがある。発見された問題がその会社の事業に不可欠な許認可の有効性に関するものである場合など，買収価格に反映することが困難である性質のものである場合には，そもそも株式譲渡契約を締結せず，取引を実行しないという判断もあり得るところではあるが，金銭的に解決可能なものであれば，株式譲渡契約において手当をすることも可能である。最も直接的な方法は，買収価格を減額するというものであるが，発見された事項から将来において現実にどのくらいの損害が発生するか正確に算定することが困難な場合も多い。このような場合には，補償条項を通じて事後的に金銭的な補償をすることとなるが，表明保証違反に基づく通常の補償については，表明保証違反について悪意であったとして認められないリスクがあるため（第5章4参照），当該問題となる事項について特別補償の規定を設ける場合がある。

　もっとも，たとえば税務の取扱いや未払賃金の存在に関する事項などの法令の解釈や事実認定が分かれ得るような論点については，特別補償の規定を定めること自体が対象会社による違法行為を認めるような外見になりかねないことから，売主としては特別補償の規定を受け入れることが困難な場合も少なくない。このような場合に補償を認めるべき実務的必要性は高く，一方で弊害もないと思われることを考えれば，表明保証違反について悪意または重過失を理由

66　民事訴訟法42条は，「訴訟の結果について利害関係を有する第三者は，当事者の一方を補助するため，その訴訟に参加することができる。」としており，「訴訟の結果について利害関係を有する」とは，訴訟物それ自体についての判断の利害関係のみならず主要な争点に利害関係がある場合も含むと解されていることから（東京高決平成2年1月16日判タ754号220頁など），補償義務を負う者も補助参加をする利益が認められる場合が多いであろう。

に補償を認めないという解釈は妥当ではなく，結局はこのような場合であっても通常補償が認められるべきであろう。

なお，表明保証違反に関連する事項について通常補償ではなく，特別補償として別途規定する場合，当該事項が現実的に問題となった場合の取扱いをより詳細に定めることができ，また，損害額，補償額の上限・下限，補償請求の行使可能期間などについて通常の補償とは異なる条件を規定することが可能となるというメリットがある。

コラム　補償の税務上の性質

誓約違反等の際の補償については税務上損害賠償金として扱われることに疑問は少ないと考えられるが，表明保証違反に基づく補償条項や特別補償条項に基づく支払を受領した買主の課税関係については，損害賠償金ととらえる考え方と，譲渡価格の調整（減額）であるとする考え方があり得る。いずれの考え方を取るかによって買主に対する課税関係が異なり，たとえば買主が日本法人であれば，損害賠償金ととらえる場合には損害賠償金が発生した年度の買主の益金として課税対象となる一方，譲渡価格の減額ととらえる場合には，買主が譲り受けた対象会社株式の取得価額が減額されるにとどまり，補償の受領時点での課税は生じないこととなる（後者の場合，対象会社株式が将来譲渡されて含み益が実現すれば，その際に減額された部分についての課税が生じることとなる）。この点については議論の余地があり，どちらに解される可能性もあると考えられるが，これらの補償を経済的・実質的に考えれば譲渡価格の調整と考えるのが合理的である場合が多く，買主としてもそのように税務上取り扱われることを期待している場合が多いであろう。そして，かかる取扱いを明確化するという観点からは，表明保証違反に基づく補償や特別補償が譲渡価格の調整であることを明確化する規定をおくことも考えられよう[67]。

67　表明保証違反の場合の損害額を株式譲渡代金の減額として返金する旨が明示的に規定されていた場合において，かかる支払は売買代金の調整（一部返金）であって損失の補てんではなく，雑益に該当しないと判断した事例として，国税不服審判所裁決平成18年9月8日裁決事例集72号325頁参照。

第8章

解　除

1　概　要

　M＆Aとしての株式譲渡が行われる場合には，様々な理由から株式譲渡契約の締結日とクロージング日の間に一定期間がおかれるのが通常である。また，その間には一定の義務の履行や許認可の取得など多くのアクションが予定されていることが多い。そこで，株式譲渡契約締結時には想定外であった事情が発生したり，当初思っていたように順調に物事が進まなかったりした場合には，当事者は取引の実行をやめて白紙に戻したいと考えることもあろう。終了・解除に関する規定はこのような場合に備えるためのものである。

> 記載例8-1　契約の終了及び解除に関する規定のサンプル

第8.1条（本契約の終了及び解除）
1．本契約は，以下の場合にのみ終了する。
　(1)　売主及び買主が，書面で本契約の終了につき合意した場合
　(2)　次項に基づき本契約が解除された場合
2．各当事者は，以下の各号のいずれかが生じた場合には，クロージング前に限り，相手方当事者への書面による通知により，本契約を直ちに

解除することができる。
(1) 相手方当事者について，本契約に基づく表明及び保証の重大な違反があることが判明した場合。
(2) 相手方当事者について，本契約を継続し難い重大な本契約上の義務の違反があり，書面による催告にもかかわらず10営業日以内に当該違反が是正されない場合。
(3) クロージングが，〇〇年〇月〇日（同日を含む）までに行われない場合（但し，自らの責に帰すべき事由による場合を除く）。
(4) 相手方当事者について，破産手続開始，民事再生手続開始，会社更生手続開始，特別清算開始その他これらに類する法的倒産手続，私的整理手続の申立がなされた場合又は私的整理手続が開始された場合。
3．前項に基づく解除は，解除する当事者の補償請求その他本契約に基づくその他の権利及び救済方法を排除するものではない。
4．本契約が終了した場合であっても，第〇.〇条から第〇.〇条の規定は引き続き効力を有する。

2 解除可能期間

　解除できる期間についてはクロージング前に限定することが多い。これは，物の売買契約の場合とは異なり会社は日々変動するものであるところ，一旦クロージングが発生して買主の元で対象会社の資本，役員，事業等が大幅に変更された後でも株式譲渡契約を解除して当初の状態に巻き戻すことができるとすると，巻き戻すために極めて困難を伴い（そもそも元の状態に戻すことができない事項も多かろう），かつ不経済だからである。したがって，クロージングが完了した後の売主に対する責任追及の方法は，原則として補償責任の追求に限定されることが多いことになる。クロージングの前提条件，裏を返せば，クロージングをしない（walk-away）権利の内容や，補償責任の上限額や発生事

由について激しい交渉が行われるのには，このような解除の制限も一つの背景となっている。

3 終了・解除事由

　終了・解除事由として挙げられることが多いのは，①終了の合意がある場合，②取引を実行するよりも取引自体をやめた方がよいような相手方による重大な表明保証違反（たとえば，業務の遂行に必要な許認可を保有していなかったなど）が発覚したり，同様の相手方による重大な義務違反（たとえば，取締役会の承認が得られないなど）が生じた場合，③取引実行の前提条件がなかなか充足されず，クロージングが生じないまま取引実行期限日（drop dead date／long stop date）が到来した場合，④当事者が倒産した場合，⑤MACが発生した場合，⑥取引実行の前提条件の充足が解除当事者の責によることなく不可能になった場合などである。このうち，②表明保証違反の重大性について，いわゆる二重の重大性の限定（double materiality）の問題を回避するための規定をおくことがあるのは，取引実行条件の場合と同様である（第4章3(1)参照）。また，④について，株式譲渡契約についてではないものの，会社更生および民事再生の申立てを理由とする解除条項に関して，その効力を否定した判例があり[68]，また，破産の申立てを理由とする解除条項に関しても，総債権者の公平な救済を図る破産制度の趣旨に背くものとして無効と解する見解が有力であるが，異論もある[69]。したがって，④のような解除事由が株式譲渡契約に定められるのは実務上一般的であるものの，裁判所によってかかる条項の有効性が否定される可能性は否定できない。

　　68　民事再生の申立てを理由とするリース契約の解除特約の効力が否定された判例として最判平成20年12月16日民集62巻10号2561頁，会社更生の申立てを理由とする動産売買契約の解除特約の効力が否定された判例として最判昭和57年3月30日民集36巻3号484頁がある。
　　69　山本克己ほか編『新基本法コンメンタール破産法』〔髙田裕成〕128頁（日本評論社，2014年）。

また，上記のような解除事由に基づく株式譲渡契約の解除が，民法541条以下の規定に基づく債務不履行解除であるか，あるいは，契約当事者の合意に基づく約定解除であるのか，解除の法的性質も問題となる。たとえば，②の解除事由のうち，表明保証違反が発覚した場合，③クロージングが生じないまま取引実行期限日が到来した場合，④当事者が倒産した場合，⑤MACが発生した場合などは，債務不履行解除ではなく，契約当事者の合意に基づく約定解除であると整理できよう。他方で，②の解除事由のうち，誓約事項（コベナンツ）違反の場合については，個別の誓約事項の性質や内容，契約における規定ぶりにも応じて，債務不履行解除と整理される場合もあれば，約定解除と整理される場合もありえ，契約や誓約事項に応じてケースバイケースの判断になるように思われる。

　ある事項を解除事由として掲げるのと，取引実行条件として掲げるのでは，効果に違いがある。MACの発生を例に取ると，解除事由に掲げた場合には，MACが発生すれば直ちに契約を解除できるが，取引実行条件に掲げた場合は，MACの発生により取引を実行しないことはできるものの，何らかの終了事由（たとえば取引実行期限日の到来や当事者間の終了合意）を充足するまで契約自体は終了せず，また，たとえばMACが一時的なものでその後取引実行期限日までに解消したような場合には，別途当事者間で終了させる合意をしない限り取引を実行しなければならないことになる。したがって，ある事由の発生をもって直ちに契約を終了させたいのであれば，単に取引実行条件とするだけでなく，解除事由として規定する必要があるが，逆に，発生した違反等の治癒を認め，可能な限り取引を実行させたいのであれば，単に取引実行条件とした上で，取引実行期限日までは解除できないとすることが望ましいことになる。

> **コラム** 解除についての民法改正の影響
>
> 　株式譲渡契約における解除規定が約定解除であれば，基本的に解除についての民法改正の影響はないと考えられるが，他方で，誓約事項違反の解除が，民法541条以下の規定に基づく債務不履行解除であると整理されるケースであると，解除にかかる民法改正の影響を受けるということになる。
> 　まず，民法改正によって，催告解除の要件に関して，不履行が軽微であるときは解除をすることができない旨が明文化された（改正後民法541条1項ただし書）。株式譲渡契約の解除規定においては，そもそも重大な誓約事項の違反の場合に限定するという形で重大性の限定が付されていることも珍しくないが，民法改正の結果，解除規定においてかかる重大性の限定がなかったとしても，軽微な誓約事項の違反を根拠としては解除することができないという民法のデフォルトルールが適用されることになる。ただし，軽微な誓約事項の違反に基づく解除は，民法改正前であっても解除権の濫用等によって制約されたと思われ，この点で実務上の影響は特段ないようにも思われる。
> 　また，催告解除・無催告解除ともに，要件として債務者の帰責事由が不要となった。そのため，株式譲渡契約の解除規定において，誓約事項の違反にかかる帰責性の要否が明記されていないと，誓約事項の違反に基づく解除については，改正民法のデフォルトルールのとおり「帰責性は不要」ということになる。ただし，もともと誓約事項に違反したにもかかわらず，「帰責性なし」とされるのは，不可抗力のあるような特殊なケースと思われ，この点でも実務上はそれほど影響はないと思われる。

4　ブレークアップ・フィー（Break-up Fee）

　終了・解除事由の中には，終了・解除を選択した当事者が一定の経済的負担を負うことが合理的な場合もあり得る。典型的には，取引実行条件として買主の買収資金調達が完了したことが含まれていたにもかかわらず，買収資金が調達できなかったため，買主が解除を選択するような場合である。このような場合に対応するために，解除権を行使する当事者がブレークアップ・フィー（Break-up Fee）として，一定の金銭を相手方当事者に支払う旨を規定する場

合もある。一般論としてはこのような規定を定める方が契約が解除されるリスクが低下し、解除されたときに相手方当事者が負担する経済的リスクも回避できるということになるはずであるが、ブレークアップ・フィーの規定を定めることは、当該金銭さえ支払えば取引を実行しない選択権を当事者に与えるという意味あいを持つため、金額にもよるものの、この規定を設けることによってかえって取引実行の可能性が低下する場合もあり得ることには注意すべきであろう。

5　他の救済方法

　解除して契約を白紙に戻すとしても、解除の原因が相手方の義務違反等である場合には、解除をした当事者としてはそれまでに使った費用等を回収するべく相手方に対して補償請求をしたいと考えるのが通常であろう。そこで、**記載例8-1の3項**のように補償請求を許容する旨を記載しておくことがある。なお、その他の救済方法について無制限に認めるべきか否かについては別途検討すべき問題となる（第9章4参照）。

6　存続条項

　株式譲渡契約が解除された場合であっても、ブレークアップ・フィーの支払条項、相手方当事者の義務違反の責任を追求するための補償条項、解除の有効性を争う際の準拠法・紛争解決方法に関する条項、費用負担に関する条項、秘密保持義務条項など、一部の条項については解除後も当事者を拘束する必要がある。これらの規定については、何も規定しなくても性質上当然に解除後も存続すると解釈される場合もあろうが、明確化のため、**記載例8-1の4項**のように解除後も存続する旨を定める規定（いわゆる存続条項またはサバイバル条項）を入れておくことが望ましい。

第9章

一般条項

1　概　要

　株式譲渡契約において，一番最後におかれる規定が一般条項である。最後の方にあること，また比較的定型文言が多いことから，秘密保持条項など一部の規定を除いては，当事者間の実質的な交渉の対象とはなりにくく，いわゆるボイラープレート条項[70]として軽視されがちな部分である。その結果，これらの規定の趣旨や意味が当事者や法務に携わる実務家に正しく理解されず，思わぬ落とし穴にはまる危険も存在するので，本章ではM＆Aにおける株式譲渡契約に一般的に含まれる一般条項について解説する。

---

[70]　ボイラープレート条項という呼び名の起源は諸説あり，ボイラーに使う厚手の鋼板のように丈夫で長年劣化しないものの例として用いられるようになったという説や，19世紀末のアメリカでboilerplateという商標を有していたWestern Newspaper Unionという会社が，全国ニュース・世界ニュース等を輪転機用のプレートに刻印したものを地方新聞社に送り，地方新聞社がそれに地方ニュース等を加えて新聞を発行することができるようにするというビジネスを行っていたことから共通部分の例として用いられるようになったという説などがある（道垣内正人「国際契約におけるボイラープレート条項をめぐる若干の留意点(1)」NBL第870号11頁）。

2 秘密保持義務

記載例9-1 秘密保持義務に関する規定のサンプル

第9.1条（秘密保持）
1. 売主及び買主は，本契約に関する交渉の存在，経緯及び内容，本契約の存在及び内容，その他本契約の交渉，締結又は履行に関連して相手方当事者から開示を受けた本契約の当事者又は対象会社に関する情報（以下「秘密情報」という）を本契約の目的にのみ用いるものとし，相手方当事者の事前の書面による同意なく第三者に開示又は漏洩しない。
2. 前項の規定にかかわらず，以下の第1号から第5号に記載する情報については秘密情報には含まれない。
   (1) 情報受領時において既に公知となっている情報
   (2) 情報受領時以降，情報受領者の責によらずに公知となった情報
   (3) 自らが秘密保持義務を負うことなく第三者より適法に取得した情報
   (4) 自らが相手方当事者から開示される以前から適法に所有していた情報
   (5) 秘密情報とは無関係に自らが独自にかつ適法に取得した情報
3. 以下の各号の場合には，第1項は適用されない。
   (1) 各当事者が適用法令又は規則に従い必要最小限度においてかかる情報の開示を行う場合（監督官庁，裁判所，金融商品取引所等の公的機関に対して行う回答，報告，届出，申請等を含むがこれらに限られない）。なお，かかる開示を行う場合には，当該当事者は当該開示前に（但し，事前開示が不可能な場合に限り，開示後速やかに），相手方当事者に通知しなければならない。
   (2) 売主及び買主が各々，自己の責任において自己の取締役等若しくは従業員，ファイナンシャル・アドバイザー，弁護士，公認会計士その他の直接又は間接のアドバイザー若しくは代理人に対してかかる情報

を開示する場合。但し，本条と同様の秘密保持義務を法律上又は契約上負うことを条件とする。

(1) 当初の秘密保持契約との関係

　取引の前段階として秘密保持契約が締結されることについては第1編第2章で述べたとおりであるが，最終契約として株式譲渡契約が締結された場合には，①当初に締結された秘密保持契約が株式譲渡契約と併存してそのまま継続するとする建付けと，②当初に締結された秘密保持契約は株式譲渡契約の完全合意条項に従ってその効力を失い，株式譲渡契約締結後は株式譲渡契約に定められた秘密保持条項のみ適用されるとする建付けの2通りが考えられる。

　当初の秘密保持契約と株式譲渡契約とで締結当事者が異なるような場合を除き，いずれの建付けを採用したとしても不都合は生じないと考えられるが，当初に締結された秘密保持契約をそのまま利用する場合でもあっても，秘密情報の定義を株式譲渡契約の内容や交渉過程を含めるように変更したり，完全合意条項から当初に締結された秘密保持契約を除外したり，さらに以下の(2)に述べる留意点に対応した規定を追加したりする必要があると考えられることから，結局②の建付けの方がシンプルになり，好ましい場合が比較的多いと思われる。

(2) 株式譲渡契約における秘密保持義務条項

　条項の主要な部分については，第1編第2章で述べたことがそのまま当てはまるので，以下では株式譲渡契約における秘密保持義務条項において留意すべき点のみ挙げる。

　第一に，対象会社の支配権が取引実行により売主から買主に移転するのに伴い，対象会社に関する秘密情報の支配権も売主から買主に移転する。クロージング後においては，売主は決算や税金の申告等に必要な場合を除き対象会社に関する秘密情報を使用する必要はないことから，売主が同一の業界に属しており，売主による対象会社に関する秘密情報の使用がクロージング後の対象会社

の事業に悪影響を及ぼすことが懸念される場合など，クロージング後は対象会社の情報は買主に帰属するものとして，売主が買主に対して秘密保持義務を負う旨を定めておいた方がよい場合もあろう。

　第二に，株式譲渡契約においては，後日売主と買主の間で表明保証違反等を原因とする補償請求訴訟が提起される可能性が否定できない。その場合，売主による対象会社の表明保証の真実性・正確性をめぐって，デューデリジェンスの過程において開示された情報の真実性・正確性・完全性などが争点になることもあろうが，このようなデューデリジェンスの過程において開示された情報が秘密保持義務の存在により裁判所において訴訟における攻撃防御に利用できないのは，当事者にとって不都合であることが考えられる。訴訟は原則公開の手続であり，たとえ攻撃防御に不便が生じても開示されたくない重要な秘密情報もあると思われるが，予めこれらの情報をある程度訴訟における攻撃防御のために相手方の同意なくして利用できるようにする規定をおくことも，特にクロージング後に表明保証違反などを原因とする補償請求訴訟が提起される可能性が高い案件の場合には検討に値すると思われる。もっとも，営業秘密が記載されているような書類であれば秘密保護のための記録の閲覧・謄写制限（民事訴訟法92条）の利用が可能であり，その場合実際に閲覧するのは裁判官だけであるから，そのような明示の規定がなくても，当事者の合理的意思解釈として秘密保持義務条項の対象とする「開示」には該当しないと考えることも十分可能であるように思われるし，実際に目に触れるのが裁判官だけであれば損害の発生も考えられないので，仮に具体的に規定がおかれていなかった場合であっても正当な利用として許される余地が十分にあると思われる。

3 公　表

記載例9-2　公表に関する規定のサンプル

第9.2条（公表）
1. 本契約の当事者は，事前にその内容，方法及び時期について双方合意した場合に限り，本契約締結の事実及び本契約の内容を公表することができる。
2. 前項にかかわらず，本契約の当事者は，法令又は金融商品取引所の規則等に従い開示が要請される場合には，本契約締結の事実及び本契約の内容について，当該要請に基づいて必要とされる限度で公表することができる。但し，本項に基づいて公表を行う当事者は，その内容及び方法について実務上可能な限り相手方と事前に協議しなければならない。

　多くの場合，株式譲渡の合意を秘密にし，公表のタイミングについてコントロールする必要性は，売主と買主の間で異ならないことが多いため，その公表の内容や方法については当事者双方の同意が必要であると規定することが多い。公表は，不特定多数の者に対する情報の開示である点で秘密保持義務条項が主に想定している特定の者に対する開示とは性格を異にするものの，公表しない義務は秘密保持義務に包含されるので，相手方の同意がない限り公表しないという義務のみ定めるのであれば秘密保持義務に関する条項のみで十分であるということになるが，その方法や時期についても合意が必要である旨を明確化することに意味があると言えよう。

　なお，売主，買主または対象会社に上場会社が含まれるような場合には，金融商品取引所による適時開示義務に従った開示が必要になり，開示の時期・方法について当事者に決定する余地がない場合もあるが，内容については金融取引所の規則に従った範囲で当事者間で協議・決定する余地があろう。

4 救済方法の限定

記載例9-3 救済方法の限定に関する規定のサンプル

> 第9.3条（救済方法の限定）
>   本契約のいずれかの当事者が本契約に基づく義務に違反した場合又は当該当事者の表明・保証に違反があった場合，本契約の他の当事者が有する権利は，第7.1条に定める補償の請求及び第8.1条に定める本契約の解除に限られる。これらの権利を除き，本契約の各当事者は，債務不履行，［瑕疵担保責任，］不法行為，錯誤取消その他法律構成の如何を問わず，本契約に関連して他の当事者に対して損害賠償等の請求又は本契約の解除その他の権利を行使することはできない（但し，本契約に定める義務の履行請求は妨げられない）。

(1) 趣 旨

　売主の視点からすれば，せっかく激しい交渉を経て，解除権を制限したり，補償に下限や上限等の制限を付けたりしても，たとえば債務不履行に基づく損害賠償請求（民法415条）などを用いて抜け道的に責任を追及されては，交渉が骨折り損になってしまう。買主としても，契約上取引実行後の売主の解除権を制限したにもかかわらず，取引実行後に売主が民法に基づいて解除するという事態はとても受け入れられるものではない。したがって，詳細な補償条項や解除条項を定めた株式譲渡契約においては，それ以外の法令上の根拠に基づく損害賠償や解除は行わない旨が黙示に合意されていると解すべき場合も多いと考えられるが，この点を明確化するためにおかれる規定が救済方法の限定に関する条項である。

　民法改正前は，救済方法の限定の規定において民法の錯誤規定の適用の排除について明記していることは多くなかったと思われる。もっとも，コラム「表

明保証と錯誤」(162頁) のとおり，民法95条の改正によって，改正前よりも表明保証違反と錯誤の関係について議論になりやすくなったように思われるため，救済方法の限定の規定の中で錯誤取消の排除も明記し，この点の当事者の合意内容を明確化しておくことが望ましいと思われる。これに対して，民法改正前は瑕疵担保責任の排除を明記することが一般的であったが，民法改正によって瑕疵担保責任は，契約内容不適合という債務不履行責任に整理されたため，債務不履行責任の排除とは別に瑕疵担保責任の排除を明記する必要性はなくなった。

(2) 有効性

かかる救済方法の限定の合意については，法令上与えられている権利を私人間の合意により否定することができるか，その有効性に疑問もない訳ではない(たとえば，債務不履行に基づく解除について，当事者間の合意により解除原因を限定したり，解除の期間をクロージング前に限定することは有効かは問題となりうる)。とはいえ，消費者契約であれば別として，契約交渉について素人ではない法人間で交渉の上詳細に表明保証，補償等に関する条項が定められた契約書の場合には，救済方法の限定の合意は一定の有効性が認められてしかるべきであろう。

しかしながら，免責条項(あらゆる救済方法を認めないという意味で，救済方法の限定に関する規定の一種であるとも考えられる)があっても，不法行為(民法709条)が成立する場合にはかかる合意は適用されないとした裁判例(東京地判平成15年1月17日判時1823号82頁)があることには，留意が必要である。この裁判例は，保険会社間で締結された「業務および資本の提携に関する覚書」の交渉にあたり，一方当事者が実態と大きく乖離した自己のソルベンシー・マージン比率および資本の額を開示したことに基づき，相手方当事者が不法行為に基づく損害賠償請求を行ったが，関連する誓約書には「Xは，Xにおける本件取引検討の目的のためにYより情報提供を受けることにより，何らの法的権利も取得せず，また，その情報の正確性について保証を受けるもので

もなく，Xがこれらの情報により万が一何らかの損害を被っても，Yにその責任を追及いたしません。」という免責条項が含まれていたという事案である。本件において，東京地裁は，情報を開示する当事者には「信義則上できる限り適正な情報を提供すべき義務」が存在し，実態と大きく乖離したソルベンシー・マージン比率および資本の額を開示したことはかかる義務に反するとして，同事案に当該免責条項は適用されず，開示当事者に不法行為責任が認められるとした（ただし，開示された情報について被開示当事者が追加質問や裏付け資料の交付の要求などの追加的な調査を行わなかったことを理由に，4割の過失相殺を認めた）。この事案は，被開示当事者が開示当事者の財務状況が健全ではないことを十分に認識しつつ資金拠出をしたことが強く推測されるやや特殊な事案であり，また，救済方法を限定するのみならず免責を認める規定に関するものであることから，一般的な株式譲渡における救済方法の限定の規定が全てその射程に入るものと解すべきではなかろう。それでも，一方当事者による不法行為（民法709条）が成立する場合や，他にも詐欺・強迫（民法96条），錯誤（民法95条）があったような場合や倒産法上の否認事由（破産法160条等）に該当する場合には，救済方法の限定の規定があっても，当該規定の効力が否定される場合があり得ることを念頭に置いておくべきであろう。

5 費用負担

記載例9-4 費用負担に関する規定のサンプル

> 第9.4条（費用負担）
> 　本契約において別段の定めがある場合を除き，本契約の締結及び履行にかかる費用（ファイナンシャル・アドバイザー，弁護士，公認会計士，税理士その他のアドバイザーにかかる費用を含むがこれらに限られない）については，各自の負担とする。

(1) 趣　旨

　対象会社のデューデリジェンスにかかった費用，投資銀行などのファイナンシャル・アドバイザー（FA）を起用した場合の報酬，契約書の作成や交渉にかかった弁護士費用，登記が必要な場合の登録免許税など，契約の締結や履行に必要な費用は，費用が発生した当事者がそれぞれ各自で負担することを原則とするのが一般的である。かかる一般原則のみであればあえて規定する必要はなく主として確認的な規定と言えるが，手数料に関する表明保証の規定（第5章8(9)③参照）とともに，たとえば売主が取引の仲介業者に支払う報酬（Finder's Fee）やFAに支払う報酬など，本来は売主が支払うべき費用を対象会社に負担させていないことを確認する意味はあろう。

(2) 折半の定め

　売主および買主の双方に必要となる費用，たとえば対象会社が規制業種である場合に業法上株主の変更に必要とされる許認可や届出に関する費用などは，一方当事者のためというよりは両当事者が必要とするものであるから，上記各自負担の原則の例外として当事者間で折半する（50％ずつ負担する）ものと定めることがある。

　なお，上記のような費用に限らず，全ての費用について当事者間で折半するという決め方も可能ではあるが，そうすると，各当事者は，自らの利益を守るために高価なアドバイザーを雇ったり，必ずしも必要不可欠とは言えない手続を行ったりしても，その費用の半分を相手方に押しつけることができることになるため，全体として不必要に費用が高額になりやすい（もちろん契約上の文言としては相手方に折半を求められる費用は合理的な費用に限定することになろうが，その場合にはどこまでの作業が合理的と言えるかについての紛争が生じやすい）点に留意が必要である。

6 準拠法

記載例9-5 準拠法に関する規定のサンプル

第9.5条（準拠法）
　本契約の準拠法は日本法とし，日本法に従って解釈される。

(1) 趣　旨

　売主，買主，対象会社など株式譲渡の関係者が全て国内の法人・個人である純粋国内案件であれば，あえて準拠法の定めをおかなくても，日本法が適用される。しかしながら，これらの関係者のいずれかに海外の会社・個人が含まれる国際案件の場合には，準拠法の規定が必要となる。

　もちろん，契約書に準拠法を規定しなくても，適用される国際私法の原則に従って準拠法は決定されることになる。たとえば，日本の国際私法が適用される場合には，通則法8条により，原則として最も密接な関係がある地の法によることとされる。しかしながら，適用される国際私法によってはその内容は複雑であり，いざ紛争が発生したときに関連する国または地域の国際私法の原則の下で何法が適用されるかという入口の部分から当事者間で争うのは，コストと時間の無駄である。そこで，契約書に予め適用される準拠法を規定することが極めて重要になる。

(2) 有効性および対象

　日本の国際私法が適用される場合には，通則法7条により，準拠法は原則として当事者の合意により自由に選択可能である。また，国際案件においては，日本の国際私法のみならず，関係する外国の国際私法上も準拠法の指定の有効性を確認する必要があるが，相手方や対象会社などの関係者の所在地や取引地において当事者の合意による準拠法の指定を阻害する法令がない場合（たとえ

ば，米国ニューヨーク州一般義務法5-1401条は，25万ドル以上の商業取引であれば，当該取引がニューヨーク州とおよそ関係がなくても当事者はニューヨーク州法を準拠法として選択できるとしており，米国デラウェア州も類似の州法を持つ）であれば，原則として当事者間の準拠法の定めは有効である。

　もっとも，準拠法の選択にも一定の限界があることには留意が必要である。たとえば，日本の国際私法が適用される場合であれば，仮に当事者間で外国法を選択したとしても，①独占禁止法，金商法，民事訴訟法，刑法などの公法，②労働法，消費者保護法などの「公序」に該当する絶対的強行法規，③法律行為以外の法律関係（たとえば，自然人の行為能力，法人の権利能力・代表者の権限・内部承認手続，動産または不動産に関する物権およびその他の登記をすべき権利，債権の譲渡可能性，債権譲渡の対第三者効，知的財産権，不法行為，不当利得等）は，準拠法の指定の対象外となると一般的に解されている。また，株式譲渡について言えば，対象会社における譲渡制限株式の譲渡に係る承認手続はその会社の設立準拠法に基づいて行われる必要があり，また，株券発行会社の株式の譲渡の効力発生・対抗要件具備等については，物権であるため，目的物である株券の所在地法に基づいて行われる必要がある（通則法13条2項）。

(3) 分割指定条項

　条文によって適用される準拠法を替えるという工夫（分割指定という）がされることがある。これは準拠法について交渉がまとまらなかった結果生まれた妥協の産物である場合や，ある国の法律の特定のルールを回避することを目的とする場合などがある。かかる分割指定については，通則法に明文の規定はないものの，通説はこれを原則として認めており，判例でも海上保険契約についてこれを認めたものがある（東京地判昭和52年5月30日判時880号79頁）。しかしながら，実際に紛争になった場合に，当該紛争が準拠法の異なる複数の条文に関連してどちらの法律が適用されるのかが不明確になったり，結局両方の法律に基づいて検討が必要になることによりコストがかさんだりするなどの実務上の不都合があるので，準拠法の分割指定は可能な限り避けるべきであろう。

(4) 交差的準拠法条項

　後述の裁判管轄条項・仲裁条項に比べれば稀であると思われるが，請求当事者によって準拠法を替えるという指定がされることもある。しかしながら，これでは両方の法律に即して契約文言を確認しなくてはならないことになり，また反訴など関連の紛争が生じた場合には根源的には一つの紛争であるにもかかわらず両方の法律に基づいて訴訟を展開することが余儀なくされることになりかねないため，このような交差的な準拠法の指定は避けるべきであろう。

(5) 「抵触法を除き」

　「抵触法を除き○○法による。」と規定する例がある。抵触法というのは国際私法と同義であるが，このような規定は，たとえばニューヨーク州において行われる取引について日本法を準拠法として選択した結果，日本の国際私法である通則法が適用され，同法8条により最も密接な関係がある地の法であるニューヨーク州法が準拠法とされてしまう，といった事態を避けるための規定である。もっとも，日本においては，通則法7条により準拠法指定が可能なのは実質法に限られ国際私法は除かれるため，実際には上記のような事態は生ぜず，このような規定を設ける必要はない。

　このような規定がなくても，日本のように国際私法の指定を認めない国も多く，また当事者の合理的意思解釈として国際私法は対象に含まれないと解釈できるのが通常であるため，このような規定がおかれない場合も多いが，国際私法を含む法の指定を認める国もあり得るので，特に外国での訴訟等が予想される場合に念のため定めておくことは無意味であるとまでは言えないとの指摘が一般的にはなされている。

　なお，ニューヨーク州法を準拠法とする場合には，ニューヨーク州法を準拠法とすることを可能にするニューヨーク州一般義務法5-1401条が適用されなくなってしまうと不都合なため，念のため「ニューヨーク州一般義務法5-1401条を除く抵触法を除き，ニューヨーク州法による。」という規定をするこ

とも考えられる。

(6) ウィーン売買条約

　通常の株式譲渡においては問題とならないが，株式と併せて動産を譲渡するような場合や，事業譲渡等を行う場合に注意すべきなのが，日本においても2009年8月1日から発効した国際物品売買契約に関する国連条約（ウィーン売買条約，CISG）である。動産等の譲渡契約について日本をはじめとする同条約の締結国である国の法律を準拠法として選択した場合，別途当事者間の合意で排除しない限り，同条約が適用されることになる。この点，民法改正によって，契約の成立時期が承諾の意思表示が申込者に到達したときとなり，物品の隠れた瑕疵についても瑕疵担保責任という特別な規律ではなく，他の契約違反と同じように扱われるようになるなど，民法の規律が同条約の規律に近づいた点はあるものの，それでも日本法を準拠法とする場合において，あえて裁判例の集積の少ない同条約による必要性は通常であれば低いと考えられ，そのような場合には，同条約の適用を合意により除外することが必要となろう。

7　紛争解決方法

　記載例9-6　紛争解決方法に関する規定のサンプル（裁判の場合）

第9.6条（管轄）
　売主及び買主は，本契約に起因して又は関連して生じた一切の紛争については，誠実に協議することによりその解決に当たるが，かかる協議が調わない場合には，東京地方裁判所を第一審の専属的合意管轄裁判所として裁判により最終的に解決する。

> **記載例9-1** 紛争解決方法に関する規定のサンプル（仲裁の場合）
>
> 第9.6条（仲裁合意）
> 　本契約から又は本契約に関連して，当事者の間に生ずることがあるすべての紛争，論争または意見の相違は，一般社団法人日本商事仲裁協会の商事仲裁規則に従って，東京都において仲裁により最終的に解決される。

(1) 裁判と仲裁の比較

　紛争が発生した場合に，準拠法と並んで重要な条項が紛争解決方法に関する条項である。最もよく利用される紛争解決方法としては裁判と仲裁が挙げられるが，そのどちらを選択するかについては以下の観点からケース・バイ・ケースで決定する必要があろう。

　第一に，裁判の場合は原則公開であるが，仲裁は非公開であり，紛争の存在・内容・結果を第三者に対して秘密にすることができる。したがって，公開の場で争うことによるレピュテーションリスクが問題となる場合，機密性の高い事項が紛争の対象となっている場合等には，仲裁の方が好ましいということになろう。逆に言えば，仲裁は透明性を欠く手続であるため，国民の監視の前で争いたいような場合は裁判の方が適していると言える。

　第二に，裁判の場合は三審制が保証されているため，上訴が続くと最終的に紛争が解決するまでに膨大な時間，手間および費用を要することになるが，仲裁の場合は一回限りであるため，早期に紛争が解決する可能性が高い。その反面，たまたま風変わりな仲裁人にあたってしまって妥当でない仲裁判断が出されてしまったような場合に，やり直しがきかないのはデメリットである。また，税金が投入されている訴訟に比べ，仲裁では全てのコストを当事者が負担するため，場合によっては仲裁の方が費用が膨らむこともあるとの指摘もある。

　第三に，裁判の場合は必ずしも株式譲渡のようなM&A取引に精通した裁判

官が担当するとは限らないが，仲裁の場合は，M＆A取引のプラクティスに精通した専門性の高い仲裁人を任命することができるため，より実務に即した解決がなされる可能性が高い。もっとも，日本においてはM＆A取引のような特定の分野に精通した専門性の高い仲裁人が豊富にいるという状況ではなく，また法的訓練を受けていない仲裁人の場合には事実認定において大きな間違いをするリスクも否定できず，むしろその分野には詳しくなくても法曹実務に精通した裁判官に任せた方がよいという場合もある。

　第四に，裁判は過去の判例の集積に一定程度拘束されるが，仲裁にはこのような制限がないため，比較的柔軟な判断が可能である。もっとも，逆に言えば，仲裁の方が結果を予測しにくいという問題はある。

　また，以下は特に国際取引における相違ということになるが，第五に，裁判の場合はたとえば英語の書類については日本の裁判所で手続を進めるには原則として日本語に和訳する必要があるが，仲裁の場合には英語のまま手続を進めることも可能であるから，関連書類が英語で作成されており，当事者間では英語で仲裁手続を進めることに難がないような場合には，仲裁を選択することによって翻訳にかかる膨大な手間と時間を節約することが可能である。第六に，米国のように陪審裁判制やディスカバリー制度が採用されている国では，裁判の場合は陪審員により全く予想外の判断が下されたり，時間と費用のかかるディスカバリーの手続が必要になったりすることがあり得るが，仲裁の場合にはこれの手続を排除することが可能である。第七に，裁判の場合は裁判を行う国と執行する財産の所在国が違うと外国判決の承認が必要になり，強制執行が必ずしも認められるとは限らないが，仲裁の場合には約150ヶ国の締結国を擁する外国仲裁判断の承認および執行に関する条約（ニューヨーク条約）の締結国間であれば，外国の仲裁判断も強制執行可能である。

　このように裁判と仲裁は一長一短のものであり，株式譲渡取引についての紛争のような場合に定形的にどちらの方が適しているとは言えない。欧米では仲裁は頻繁に活用されており，その歴史が長く仲裁人も多いので，欧米での取引においては仲裁が選択されることも多いが，国内取引においては，日本におい

て仲裁制度がこれほど根付いていないこともあり、裁判が選択されることが圧倒的に多い。もっとも、案件によっては、仲裁の方が好ましい案件もあると思われるので、国内取引であっても仲裁を選択肢として検討すべき場合はあろう。

(2) 複数の紛争解決方法の併用

① 並列的なハイブリッド条項

複数の紛争解決方法の長所を生かす観点から、ハイブリッドな紛争解決方法の定めをすることも考えられる。たとえば、裁判所でも専門化が進んでいる知的財産に関する紛争については裁判とし、それ以外の紛争については仲裁としたり、原則として裁判によるが、買収価格の妥当性についての紛争については鑑定仲裁（法を適用して判断を示す通常の仲裁とは異なり、仲裁機関の管理下でその分野の専門家が鑑定を行う手続）によるなどの工夫も考えられよう。

② 直列的なハイブリッド条項（多段的紛争処理条項）

最終的には裁判または仲裁で紛争を解決するにしても、まずは穏便かつ費用のかからない方法で紛争解決を試みることを義務づける条項が設けられることがある。たとえば、株式譲渡契約について紛争が生じた場合には、①担当部長レベルの協議、②代表取締役レベルの協議、③調停などを一定の期間行うことを定めて、当該手続が終了しない限り最終的な紛争解決手段である裁判または仲裁に進めないようにしておく条項である。なお、調停は、中立的な調停人の同席のもとで行われる当事者間の協議であり、調停人が調停案を示す場合もあるが、いずれにしても当事者双方が合意しないと調停は不調に終わり、強制力がない点で、裁判や仲裁より弱い紛争解決方法と言える。

かかる条項を定めなくても、上記のような順番で紛争がエスカレートしていくのが通常であるが、かかる条項のポイントは、不意打ち的にいきなり裁判に訴えたりすることを防止し、また、一定期間の協議を義務づけることで和解成立の気運を高め、費用や時間のかかる裁判や仲裁の可能性を減らすことにある。なお、いつ次の段階に進むことができるかについて余計な紛争を生じさせるお

それをなくすため，一定の期間が経過した場合には次の手段に進めることを明確にしておくべきであろう。

(3) 裁　判

民事訴訟法11条は，当事者は第一審に限り合意により管轄裁判所を定めることができ，また，管轄裁判所の合意は，書面または電磁的記録によるのでなければ効力が生じないとする。したがって，管轄裁判所の合意は契約書に記載し，またかかる合意は第一審に限る旨を明記するべきである。裁判所の本庁や特定の支部を指定する合意は，管轄の問題ではなく裁判所内部の事務分配に関する問題なので無効である。

管轄裁判所の合意には，専属的管轄の合意と非専属的（付加的）管轄の合意がある。専属的管轄か非専属的管轄のいずれかを明記しなかった場合には，原則として専属的管轄を定めたものと解する判例と原則として非専属的管轄を定めたものと解する判例がある。したがって，実際に紛争が発生した場合に，専属的管轄か非専属的管轄かの段階から当事者間で争わなくてはならなくなる事態を避けるために，専属的管轄か非専属的管轄のいずれかは，契約書に明記すべきである。

国際案件に関して言えば，第一に，当事者が日本で裁判をすることを希望する場合，紛争解決は日本での裁判によることを明記しておくべきであろう。もっとも，判例上，日本の民事訴訟法の規定する裁判籍のいずれかが国内にあれば，原則として被告を日本の裁判権に服させるのが相当であるが，当事者間の公平，裁判の適正・迅速という理念に反する特段の事情があると認められる場合，日本の国際裁判管轄は否定される（最三判平成9年11月11日民集51巻10号4055頁）ことに留意すべきである。第二に，当事者が外国で裁判をすることを希望する場合にも，同様に紛争解決は外国での裁判によることを明記しておくべきということになろう。判例上，外国の裁判所を専属的管轄とする合意も，当該事件が日本の裁判権に専属的に服するものではなく，かつ指定された外国の裁判所がその外国法上当該事件につき管轄権を有する場合には，原則として

有効とされている（最判昭和50年11月28日民集29巻10号1554頁）。日本の裁判権に専属的に服する事件の例としては，日本にある不動産の物件に関する訴訟，会社法上の訴訟，著作権を除く知的財産権の有効性に関する訴訟等がある。

　実際にどこを管轄裁判所にするべきかは，場所の便（裁判所に行きやすいか），頼れる弁護士の有無や費用，対象となる資産や証拠の場所，国際案件においては，さらに言語の便（翻訳する必要がどの程度あるか），強制執行の可否等，様々な要素を考慮し検討する必要がある。契約交渉においていずれの当事者も自らにとって有利な場所を主張して交渉が難航した場合には，被告の都道府県または国の裁判所で行うとする例や中間的な都道府県または第三国で行うとする例などもある。このうち，中間的な都道府県で行うとする場合，通説は，特に著しい遅滞を避ける公益上の必要がある場合には移送を認め，判例は公益の他相手方当事者の訴訟追行上の便宜や負担も考慮して決すべきとする（もっとも，それ程の公益上の必要性がある場合かあるのかについては学説上疑問も呈されている）。第三国で行うとする場合には，当該地に管轄権が認められるかを確認する必要があろう。

　被告の住所地での提訴を合意する交差的裁判管轄条項も有効と解され，裁判管轄を巡って交渉が難航した場合に，妥協案としてかかる交差的管轄条項が定められる場合もある。この場合には，被告が反訴や実質的に抗弁に当たるような訴訟を原告に対して提起することで実質的に同一の紛争が２つの裁判所で係属する可能性があるという問題がある。このような事態を避けるため，一旦いずれかの裁判所で訴訟が開始された場合には，その裁判所が唯一の専属管轄裁判所となるとする但書を入れておくことが望ましい。

(4) 仲　裁

　①仲裁地が日本国内にある仲裁手続および②仲裁手続（ニューヨーク条約が定めている要件を充たしていれば仲裁地を外国とする仲裁を含む）に関して日本国内の裁判所が行う手続については，仲裁法の適用がある（仲裁法１条）。そして，仲裁法の下では，仲裁合意は，原則として書面または電磁的記録によ

るのでなければ効力が生じない（仲裁法13条2項～5項）。したがって，少なくとも対象会社が日本の会社である株式譲渡契約に関する限り，仲裁の合意は契約書に記載する必要があると言って良い。

　仲裁を，仲裁機関等に頼らず手続等の全てを当事者で決めて行うことも可能である（アドホック仲裁）が，仲裁規則等が完備された仲裁機関を利用する方が便利であり，多くの場合は仲裁機関が利用される。この場合，仲裁条項においては，まずどこで仲裁するか（日本，米国等）を決め，その地にある仲裁機関を利用すると定めることになる。日本の仲裁機関としては，一般社団法人日本商事仲裁協会（JCAA），海外の仲裁機関としては，アメリカ仲裁協会（AAA），中国国際経済貿易仲裁委員会（CIETAC），国際商業会議所国際仲裁裁判所（ICC）などが有名である。仲裁機関を選定したら，原則としてその仲裁機関の規則（たとえば，社団法人日本商事仲裁協会であれば，その商事仲裁規則）が適用されるが，その点についても契約書に明記しておいた方が望ましいであろう。

　仲裁機関および仲裁規則を定めたら，後の手続の詳細は仲裁規則が適用されるので必ずしも全てを仲裁条項中に規定する必要はなく，JCAAの推薦条項である記載例9-7もかかる観点からシンプルなものとなっているが，より詳細に仲裁地，仲裁人の人数・選定方法，仲裁言語，費用の分担などを予め定めておくこともある。たとえば，仲裁人の人数について，公平を期するため，全部で3名とし，各当事者が1名ずつ指名した上でかかる指名を受けた2名が残りの1名を指名するという方式が規定されることがある。ただし，このように仲裁規則で規定されている事項を当事者間で合意する場合には，仲裁規則上当事者による別段の合意を認めていなかったり想定しなかったりすることもあるので，仲裁規則との関係で矛盾が生じないかを十分注意する必要がある。たとえば，JCAAの規則の下では仲裁人は原則1名であるが，当事者が3名とすることを要求できるとされている（同規則26条）ので，2名とする合意は仲裁規則との整合性が崩れ，有効性に疑義が生ずることになる。

　仲裁法35条1項および2項は，仲裁廷または当事者は，仲裁廷の同意があり，

かつ当事者間で反対の合意がない限り，裁判所に対して証拠調べ（鑑定，証人尋問，文書提出命令等）の実施を求める申立てをすることができると規定している。これは，仲裁合意が存在する場合には訴訟が利用できない一方で，仲裁判断には確定判決と同一の強力な効力が認められるため，仲裁を紛争解決制度として国家が承認する以上，より事実に即した仲裁判断が可能となるように，訴訟と同等の事案解明の手段を保障する趣旨である。UNCITRAL国際商事仲裁模範法に由来するものであり，外国でも同様のルールがある国が多い。そこで，たとえばディスカバリー制度などの強力な証拠調べ制度が適用されてしまえば前述した仲裁制度の一つのメリットが失われてしまうので，仲裁条項においては，裁判所における証拠手続を排除する旨を合意しておくことが望ましい場合もあろう。

　裁判管轄の場合と同様，交差的な仲裁条項の定めをすることも可能である。その場合に，実質的に同一の紛争について二つの仲裁手続が係属してしまわないように，一方当事者が申立てた仲裁手続が係属した場合には，他方当事者が他の仲裁手続を開始できないように規定することが望ましい点についても，裁判管轄の場合と同様である。

　仲裁判断は確定判決と同一の効力を有し（仲裁法45条1項），執行決定を得れば裁判所で仲裁判断に基づく民事執行をすることもできる（同項但書）。仲裁地を外国とする仲裁についても，ニューヨーク条約が定めている要件を充たしていれば同様である。なお，仲裁合意の存在が民事訴訟における抗弁となる（仲裁法14条）のは本案訴訟についてのみであるから，仲裁合意が存在する場合でも，差止や仮処分等の保全処分手続を行うことは可能である（仲裁法15条，東京地判昭和29年7月19日下民5巻7号1110頁等）。そこで，仲裁合意がある場合でも，保全処分や強制執行手続など本案以外の手続についての管轄裁判所の合意を予めしておくことがある[71]。

8 言　語

記載例9-8　言語に関する規定のサンプル

> 第9.7条（言語）
> 　本契約は日本語で作成される。本契約が他の言語に翻訳された場合であっても日本語版のみが正文であり，他の言語による翻訳版に常に優先する。本契約に基づいて又は本契約に関連して作成される書面は，全て日本語で作成される。

　国際取引であったり，国内取引であっても一方当事者が外資系であったり外国人の役員がいる場合などにおいては，契約書の外国語訳が作成されることがある。その場合に，混乱や余計な紛争を避けるために規定しておいた方がよいのが言語に関する規定である。一見同じ単語であっても，日本法の下での法律用語としての意味と外国法の下での法律用語としての意味は同一でないことも多く，契約書の翻訳は何語から何語であっても容易なものではない。ニュアンスまで含めて同一の翻訳を作成するのは国際取引を専門とするバイリンガルの弁護士であっても頭を悩ませる困難な作業である。そこで，翻訳が作成される場合には，むしろ齟齬があることを前提に，どちらの言語が優先するか（どちらの言語を支配言語にするか）を定めておくことが後日の余計な紛争を防止する観点からは重要である。また，その場合の翻訳版には，「参照用英訳」などと明記し，署名押印なども行わないでおくことが混乱を避けるために有用であろう。

71　ただし，本案について仲裁地を外国とする仲裁合意がある場合に，保全命令事件の管轄を定める民事保全法12条1項の「本案の管轄裁判所」とは仲裁地を管轄する裁判所をいうから，「本案の管轄裁判所」が国内には存在しないとして，日本の国際裁判管轄を否定した事例がある（東京地決平成19年8月28日判時1991号89頁）ことに留意が必要である。

また、電話等により契約書外で行われる事実上の連絡は別にして、契約書に基づいてまたは関連して作成される正式な書面については、契約書の文言を引用することも多いため、引用の段階で翻訳作業が入り、意味が微妙に変わってしまったりすることがないよう、契約書と同じ言語で作成するよう規定しておくことが望ましい場合が多いであろう。

9 正本

記載例9-9　正本に関する規定のサンプル

第9.8条（正本）
　本契約は、二部以上の正本を用いて締結することができ、その各々が原本とみなされるが、それらは全体として一つの、かつ同一の契約を構成する。

記載例9-9の文言は、各当事者が同一のサインページのフォームを用いる限り、別の紙を用いてサインすることが可能であり、かかる複数枚のサインページの集合体がサインページ以外の部分と合わせて一つの原本を構成するという意味である（図表2-9-1参照）。これは、当事者が遠隔地におり、袋とじやバインドをした契約書を持ち回り方式で調印するとクロージング日中に契約当事者全員の調印が間に合わないような場合に、便利な方法である。なお、そのような場合には、他にサインページを当事者ごとに分けておくという方法もあるが、この場合には、厳密には二部以上の正本を作成しているわけではない。実務的には、図表2-9-1のようなサインページのコピーを予めクロージング日までにファックスや電子メールで交換し合って確認をし、クロージング日はこれら持ち寄って袋とじやバインドを行うことが多い。

図表2-9-1　二部の正本と二部の原本の相違（二部の正本）

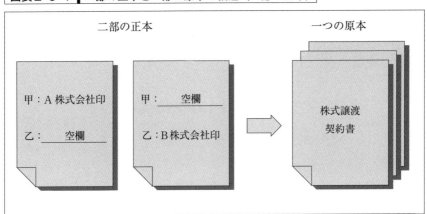

　なお，正本という日本語は，Counterpartという英語の和訳である（「正本」でなく，「副本」と和訳されることもある）が，この和訳が誤解の元となり正本に関する規定の意味が正しく理解されていない場合が散見される。すなわち，二部以上の正本を用いて締結するということを複数の契約書がいずれも原本であるという意味（図表2-9-2）と同義であると思われている方もいるが，これは正本に関する規定が意味するところではない。これは，むしろ契約書の末

図表2-9-2　二部の正本と二部の原本の相違（二部の原本）

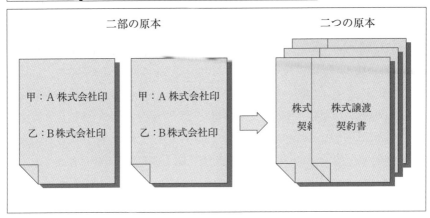

尾に記載される「本契約の各当事者は，本契約書の原本を 2 通作成し，各自 1 通を保有する。」との文言が意味するところである。

10 分離可能性

記載例9-10 分離可能性に関する規定のサンプル

> 第9.9条（分離可能性）
>   本契約のいずれかの条項が何らかの理由により無効又は執行不能である場合であっても，本契約の他の条項が無効又は執行不能となるものではない。また，裁判所において本契約のある規定が無効又は執行不能とされた場合には，当該規定は，有効かつ執行可能となるために必要な限度において限定的に解釈される。

(1) 趣　旨

　契約書の条項のうち本質的でない一部の条項が無効であったり強制可能性がない場合または法令の改正や裁判所の判例により無効になったり強制可能性がなくなった場合，当該条項の無効・強制不能の結果契約書全体が無効・強制不能となってしまっては不都合である。そこで，当事者の意思として，一部が無効または強制不能であっても，他の部分には影響しない旨を規定する条項が分離可能性に関する条項（分離条項と呼ばれることもある）である。

　この条項は，英米法圏の契約に含まれるSeverability Clauseに由来するものであり，国内取引においてはあえて規定しなくても当事者の合理的意思解釈として同様に解釈されることが多いと思われるものの，念のために規定しておくことは無意味とは言えないため，国内取引に関する契約にも規定されることがある。なお，仲裁法13条 6 項は，「仲裁合意を含む一の契約において，仲裁合意以外の契約条項が無効，取消しその他の事由により効力を有しないものとさ

れる場合においても，仲裁合意は，当然には，その効力を妨げられない。」と規定しているが，これはたとえば仲裁により契約が無効と判断されたときに仲裁合意まで無効になってしまわないように，仲裁合意については分離可能性が認められることを法文化したものと考えられる。

(2) 有効性

　分離可能性に関する条項が，日本法上あらゆる場合において常に有効であるかについては疑問がある。すなわち，日本法上，公序良俗違反の契約は無効である（民法90条）ため，いくら当事者が分離可能性を規定しても，公序良俗違反である一部の条項が当該契約の本質的な部分であったり，本質的部分と相互関連しているような場合には，裁判所が契約全体を無効と判断することは十分あり得る。また，契約全体が公序良俗違反でなくても，分離対象となった契約の一部が本質的な部分であり，残りの部分だけを有効なものとして執行するにはあまり当事者間の不平等を来すような場合には，残りの部分だけを契約として成立させることが公序良俗や信義則に反し無効と判断される可能性も否定できないと思われる。

　なお，一部無効となった場合，契約書の条項は多かれ少なかれ相互に関連しているため，残りの条項だけでどのような契約内容となるかについて明確でないこともある。また，一部無効の条項を除いた後，有効となる限度で原契約の文言が当事者の合理的意思解釈に従い自動的に修正，追加されたものとする旨の規定をすることも多いが，かかるみなし規定だけでは修正・追加後の具体的な契約内容が必ずしも明確ではない。そこで，実際に一部無効のような事態が生じてそれが当事者に判明した場合には，たとえ分離可能性に関する条項があったとしても，変更契約を締結して一部無効の規定を排除した後の契約内容を明確化しておくことが，後日の紛争防止の観点からは望ましいと言える。

11 完全合意

記載例9-11 完全合意に関する規定のサンプル

第9.10条（完全合意）
　本契約は，本契約の対象事項に関する当事者間の完全な合意及び了解を構成するものであり，書面によるか口頭によるかを問わず，かかる対象事項に関する当事者間の本契約締結前の全ての合意及び了解に取って代わる。

(1) 趣　旨

　完全合意とは，英米法上の概念であるEntire Agreementの和訳である。Entire Agreementの規定は，英米法における証拠法上のルールであるParol Evidence Rule（口頭証拠の法則）に由来する。Parol Evidence Ruleとは，当事者が当事者間の合意の最終形として書面を作成した場合は，当該書面より以前または同時の，当該書面の内容を追加，修正または否定する合意（口頭に限らず，書面を含む）を証拠として提出しても，当該書面の内容は修正されないというルールである。すなわち，この条項は，株式譲渡契約が締結される前に当事者間で締結された基本合意書その他の契約書や，交渉中に各当事者が作成した提案書その他の書面，交渉中の当事者間の口頭のやり取り等について，紛争において証拠能力を認めないという当事者間の合意を意味している。

(2) 有効性

　上記のとおり，完全合意は元々英米法上の概念を日本法上の契約に取り込んだものであるため，その日本法上の効力については明確ではなかったが，近年完全合意条項の日本法上の有効性を前提とした裁判所の判断が出されている。すなわち，東京地判平成7年12月13日判夕938号160頁では，日本法を準拠法と

し英文で作成された株式売買契約の完全合意条項（ただし，**記載例9-11**よりもより証拠法を意識した規定の仕方になっている）が有効であると認め，契約書以外の外部の証拠によって，契約書の各条項の意味内容を変更したり，補充することはできないとした。また，東京地判平成18年12月25日判時1964号106頁において，最恵待遇条項の合意の有無が問題となった液晶パネルの特許ライセンス契約に関して，当該契約書には完全合意条項（こちらは**記載例9-11**に近いものであった）が設けられているから，仮に当該契約締結前に当事者の間で最恵待遇条項の合意が成立していたとしても，当事者の間に当該契約書に明記されていない最恵待遇条項を含む契約が成立したものとは認めがたいと判断された。その後も，名古屋地決平成19年11月12日金融・商事判例1319号50頁（合意書において，本件合意書はその目的に関する当事者間の合意のすべてを構成する唯一のものであり，従来または現時点の交渉，申し合わせの一切に優先するとの条項があることを踏まえて，当該合意書の解釈に当たっては，合意書の明文の規定により確定することが予定されているとした），東京地判平成22年12月8日判時2116号68頁（被告の主張する契約解釈が完全合意条項に反するとの原告の主張について，完全合意条項が有効であることを前提として，被告の主張に沿った判断は契約の規定の合理的な解釈に過ぎず，当該規定の内容を追加，変更，補充および否認するものではないから，完全合意条項に違反しないとした），東京地判平成23年12月16日判タ1384号196頁（フランチャイズ契約に関して，口頭契約の排除条項が定められていることから，被告が原告に対して負う義務の内容は，当該契約の解釈によって定められるべきであり，契約書外の事情は考慮すべきではないとした）などの下級審裁判例が出されている。これらの判例はいずれも地裁レベルであるため今後の判例の集積により異なる判断がなされる可能性も否定はできないが，完全合意条項は日本法上においても原則として有効であると考えてよいと思われる。

　もっとも，完全合意条項があったとしても，交渉経緯などについては裁判所による契約の文言の合理的意思解釈に際して用いられる可能性は否定できない点に留意が必要である（なお，国内において拘束力を持つものではなく，また

批判する論者も多いところではあるが、ユニドロワ国際商事契約原則2016の2.1.17条には、「書面による契約中に、当事者が合意した内容は当該書面に全て示されている旨の条項が存在する場合は、先行する表明または合意を証拠としても示しても、それにより契約内容が否定または補充されてはならない。ただし、それらの表明または合意は、当該書面を解釈するために用いることができる。」との規定がある）。

(3) その他の留意点

案件の開始段階で締結した秘密保持契約書やLOIを存続させたいような場合には、これらを完全合意条項において明示的に除外する必要があるので、注意が必要である。また、完全合意条項を事前の合意のみならず同時の合意も排除する規定とすることもあるが、その場合には同時に締結するサイドレターなどを除外する必要があるので、注意が必要である。

また、契約書が詳細にわたるものではなく、伝統的な日本の契約書のように多くの部分を契約書外での明示・黙示の合意に委ねているような場合には、完全合意条項はそもそも規定するべきではないであろう。

12 通 知

記載例9-12 通知に関する規定のサンプル

第9.11条（通知）
　本契約に基づく又は関連する一切の通知は、本契約に別段の規定がない限り、全て書面によるものとし、以下の通知先（但し、各当事者は相手方当事者に対して通知することにより、自らの通知先を変更することができる）に、直接持参して交付されるか、又は、書留郵便、クーリエサービス若しくはファクシミリによって送付される。各当事者は、通知が、直接持参して交付された場合はその交付時に、ファクシミリにより

> 送付された場合にはかかる送付の当日に，書留郵便又はクーリエサービスにより送付された場合にはかかる送付後3営業日後に，それぞれ名宛人に到達したものとみなすことに合意する。
> (1) 売主に対する通知
>   ［住所］
>   ［売主の会社名］
>   担当者：○○部　○○
>   FAX：○○-○○○○-○○○○
>
> (2) 買主に対する通知
>   ［住所］
>   ［買主の会社名］
>   担当者：○○部　○○
>   FAX：○○-○○○○-○○○○

(1) 趣　旨

　株式譲渡契約においては，各当事者がクロージングまでの間に相手方に対して各種の通知を行う義務を負ったり，補償請求や解除権など権利行使のために相手方に対する通知が必要とされる場合が多数規定されているのが通常である。これらの通知については，一定の期限が定められることも多い。これらの通知がそもそもなされたか否か，またなされたとして期限内になされたかについて将来当事者間で紛争が発生することを防止するのが，通知に関する規定をおく目的である。

(2) 通知の方法

　通知の方法としては，伝統的な方法から順に，①直接持参による交付，②郵送またはクーリエサービス，③ファクシミリによる通信，④電子メールによる

通知がある。④については，金融取引では一般化しつつあるが，まだM&A取引において一般的に認められている方法とは言い難い。

②については，主として配達された日時が分かるように，料金前払いの書留郵便が指定されることが多い。なお，一般書留が引受から配達までの送達過程を記録し，万一郵便物等が壊れたり届かなかった場合に，実損額を賠償するものであるのに対し，簡易書留は料金が一般書留に比べて割安である反面，引受と配達のみを記録し，万一の場合の賠償額が原則として5万円までの実損額となるものを言う。一般書留には，さらに配達した事実を証する配達証明を追加することができる。単に到達時を記録しておきたいということであれば，簡易書留で足りると言える。かつてはより安価な方法として配達記録（引受と配達を記録するが，万一の場合の損害賠償は原則ない）という制度もあったが，2009年2月28日をもって廃止された。

③および④については，改ざんの防止や証拠として正式な書面を残すため後日ハードコピーを①または②の方法で送り直すことを要求することもある。④では適切な受領確認（受領した旨の返信等）があることを要するとすることも考えられる。

実務上は，契約書上に記載された方法の如何を問わず，通知すべき事由が発生した場合には相手方の担当者にまずは電話や電子メールで連絡をしておくことが，可及的に紛争を事前に防止することに資すると言えよう。

(3) 通知先

通知先は，会社の場合，全く関係ない部署に通知が到達すると担当者に適時に届かない（最悪の場合は，担当者まで届かない）ことも考え得るため，予め部署および担当者を決めておくのが一般的である。また，特に国際取引の場合には，念のために法律顧問となっている法律事務所の担当弁護士等を写し送付先とすることもある。

(4) 通知の時点

　通知の効力は，通常であれば，民法の到達主義（民法97条1項）の原則に従って，到達時に発生する。もっとも，到達時では，②の場合にはいつ到達するかが発信者に明確に予測できないという不便があり，また③や④の場合にはいつの時点をもって到達したかについて必ずしも確立された見解がある訳ではない。そこで，②の場合は郵便またはクーリエサービスに通知を預けてから一定の日数（たとえば2営業日が経過した時点で到達したものとみなしたり，途中で業者が紛失するなどして最終的に通知が到達しなかった場合であっても通常到着すべき時に到達したものとみなしたりするなどの工夫がされることがある。また，③の場合は発信者の元で送信完了の確認が取れた時点に到達したものとみなしたり，④の場合は送信不能通知が届かない限り発信時に到達したものとみなすなどの工夫をすることも考えられる。これらについてどの程度詳細に規定するかについては，契約上ある時点までに通知を送ることが想定されており，それが契約上当事者間の権利関係の決定にあたって重要であればあるほど（たとえば，補償請求を期限ぎりぎりに行う可能性が高い場合），予め明確に規定しておいた方がよいこととなる。ただし，民法の到達主義の原則を当事者間の合意によって修正できるかは必ずしも明確ではないため，法律意見書においては通知の効力発生時に関する条項や通知の到達のみなし規定は意見から除外されることが多い。

(5) 通知の言語

　国際取引の場合には，通知は契約書と同じ言語に限るなど，言語を限定することが必要になる場合もあろう。

13 修正および放棄

記載例9-13 修正及び放棄に関する規定のサンプル

第9.12条（修正及び放棄）
　本契約のいかなる規定の修正又は変更も，売主及び買主の代表者が記名押印又は署名した書面によってなされるのでなければ，その効力を有しない。本契約のいかなる規定又はそれに基づく権利若しくは義務の放棄又は免除も，それを行う当事者の代表者が記名押印又は署名した書面によってなされるのでなければ，その効力を有しない。

(1) 趣　旨

　契約は口頭でも成立するところ，せっかく長時間をかけて契約書を作成してもその後に安易に口頭の合意で変更されてしまうと，後日，契約書の記載とは違うが口頭で変更されているため，債務不履行を構成しないなどの主張を許すことになる。そこで，修正や変更については契約書の締結と同様の方式でのみなされる旨を規定することが一般的である。
　権利の放棄や免除も一種の契約の変更・修正なのであわせて規定されることが多い。

(2) 有効性

　民法上は契約自由の原則により遺言など一部の例外を除いては書面による作成が義務づけられる要式行為とされることはなく，当事者間の合意は口頭でも成立する。そこで，当事者間で書面以外の方法による変更，放棄などの効力を否定する合意をしたとしても，かかる条項が民法上有効と言えるかについては必ずしも明確ではなく，法律意見書では除外の対象となることが多い。

(3) 放　棄

　放棄については，一つの権利の放棄が同一の事由に基づく他の権利の放棄を意味しないことを念のために定めておくこともある。たとえば，デューデリジェンスの結果ある重要な契約についてチェンジ・オブ・コントロール条項が発見されたため，当該重要契約の相手方からの同意の取得を売主の義務かつ買主による取引実行の前提条件としたものの，当該同意が取得できないままクロージング日が到来し，買主が当該前提条件の不充足を理由とした取引の実行をしない権利を放棄してクロージングを選択したと仮定する。この場合において，「一つの権利の放棄が同一の事由に基づく他の権利の放棄を意味しない」ということを明確にしておけば，クロージング後にチェンジ・オブ・コントロール条項に基づき相手方から当該重要契約が解除されて損害が発生した際にも，買主が売主に対して義務違反に基づく補償請求を行うことは妨げられないということが明確になる。

14　譲渡禁止

記載例9-14　譲渡禁止に関する規定のサンプル

第9.13条（譲渡）
　本契約において別段の定めがある場合を除き，売主及び買主は，本契約上の権利又は本契約上の地位の全部又は一部を，相手方当事者の書面による事前の同意なしに，第三者に譲渡，移転，担保権の設定その他の方法により処分してはならない。

(1) 趣　旨

　民法上，一定の例外を除き，指名債権は原則として債権者により譲渡が可能とされている（民法466条1項本文）が，たとえば株式譲渡契約上の補償請求

権などかどのような第三者に譲渡されてしまうか分からないのでは，売主としては不安が残る。というのも，当該第三者が契約書の文言について，交渉当事者であった売主および買主とは全く違う解釈の仕方をしたり，また買主であれば補償請求権の行使に至らないようなケースであっても第三者としては訴訟も厭わず行使してきたりする可能性があるからである。民法改正によって，譲渡禁止特約など譲渡制限の意思表示があったとしてもその債権の譲渡自体は有効となったが（改正民法466条2項），譲渡制限の意思表示を知っていた悪意の譲受人または重過失によって知らなかった譲受人に対しては，債務の履行を拒んだり，弁済等を主張したりすることができることから（改正民法466条3項），この譲渡禁止に関する規定は，かかる譲渡禁止特約としての意味を有することになる。

他方，債権と異なり，契約上の地位自体の譲渡については民法上の原則から言っても契約の全当事者の同意が必要であるから，**記載例9-14**のような規定がなくても契約上の地位の譲渡をするには他の契約当事者の同意が必要となる。しかしながら，かかる同意は民法上の原則に従えば口頭でも構わないので，後日の紛争を防ぐため，**記載例9-14**のような規定を設けて，これを「事前の」かつ「書面による」同意に限定することが行われる。

(2) 除外事項

譲渡禁止条項は，単なる譲渡だけではなく「移転」や「その他の方法による処分」など，幅広い行為を禁じていることが多く，その場合には，事業譲渡，会社分割，吸収合併において消滅会社になる場合等の組織再編行為も含まれると解釈される可能性がある。そこで，たとえば株式譲渡後に対象会社との合併を予定している場合など，組織再編行為が予定されている場合には，これらを明示的に除外しておくことが望ましい。

また，LBO取引においては，借主である株式譲渡契約における買主が，主に補償請求権を念頭において株式譲渡契約上の権利を貸出金融機関に対して担保に供することを求められることがある。その場合，通常は株式譲渡契約のク

ロージングと同時に質権などの担保権の設定をすることになるが，担保権の設定も譲渡禁止に関する条項で一般的に禁止されている「担保権の設定」，「その他の処分」等の文言に該当するので，予め明示的に除外して，相手方の同意を取得する必要がないように規定しておくこともある。なお，補償請求権に質権を設定した後に補償請求権の有無や金額を巡って売主と買主の間で紛争が発生した場合，原告適格を有するのは原則として金融機関となるが，金融機関は通常はかかる訴訟の原告となる意思はなく，実際には補償請求権の実行に関して必要がある場合には一旦質権の設定を解除し，回収後再設定することになると思われるので，解除後の再設定も除外対象に含まれるような規定にすることが望ましい。

15 見出し

記載例 9-15 見出しに関する規定のサンプル

第9.14条（見出し）
　本契約中の見出しは参照の便宜のためにのみ付されたものであり，本契約の解釈に関して考慮されるものではない。

　見出しは，目次とともに後日契約書を見直す際に非常に便利なツールであるものの，複雑な各条項の内容を見出しの一言で語り尽くすことができることは多くない。したがって，見出しが解釈に影響を与えないことを確認するための規定がおかれることがある。
　もっとも，記載例9-15のような規定があったとしても，後日当事者が規定を見逃し，その結果債務不履行が生じて紛争や損害が発生することを可及的に防止するため，ミスリーディングな見出しを付けることは避けるべきである。たとえば，クロージングまでの義務を定める条項の一つに，第三者からの承諾の取得のほか，政府機関の承諾の取得，第三者への通知等を求める規定があり，

当該条項に「第三者からの承諾の取得」という見出しを付けたとする。すると，後日通知義務があるかどうかを確認しようとする当事者は，本条項は承諾に関する規定だから通知義務とは関係がないだろうと推測して，通知義務の存在を見逃す可能性がある。したがって，このような場合には，「第三者からの承諾の取得等」などと，「等」をつけることで，他の事項についても規定されている可能性があることを示唆しておくことが望ましい。

16 誠実協議

> **記載例9-16** 誠実協議に関する規定のサンプル
>
> 第9.15条（誠実協議）
> 　売主及び買主は，本契約に定めのない事項，又は本契約に定める事項若しくは今後合意される事項に関する疑義については，誠意をもって協議の上，これを解決する。

　誠実協議に関する規定は，特に国内取引においては定められることが多い文言である。いきなり紛争解決方法に基づく訴訟・仲裁を提起するのではなく，まずは誠実に協議する義務を課すものであり，無駄な訴訟費用等を省くという意味でも有意義な条項と言える。もっとも，当事者間の交渉で合意に至らなかった事項を誠実協議条項に委ねて曖昧のまま規定することは問題の先送りに過ぎないこと，また本条項は合理的な期間誠実に協議さえすれば合意に至らなくても本条項の義務は果たしたことになるという意味で限界のある規定であることから，誠実協議条項があるから曖昧な条項を残してよいということにはならないことは言うまでもない。

コラム 不可抗力（Force Majeure）

　M&A取引における株式譲渡契約には入っていないことが多いが，一般にはよく見られる一般条項として，不可抗力に関する規定がある。これは，契約をした当事者にとって予想外かつ支配の及ばない事由により契約を履行することができなくなった場合に，公平の観点から契約上の義務の不履行とはならない旨を定めるものである。由来はForce Majeureというフランス語から推測されるように大陸法であるが，英米法でも取り入れるようになったと説明される。英米法では無過失責任の原則が取られるため，かかる規定がないと無過失でも免責されないのが原則であるが，過失責任の原則を取る日本法上はこのような規定がなくても民法上免責される可能性が高い。たとえば，民法415条は債務者の責めに帰すべき事由によって履行不能その他債務不履行になったときに限り債務不履行による損害賠償責任を認めている（ただし，民法419条3項は金銭債務の不履行については，例外的に不可抗力も抗弁にはならないとする）。他にも，事情変更の原則が適用される場合もあろう。しかしながら，民法上よりも広くまたは明確に免責される場合を定めておきたい場合などには，念のため不可抗力条項を規定しておく意味はあろう。

　不可抗力には，台風，地震，洪水，津波など自然の力による自然災害と，戦争，テロ，暴動，ストライキなどの人の力によるものがあるが，特に人為災害の場合にはどこまでが不可抗力と言えるかについては必ずしも明確ではない。不可抗力は制限列挙ではなく例示列挙となっていることが多いが，範囲が不明確になっていないか，また例示の中に不可抗力として認めるべきでないものが入っていないかを確認する必要がある。たとえば，サーバーのダウン，法令の変更，交通機関の停止，銀行システムの停止，疫病の流行などをそのまま全て不可抗力として認めるかについては，検討の余地があろう。

索 引

欧文・数字

3分の1ルール 32
3分の2基準 32
5％基準 32
10％ルール 62
AAA 305
anti-sandbagging条項 166
basket 272
best effort 244
Break-up Fee 22, 35, 40, 148, 285
CA 9
cap 272
Certificate of Good Standing 82
Certificate of Signature 82
CFIUS 141
CIETAC 305
CISG 299
commercially reasonable effort 244
Counterpart 309
Covenants 235
DCF方式 106
deductible 273
Disclosure Schedule 96, 171
Double Materiality 138
drag-along right 191, 250
drop dead date/long stop date 283
Earn-out条項 112
Entire Agreement 312

escrow 116
escrow agent 116
Exhibits 96
FCPA 225
F-4ファイリング 61
Fiduciary Out 22, 35, 40
Finder's Fee 234, 295
first refusal right 191, 250
floor 272
Force Majeure 323
Further Assurances 262
Good Standing 193
go-shop条項 24
ICC 305
Indemnification 267
JCAA 305
LBO取引 128, 320
leakage 111
LOI 19
Locked-Box 111
MAC 57, 59, 142
MAC OUT 255
MAE 143
match right 24
MOU 19
NDA 9
no-shop条項 24
no-talk条項 24
ordinary course of business 254

Parol Evidence Rule	312
PIPES	42
PMI	257
Post-closing Covenants	240, 259
Pre-closing Covenants	240
Preamble	93
reasonable effort	244
Recital	92
sandbagging条項	166
Schedules	96
seller's finance	114
Severability Clause	310
SPC（Special Purpose Company）	83
SPV（Special Purpose Vehicle）	83
Stand-alone Issue	128, 147, 233, 262
tag-along right	191, 250
Tax Indemnity	201
Third Party Claim	278
Transition Service Agreement	233, 262
veto right	250
Whereas Clauses	92
window-shop条項	24

あ 行

アーン・アウト（Earn-out）条項	112
相対取引	28
アドホック仲裁	305
一般条項	287
因果関係	269
印鑑証明書	81
インサイダー取引規制	30, 41, 46
印紙税	98
ウィーン売買条約	299
売掛金債権	217
エクソン・フロリオ修正条項	141
エスクロー	116
エスクロー・エージェント	116
応募義務	37
応募契約	37
応募撤回義務	39
おそれ	176
親会社等	84

か 行

カーブアウト	199
海外ファイリング	190
海外腐敗行為防止法	225
外国仲裁判断の承認および執行に関する条約	301
開示義務	31
解釈の通則	94
会社分割契約	70
会社分割に伴う労働契約の承継等に関する法律	72
解除	281
価格調整条項	104
書留郵便	316
過失相殺	269
合併契約	56
株券の輸送・移動	122
株券発行会社	123
株式移転計画	67
株式移転契約	67

株式交換	63	クロージング会場	122
株式交換契約	64	クロージングチェックリスト	127
株式等売渡請求	34	クロージングバインダー	127
株式併合	34	クロージング日	119
株主間契約	250	クロージングメモ	127
株主名簿の書換	124, 129	クロクロ取引	30, 41
管轄裁判所の合意	303	計算書類	197
環境デューデリジェンス	229	契約当事者の主観的態様	164
環境問題	228	言語	307
ガン・ジャンピング規制	45	原本	309
完全合意	312	行為能力	80
完全合意条項	289	公開買付け	31
鑑定仲裁	302	公開買付価格の均一性	40
勧誘禁止	260	後見登記等ファイル	82
管理監督者	205	交差的裁判管轄条項	304
起因又は関連して	270	交差的準拠法条項	298
企業再生支援機構	183	口頭証拠の法則	312
希薄化率	47	後発事象	201
基本合意書	19	公表	291
救済方法の限定	292	合理的な努力	244
吸収合併	55	子会社	217
吸収分割	69	国際物品売買契約に関する国連条約	299
急速な買付け	32, 43	個人情報	17
競業避止	260	コベナンツ	235
競業避止義務	51, 222	コミットメントレター	148
競争法	29	コンプライアンス	224
共同株式移転	66		
共同売却請求権	191	さ 行	
拒否権	250		
クリーンルーム	14	サービス残業	205
グループ間の取引	232	在庫	219
クロージング	118	最大限の努力	244

サイドレター ……………………… 59, 63, 64, 66, 314	
裁判………………………………… 300, 303	
財務諸表………………………………… 197	
債務不履行に基づく解除…………… 236	
裁量労働時間制度…………………… 205	
サインページ………………… 97, 308	
先買権………………………… 191, 250	
錯誤…………………………………… 162	
サバイバル条項……………………… 286	
事業再生ADR ………………………… 183	
事業譲渡契約…………………………… 50	
事前勧誘規制…………………………… 45	
執行可能性…………………………… 180	
私的整理……………………………… 183	
支払いの一部留保…………………… 114	
社会保険……………………………… 209	
修正…………………………………… 318	
重大性………………………………… 173	
重大な悪影響………………………… 142	
重要契約……………………………… 220	
重要性………………………………… 173	
重要性・重大性の限定………… 138, 139	
準拠法………………………………… 296	
純資産による価格調整……………… 107	
純負債による価格調整……………… 106	
商業上合理的な努力………………… 244	
承継法………………………………… 72	
譲渡価格……………………………… 103	
譲渡禁止……………………………… 319	
譲渡承認決議………………………… 140	
情報開示……………………………… 230	

情報のコンタミネーション………… 12	
証明書………………………………… 145	
消滅時効……………………………… 276	
職務発明……………………………… 216	
知り得る限り………………………… 174	
知る限り……………………………… 174	
信頼利益……………………………… 270	
スクイーズアウト取引………… 55, 63	
スタンド・アロン・イシュー……… 262	
誠実協議……………………………… 322	
成年後見制度…………………………… 82	
正本…………………………………… 308	
誓約…………………………………… 235	
誓約書形式……………………………… 10	
潜在債務………………… 200, 203, 223	
潜在的株式…………………………… 194	
前文等………………………………… 92	
相当因果関係………………………… 269	
双方未履行双務契約………………… 237	
租税…………………………………… 201	
損害担保契約………………… 160, 267	
損害の範囲…………………………… 270	
存続条項……………………………… 286	

た　行

待機期間………………… 29, 42, 53, 62	
第三者によるクレーム……………… 278	
第三者割当……………………………… 42	
対内直接投資…………………………… 30	
担保権………………………………… 128	
チェンジ・オブ・コントロール …………………………………… 148, 242	

チェンジ・オブ・コントロール条項
　……………………………221，239
知的財産権………………………… 213
仲裁……………………………300，304
調停………………………………… 302
通知………………………………… 314
通知先……………………………… 316
定義………………………………… 93
停止条件…………………………… 133
抵触法を除き……………………… 298
敵対的買収………………………… 31
手数料……………………………… 234
デューデリジェンス………25，149，230
添付………………………………… 95
倒産手続…………………………… 182
投資事業有限責任組合…………… 78
同時履行……………………118，125
独占禁止法…………14，29，62，140
独占交渉権………………………… 21
特定組織再編成交付手続………… 60
特定組織再編成発行手続……60，68
特別補償…………………………… 279
取引実行期限日（drop dead date／long stop date）……………………… 283
取引実行条件……………………… 132
取引の実行………………………… 118
取引保護条項……………………… 23
努力義務…………………………… 244

な　行

内部手続…………………………… 187
名ばかり管理職…………………… 205

入札形式…………………………… 10
入札手続…………………………… 8
ニューヨーク州一般義務法……… 298
ニューヨーク条約………301，304，306
ネガティブ・コベナンツ………… 240
年金………………………………… 209

は　行

パートナーシップ………………… 78
売却参加請求権…………………… 191
買収受皿会社……………………… 83
配達記録…………………………… 316
配達証明…………………………… 316
反社会的勢力……………………… 228
引換給付…………………………… 118
否認リスク………………………… 183
秘密情報…………………………… 11
秘密保持義務……………………… 288
秘密保持契約……………………… 9
表明保証……………………137，151
表明保証の存続…………………… 170
表明保証保険……………………… 156
ファイナンス……………………… 147
ファイナンスアウト…………39，147
フォームCB……………………… 62
フォームF-4……………………… 61
フォームF-X……………………… 62
不可抗力…………………………… 323
複数の当事者……………………… 86
副本………………………………… 309
付属書……………………………… 95
負担………………………………… 191

不動産……………………………… 212
振替株式………………………… 63, 124
ブレークアップ・フィー
　………………… 22, 35, 40, 148, 285
プレ・クロージング……………126, 239
プレ・クロージング・コベナンツ… 240
分割債務……………………………… 89
分割指定条項……………………… 297
紛争………………………………… 230
紛争解決方法……………………… 299
分離可能性………………………… 310
米国証券法………………………… 61
米国ニューヨーク州一般義務法…… 297
別紙………………………………… 95
別添………………………………… 95
変形労働時間制度………………… 205
ボイラープレート条項…………… 287
放棄…………………………135, 318
法的拘束力………………………… 180
法律意見書…………………… 146, 180
法令の遵守………………………… 224
保険………………………………… 216
保証………………………………… 84
補償………………………………… 266
補償額の下限……………………… 272
補償額の上限……………………… 272
保証債務…………………………… 200
補償請求権の行使可能期間……… 276
補償請求権の消滅時効…………… 277

ポスト・クロージング…………… 239
ポスト・クロージング・コベナンツ
　……………………………240, 259
ポスト・マージャー・インテグレーショ
　ン………………………………… 257
ホワイト・ナイト………………… 42

ま 行

マルチプル方式…………………… 106
見出し……………………………… 321
未払賃金…………………………… 205
民法上の組合……………………… 80
無形資産…………………………… 210
免責条項…………………………… 293

や 行

役員の選任………………………… 129
有形資産…………………………… 210
預手（銀行振出小切手）………… 126

ら 行

履行利益…………………………… 270
リスク分担機能…………………… 152
リファイナンス………………127, 147
ルール802………………………… 62
連帯債務…………………………… 88
労働組合…………………………… 206
ロックド・ボックス……………… 111

＜執筆者紹介＞

◆編著者

藤原総一郎

弁護士（長島・大野・常松法律事務所）。
1996年東京大学法学部卒業。1998年弁護士登録（第一東京弁護士会所属）。2003年コロンビア大学ロースクール卒業（LLM）。2003年～2004年Morrison & Foerster LLP（San Francisco）にて勤務。2008年～上智大学法科大学院非常勤講師（現職）。2009年～京都大学法科大学院非常勤講師（現職）。
＜主要著作＞『アドバンス会社法』（共著，商事法務，2016年），『M＆Aを成功に導く 法務デューデリジェンスの実務（第3版）』（共著，中央経済社，2014年），『公開買付けの理論と実務（第3版）』（共著，商事法務，2016年）

◆著者

大久保　圭

弁護士（長島・大野・常松法律事務所）。1998年東京大学法学部卒業。2000年弁護士登録（第一東京弁護士会所属）。2005年スタンフォード大学ロースクール卒業（LLM）。2005年～2006年Morrison & Foerster LLP（San Francisco）にて勤務。
＜主要著作＞『M＆Aを成功に導く 法務デューデリジェンスの実務（第3版）』（共著，中央経済社，2014年），『合併ハンドブック（第3版）』（共著，商事法務，2015年），『M＆Aリスクの最前線』（共著，商事法務，2018年）

大久保　涼

弁護士（Nagashima Ohno & Tsunematsu NY LLP）。1999年東京大学法学部卒業。2000年弁護士登録（第一東京弁護士会所属）。2006年シカゴ大学ロースクール卒業（LLM）。2006年～2007年Ropes & Gray LLP（Boston）にて勤務。2007年～2008年Ropes & Gray LLP（New York）にて勤務。2018年10月～Nagashima Ohno & Tsunematsu NY LLP共同代表。
＜主要著作＞『買収ファイナンスの法務』（共著，中央経済社，2014年），『アドバンス会社法』（共著，商事法務，2016年），『日本のLBOファイナンス』（共著，金融財政事情研究会，2017年）

宿利有紀子

弁護士。1998年上智大学文学部卒業。2005年弁護士登録（第二東京弁護士会所属）。2011年スタンフォード大学ロースクール卒業（LLM）。2007年～2014年長島・大野・常松法律事務所にて勤務。

笠原　康弘

弁護士（長島・大野・常松法律事務所）。2005年東京大学法学部卒業。2006年弁護士登録（第一東京弁護士会所属）。2012年コロンビア大学ロースクール卒業（LLM）。2012年〜2014年Nagashima Ohno & Tsunematsu NY LLPにて勤務。2014年9月〜12月Machado Meyer法律事務所（São Paulo）にて勤務。
＜主要著作＞『The Private Equity Review - Edition 7』（Part 2（Investing）Chapter 10 JAPAN）（共著，Law Business Research Ltd，2018年）

粟谷　翔

弁護士（長島・大野・常松法律事務所）。2004年東京大学法学部卒業。2006年東京大学法科大学院修了。2007年弁護士登録（第一東京弁護士会所属）。2013年スタンフォード大学ロースクール卒業（LLM）。2013年〜2014年Mitsubishi Corporation（Americas）にて勤務。
＜主要著作＞『公開買付けの理論と実務（第3版）』（共著，商事法務，2016年），『M&A担当者のための独禁法ガン・ジャンピングの実務』（共著，商事法務，2017年）

作業協力者：佐藤恭平，遠本麻佑子，伊佐次亮介，大澤大，斉藤遼太，中村勇貴，小泉里緒子，藤田和希，前田直樹